장기 냉전 총서
01

장기 냉전 구조와 지식 기제

이 저서는 2022년 대한민국 교육부와 한국연구재단의 지원을 받아 수행된 연구임
(NRF-2022S1A5C2A02090776).

This work was supported by the Ministry of Education of the Republic of Korea and
the National Research Foundation of Korea (NRF-2022S1A5C2A02090776).

장기 냉전 총서
01

장기 냉전 구조와 지식 기제

김동혁 권경택 엄소정 연제호
오경환 이정하 이종식 장진호
지음

GIST PRESS

김동혁

광주과학기술원 / 인문사회과학부 부교수

광주과학기술원 융합교육 및 융합연구센터는 지난 2022년 한국연구재단 인문사회연구소지원사업에 선정되어 3년여의 기간 동안 [장기 냉전 구조 연구: 지식, 감정, 생명을 중심으로]라는 주제를 연구해 왔다. 본 총서는 그 중간 결과물의 하나로서 장기 냉전의 지식 기제에 대한 내용을 중심으로 서술되었다.

냉전이 종식되었다는 전제는 한동안 학계와 정치 담론에서 중요한 가정으로 작용해 왔다. 그러나 브렉시트, 미·중 패권 경쟁의 심화, 러시아의 독자 노선과 우크라이나 전쟁의 발발 등은 우리가 냉전의 잔존적 구조 속에서 여전히 살아가고 있음을 보여준다. 특히 우크라이나 전쟁 이후 전 지구적인 정세 변화를 목도하면서, 냉전이 단순한 과거의 사건이 아니라 현재까지 지속되는 구조적 현상임을 다시금 인식하게 되었다. 이러한 현실은 냉전 연구의 기존 접근법에 대한 근본적인 성찰을 요구하며, 냉전을 국제정치적 대립의 표면적 현상으로만 바라보는 관점에서 벗어나, 냉전을 가능하게 했던 장기 지속적인 구조를 조망하는 것이 필수적이다.

본 연구는 냉전이 단순한 양극 체제의 국제정치적 대립이 아니라, 장기적이고 구조적인 지식 체계를 통해 유지되고 확장된 현상임을 밝히고자 한다. 이를 위해 제1차 세계대전 이후 본격화된 발전주의적 전회를 냉전적 구조의 기원으로 설정하고, 냉전이 지식, 감정, 생명의 특정한 배치dispositif로 지속되었음을 탐구한다. 특히 본 연구단은 장기 냉전적 구조가 사회과학적·기술적·인문학적 지식을 생산하고 체계화하며 전파하는 과정과 긴밀히 연결되어 있다고 본다. 따라서 이 연구의 첫 번째 주제로 '지식 기제knowledge apparatus'를 설정하고, 냉전이라는 체제가 지식을 통해 어떻게 정당화되고 지속되었는지를 분석하고자 한다.

냉전의 가장 중요한 지식 기제 중 하나는 경제학이었다. 제1장「신고전파 경제학의 지배적 위치와 사회적 효과」에서는 신고전파 경제학이 치명적인 이론적 결함에도 경제학 분야에서 지배적 위치를 차지하게 된 이유와 그것의 사회적 효과를 신고전파 경제학과 현대성 사이의 친밀성이라는 관점에서 자끄 비데의 메타구조 분석과 마르크스의 물신숭배 개념을 활용하여 고찰한다. 신고전파 경제학은 효용가치론에 근거하여 모든 대상을 상품이라는 동일한 범주로 묶어서 사고하며 방법론적 개인주의를 채택하여 모든 경제적 현상을 개별 경제주체의 최적화로 환원하여 설명한다. 이를 통해 자유롭고 평등하며 합리적인 개인들 사이의 관계, 즉 현대 사회의 허구적 선전제인 메타구조로서의 경제(시장)를 이론적으로 재현하고 있으며 이 때문에 커다란 흡입력을 가진다. 동시에 시장 메커니즘을 통해 어떻게 공정하며 합리적인 결과가 달성되는지 분석하고 이를 자연법칙과 유사한 것으로 물화한다. 현실은 메타구조의 실현이 아니라 이의 구조, 즉 계급 관계로의 전도이기 때문에 신고전파 경제학은 지배계급의 지배를 공고하게 만드는 사회적 역할을 수행한다. 하지만 신고전파 경제학 이론의 현실적 실현은 이러한 구조하에서 착취 및 지배, 비합리성이라는 전도된 결과를 낳기 때문에 사회적 재생산을 위협한다. 신고전파 경제학은 자본주의 구조에서의 실천(행위)이 수반하는 필연적으로 오인된 것일 수밖에 없는 주체들의 인식을 반영하고 또 이를 강화한다. 동시에 신고전파 경제학의 기획을 실현하려는 힘과 이를 제어하려는 힘 사이의 갈등적 관계는 20세기 이후 역사적 변화를 규정하는 중요한 요인 가운데 하나이다. 그러므로 장기 냉전의 고찰에 있어서 신고전파 경제학이 수행하는 역할에 대한 고찰이 필수적이라고 본 연구는 주장한다.

냉전은 또한 발전 경제학이라는 학문의 성립과 발전을 촉진했다. 제2장 「발전 경제학의 계보학」에서는 발전 경제학이 냉전 시기 자본주의와 사회주의 진영의 경쟁 속에서 어떻게 형성되었는지를 추적한다. 발전 경제학은 20세기 중반까지 경제학 내에서 중요한 분과로 자리 잡았으나, 1980년대 신자유주의의 확산과 함께 주변화되었다. 이 글은 발전 경제학의 형성과 변화를 세 가지 주요한 요소로 설명한다. 첫째, 경제학 내부의 이론적 전개와 학문적 동향, 둘째, 세계대전과 전후 경제 복구 과정에서 등장한 발전 담론, 셋째, 냉전이라는 국제정치적 맥락에서 발전 경제학이 형성된 과정이다. 발전 경제학은 근대화 이론과 종속이론의 대립 속에서 다양한 형태로 변모했으며, 궁극적으로 신자유주의의 대두와 함께 쇠퇴했다. 그러나 발전 경제학이 사라졌다고 해서 발전이라는 개념 자체가 소멸한 것은 아니며, 발전 경제학의 역사적 탐구는 오늘날 경제학이 간과한 다양한 대안을 모색하는 데 여전히 중요한 의미를 가진다고 논문은 결론짓는다.

한편, 소련 내부에서도 경제학은 체제의 변화를 반영하는 핵심 지식 기제로 작동했다. 제3장 「냉전기 소련 경제학의 대전환」에서는 1930년대 계획 경제 모델에서 출발한 소련 경제학이 전후 냉전 체제 속에서 어떻게 변화했는지를 다룬다. 이 글은 1950년대 후반부터 1960년대 초반까지 소련 경제학계에서 이루어진 중요한 변화, 즉 수리경제학적 전환을 다루고 있다. 흐루쇼프 시대의 정치적 개방과 함께 경제학계에서도 수학적 접근법이 도입되며, 전통적인 마르크스-레닌주의적 정치경제학에서 벗어나기 시작했다. 특히 1963년 설립된 소련 중앙수리경제연구소ЦЭМИ는 경제 최적화 모델 개발과 전자계산기 활용을 통해 경제 계획의 효율성을 높이는 데 중요한 역할을 했다. 수리경제학자들은 최적화 이론과 효율성 분석을 바탕으로 기존 중앙집권적 계획경제의 비효율성을 개선하려 했으며, 이들의 연구는 소련 국가계획위원회의 정책 수립에도 영향을 미쳤다. 이러한 변화는 소련 경제학이 기존 이념적 틀에서 벗어나 실질적인 경제 운영과 관리 개선을 추구하는 방향으로 나아가는 노력의 일환이었다. 더 나아가서 이러한 변화의 기저에는 냉전기 동서 진영을 넘어선 경제학의 수학화, 좀 더 과감히 이야기해보자면 경제학의 신고전파화가 있다는 점을 이 글에서 지적하고 있다.

이와 동시에, 미국은 경제적 패권을 확립하며 국제 질서를 재편하는 데 성공했다. 제4장 「전후 자유주의 국제 질서에서 미국의 헤게모니」에서는 미국이 경제 원조, 무역 정책, 금융 기구 등을 활용하여 전후 자유주의 국제 질서를 구축하고, 이를 통해 냉전에서 우위를 점하려 했던 전략을 분석한다. 미국은 전후 브레튼우즈 체제를 통해 달러를 국제 기축통화로 확립하며 경제적 지배력을 강화했으나, 1970년대 달러 과잉 공급과 금태환 중지(닉슨 쇼크)로 인해 체제가 붕괴되었다. 이후 석유달러 환류와 금융 세계화를 통해 미국의 금융패권이 재편되었으며, 탈냉전 이후 글로벌 금융위기와 미·중 경쟁 등 새로운 도전에 직면하고 있다. 본고에 따르면 미국의 쌍둥이 적자 문제는 패권 쇠퇴의 신호로도, 금융패권 유지 전략으로도 해석될 수 있으며, 향후 미국 헤게모니의 지속 가능성은 글로벌 경제 구조와 지정학적 변화에 따라 달라질 것이다.

냉전은 아시아 지역에서도 독자적인 발전론을 형성하는 계기가 되었다. 제5장 「도바타 세이이치의 전후 아시아개발론」에서는 일본 학자 도바타 세이이치가 제시한 개발 모델이 냉전의 국제적 맥락 속에서 어떻게 수용되고 변형되었는지를 살펴본다. 냉전기 일본은 아시아에서 미국과의 협력을 통해 경제 발전 모델을 정착시키는 한편, 지역 내 경제적 우위를 확보하는 전략을 취했다. 이러한 발전론은 냉전기 아시아의 경제 질서가 미국 주도의 자유주의 질서에 의해 재편되는 과정을 반영한다. 일본은 배상을 경제 협력 및 개발 원조의 연장선으로 인식하며, 이를 통해 아시아 각국과의 경제 관계를 형성하고 자국 경제를 재건하려 했다. 도바타는 아시아 국가들이 원조보다 자조自助를 통해 경제 발전을 이루어야 한다고 주장하면서, 이를 위해 일본이 경제 기획 및 기술 지원 역할을 수행해야 한다고 강조했다. 그의 개발론은 일본을 아시아 경제 발전의 지도자로 상정하고, 이를 통해 일본의 경제적 입지를 강화하는 방향으로 전개되었다. 하지만 이러한 접근은 일본의 식민지 경험과 연관되며, 일부 아시아 국가들로부터 제국주의적 시각이라는 비판을 받기도 했다.

한편, 냉전은 도시 계획과 건축을 전략적 도구로 활용하는 과정에서도 작동했다. 제6장 「극동을 통해 본 1930년대 소련의 도시건설계획」에서는 소련이 극동 지역에서 콤소몰스크-나-아무레와 같은 전략적 도시를 건설하며, 이를 통해 공산주의 체제의 경제적·군사적 능력을 과시하고자 했던 사례를 분석한다. 이 연구는 도시 계획이 단순한 사회주의 도시 건설이 아니라, 군사적·경제적 전초기지로서의 역할을 강조했음을 밝힌다. 소련 건축가 니콜라이 프로토포포프와 보리스 단치치가 각각 설계한 초기 도시 계획안을 비교하며, 신고전주의 양식으로의 전환과 실현되지 못한 건설 계획의 배경을 살펴본다. 또한, 극동 지역의 지정학적 요인과 일본의 위협이 도시 설계에 미친 영향을 분석하며, 블라디보스토크와 비교하여 소련 지도부의 우선순위가 어디에 있었는지를 설명한다. 궁극적으로 콤소몰스크는 신고전주의에 기반한 사회주의 도시로 완성되지 못하고, 군수산업 중심지로 성장하게 되었다.

냉전은 단순히 경제적·정치적 영역에서만 작동한 것이 아니라, 학문적 연구 방법론에서도 이념적 영향을 미쳤다. 제7장「연구 방법으로서의 비판지정학과 지정학적 상상력」에서는 냉전기 학문 연구에서 '비판지정학'이 등장한 배경과, 학문적 연구 방법론이 어떻게 지정학적 논리를 반영하며 냉전적 사고를 재생산했는지를 다룬다. 본 연구에서는 비판지정학과 지정학적 상상력을 연구 방법론으로 활용하여, 공간과 정치의 상호작용을 분석한다. 기존 지정학이 객관적 지식으로 간주되었던 반면, 비판지정학은 지정학적 담론이 어떻게 형성되고 정치권력과 연계되는지를 탐구한다. 특히, 공간이 단순한 지리적 개념이 아니라 사회적으로 구성된다는 점을 강조하며, 지정학적 상상력이 어떻게 정치적 현실을 형성하는지를 분석한다. 이를 위해 고전 지정학과 비판지정학의 차이를 비교하고, 지정학적 인식이 정책 결정과 대중 담론에 미치는 영향을 조명한다.

마지막으로, 냉전기 과학과 기술 연구의 이념화 과정 역시 중요한 분석 대상이다. 제8장「마오쩌둥 시기 중수의학의 탄생과 사회주의 중국 과학의 속성」에서는 중국에서 마오쩌둥 시대에 등장한 과학 사상이 냉전적 환경 속에서 어떻게 형성되었는지를 분석한다. 과학과 기술은 단순한 실증적 연구가 아니라, 사회주의 이념을 반영하는 방식으로 구성되었으며, 이러한 현상은 냉전기 지식 생산이 이념적 프레임 속에서 이루어졌음을 보여준다. 본 연구에서는 중수의학이 단순한 전통 지식이 아니라, 당과 국가의 정책적 후원 아래 과학적·사회주의적으로 재구성된 지식체계임을 강조한다. 이를 위해 저자는 중수의학의 발전 과정이 중의학의 과학화와 유사하게 진행되었으며, 특히 농업 집체화 정책과 밀접하게 연관되었음을 밝힌다. 공산당은 서구적 과학지식을 도입하면서도 전통 수의학의 경험과 지식을 적극적으로 활용하려 했으며, 민간 수의사와 서수의사의 협력을 통해 새로운 의료체계를 구축하고자 했다. 논문은 또한 중수의학의 형성과정이 기존의 서구 과학 중심적 전파 이론으로 설명될 수 없으며, 사회주의적 과학 정책과 농촌 사회의 필요에 의해 변형되고 발전한 사례로 분석해야 한다고 주장한다.

기존 냉전 연구는 대체로 냉전을 국제정치적 현상으로 환원하여 설명하거나, 특정 시대의 사건으로 한정하는 경향이 있었다. 하지만 본 연구는 냉전을 장기적이고 구조적인 과정으로 바라보며, 냉전이 형성된 배경과 그것이 지속된 기제를 분석하는 데 초점을 맞춘다.

특히 본 연구는 냉전이 단순한 역사적 사건이 아니라, 현대 사회를 형성한 주요한 과정임을 밝히고자 한다. 냉전기 생산된 지식 구조는 냉전이 끝난 이후에도 경제 정책, 기술 연구, 정치 담론 속에서 지속적으로 작동하고 있으며, 현재의 신냉전적 상황에서도 여전히 영향을 미치고 있다. 따라서 냉전 연구는 단순히 과거를 반추하는 것이 아니라, 현재의 세계 질서를 구성하는 장기 지속적 구조를 이해하는 데 중요한 의미를 가진다.

본 총서는 이러한 관점을 바탕으로 냉전 연구의 새로운 패러다임을 제시하고자 한다. 기존 연구들이 냉전을 특정한 시대적 현상으로

간주하고 분석해 왔다면, 본 연구는 냉전이 형성된 지식 기제와 그것
이 작동하는 방식, 그리고 현대 사회에 미친 영향을 종합적으로 분석
하는 것을 목표로 한다. 이를 통해 냉전이 어떻게 형성되었으며, 왜 지
속되었고, 오늘날까지 그 유산이 어떻게 작동하는지를 보다 깊이 있
게 탐구하고자 한다. 본 연구가 장기 냉전 구조에 대한 새로운 이해를
제공하고, 냉전 연구의 지평을 확장하는 데 기여할 수 있기를 기대한다.

신고전파 경제학의 지배적 위치와 사회적 효과
: '비데의 메타/구조 접근법'과 '물신숭배 분석'을 활용한 고찰

The Dominant Position and Social Effects of
Neoclassical Economics: An Examination Using Bidet's Meta/
Structural Approach and an Analysis of Fetishism

연제호
광주과학기술원 / 융합교육 및 융합연구센터 연구원

I. 들어가며

경제학은 다른 인문학, 사회과학과 달리 주류와 비주류의 경계와 구분이 굉장히 뚜렷하다. 가치관, 방법론, 분석의 내용 등이 다름은 물론이고 둘 사이의 지적, 인적 교류가 거의 없을 정도이다. 이러한 관계의 비대칭성을 좀 더 자세히 살펴보면 다음과 같다. 비주류경제학non-mainstream economics[1]은 주류경제학의 대척점이라는 정체성을 가지기 때문에 비판을 위해 이를 연구 대상으로 삼을 수밖에 없다. 반면 주류경제학은 비주류경제학의 연구 성과를 거의 의식하지 않고 또 알지도

---

[1] 비주류경제학은 주류경제학과는 다른 문제의식과 방법론을 가지고 발전해 온 연구흐름을 의미한다. 당연히 여기에는 다양한 학파가 포함된다. 대표적으로 포스트 케인지언(Post-Keynesian), 마르크스주의, 제도주의, 신구조주의, 조절학파, 사회경제학 등을 꼽을 수 있다. 이들은 각기 다르지만 신고전파 경제학과 굉장히 상이한 방법론을 선택하고 있고 뒤에서 살펴볼 분석의 관점에서 보자면 자본주의 경제가 가지고 있는 계급적 성격과 이와 연관된 구조적 측면을 중요시한다는 공통점을 갖는다. 반면, 신고전파 경제학보다 더 자유주의적인 성격을 띠는 오스트리아 학파(Austrian school)는 경제와 사회를 바라보는 관점에서 신고전파 경제학과 많은 점에서 유사하지만 분석방법이 다르기 때문에 비주류경제학으로 보통 분류한다. 본 논의는 비주류경제학에서 오스트리아 학파를 제외한다.

못한다. 정확히 말하면 알려고 하지 않으며 알 필요도 없다. 주류와 비주류 연구 흐름의 분할은 어느 학문에나 존재하지만, 주류의 지배적 위치가 매우 확고한 것은 경제학이라는 학문이 갖는 독특하고 중요한 특징이라고 볼 수 있다.

19세기 후반에 등장하여 20세기에 지배적 위치를 확고히 한 현재의 주류경제학을 보통 신고전파 경제학Neoclassical economics이라고 일컫는다.[2] 신고전파 경제학은 19세기 후반 고전학파의 노동가치론labour theory of value을 기각하고 이를 효용가치론utility theory of value으로 대체하면서 '한계marginal' 개념에 기반한 최적화optimization 분석을 주요 방법론으로 채택하여 현재까지 발전해 온 경제학의 흐름을 의미한다.[3] 1870년경 제번스Stanley Jevons, 멩거Carl Menger, 발라스Léon Walras 등이 각자 독자적으로 공통의 분모를 갖는 새로운 경제학을 발전시키면서 등장하였고 이후 뵘바베르크Eugen Böhm-Bawerk, 빅셀Knut Wicksell, 마셜Alfred Marshall, 파레토Villfredo Pareto, 피셔Irving Fisher 등에 의해 체계화되면서 그 성격과 지배적 위치가 확고해졌다.

신고전파 경제학의 등장 및 발전은 19세기 중반 이후 본격화된 정치·사회적 변화에 기반을 두고 있다. 산업혁명에 기반한 자본주의의

---

2   해당 용어를 현재의 주류경제학이 18~19세기에 영국을 중심으로 발전해 온 고전학파 경제학(Classical economics)을 계승하면서 동시에 이를 방법론적으로 쇄신 및 발전시켰다는 의미에서 사용할 수도 있고, 주류경제학의 분석 방법 및 내용이 고전학파 경제학과는 확연히 다르다는 의미에서 사용할 수도 있다. 비주류경제학에서는 후자의 의미를 해당 용어에 부여한다.

3   신고전파 경제학과 고전학파 경제학의 특징과 차이는 다음의 작업을 참고하여 정리하였다. 박만섭, "신고전파 경제학: 경제학의 벌거벗은 임금님," 박만섭 편, 『경제학, 더 넓은 지평을 향하여(개정판)』(이슈투데이, 2012), pp. 37-68.

빠른 발전이 자본주의적 계급 관계를 점차 공고화하면서 계급 간 갈등의 격화에 따른 각종 혁명적 상황이 19세기 중·후반에 발생하였다. 고전학파 경제학은 경제활동의 주체로 계급을 상정하였기 때문에 계급 간 갈등과 관련된 문제를 이론 내에 포함하고 있었다. 그리고 마르크스는 고전학파 경제학의 연구를 비판적으로 수용하여 자본주의 경제 체제 자체의 모순과 한계를 밝혀내고 이를 통해 사회주의 혁명의 필연성을 논증하는 독자적인 이론 체계를 만들어 냈다. 이러한 역사적 조건 속에서 계급을 분석의 대상에서 아예 지워버림으로써 자본주의 체제가 가지고 있는 계급 간 갈등과 이에 기반한 모순을 이론적으로 은폐하는 신고전파 경제학의 등장은 지배계급의 지배적 위치를 정당화하고 확고히 하는 데 필요했던 이론적 변화라고 볼 수 있다.

하지만 신고전파 경제학의 등장에는 이러한 이데올로기적 이유뿐만 아니라 이론적 이유가 존재한다. 고전학파는 이윤율을 측정하기 위해 노동가치론에 기초하여 '자본량'을 규정 및 계산하려 했지만, 이론적으로 일관된 방법을 제시하는 데 실패한다.[4] 이러한 이론적 약점은 신고전파 경제학이 경제학의 근본 이론이라 할 수 있는 가치 및 가격 이론과 관련해서 노동가치론을 버리고 효용 개념에 기반한 새로운 이론을 정립하는 데 중요한 원인으로 작용하였다.[5] 하지만 신고전파

---

[4] 이는 마르크스의 이론에서는 전형문제(transformation problem)로 나타난다. 전형문제의 내용과 맥락, 이후의 논쟁 등은 다음의 연구를 참고. Duncan K. Foley, "Recent Developments in the Labor Theory of Value," *Review of Radical Political Economy* 32:1 (2000), pp. 1-39.

[5] 아이러니한 것은 신고전파 경제학 역시 동일한 이론적 문제에 봉착한다는 점이다. 구체적인 내용은 뒤에서 설명할 것이다.

경제학이 이론적 정합성이나 우수성을 기반으로 자신들의 지배적 위치를 확고히 했다고 보기는 어렵다. 20세기 초부터 신고전파 경제학의 이론 체계가 가지고 있는 여러 가지 모순, 한계들이 밝혀지기 시작했다. 그리고 이는 사소한 것이 아니라 신고전파 경제학의 이론이 내적으로 비정합적임을, 즉 신고전파 경제학이 일관된 이론 체계를 만들어 내는 데 궁극적으로 실패했음을 보여주는 커다란 문제였다. 이를 크게 비주류경제학에서의 비판과 신고전파 경제학 내부에서의 비판으로 구분하여 정리해 볼 수 있다.

비주류경제학에서 이뤄진 대표적인 비판으로 1920년대의 스라파 Piero Sraffa의 비판과 1960~70년대 이뤄진 자본논쟁Capital controversies을 꼽아볼 수 있다.[6] 스라파는 현재 대학의 학부생들이 배우는 미시경제학의 교과서에 소개되고 있는 것과 그 내용이 거의 동일한 마셜의 이론이 가지고 있는 내적 모순을 밝혀냈다. 이 이론은 부분균형분석, 규모에 대한 수익, 완전경쟁이라는 세 가지 이론적 가정을 채택하고 있는데 수학적으로 규모에 대한 수익 불변이 아닌 경우 세 가정 중 하나는 반드시 포기해야 한다는 것이 비판의 주 내용이다. 자본논쟁은 1960~70년대 자본량을 '가치'로 측정하는 경우 발생하는 이론적 문제에 대한 신고전파 경제학자들과 비주류경제학자들 사이의 논쟁을 말

---

6   스라파의 비판과 자본논쟁과 관련된 내용은 다음을 참고. 박만섭, "주류 미시경제학 비판: 가치, 분배, 자본," 『사회경제평론』 37:2 (2024), pp. 88-131. 자본논쟁의 역사와 자세한 내용에 대해서는 다음을 참고하라. Andrés Lazzarini, *Revisiting the Cambridge Capital Theory Controversies: A Historical and Analytical Study* (Pavia: Pavia University Press, 2011).

한다. 이 논쟁의 결과 가치로 측정된 자본량은 신고전파 이론에서 해당 변수가 수행해야만 하는 역할을 제대로 수행할 수 없음이 밝혀졌다. 이는 곧 신고전파 경제학의 뼈대라고 할 수 있는 생산 및 분배 이론이 수학적으로 지지될 수 없음을 의미한다. 주류경제학 내부의 비판 가운데 대표적인 것이 바로 조넨샤인-만텔-드브루the Sonnenschein-Mantel-Debreu 정리이다. 해당 정리는 신고전파 경제학의 핵심적인 방법론 중 하나인 일반균형분석과 관련하여 해당 정리는 어떠한 형태의 총초과수요 함수도 가능하기 때문에 균형의 안정성이 보장되지 못함을 수학적으로 밝히고 있다. 균형이 안정적이지 못하면 균형의 달성은 오로지 우연에 의해서만 가능하기 때문에 일반균형분석의 설명력은 매우 약해질 수밖에 없다.

　이러한 비판에 직면해서 신고전파 경제학은 다음과 같이 대응하였다. 먼저 외부적 비판, 즉 비주류경제학의 비판에 대해서는 궁극적으로 무시하는 태도를 보였다. 자본논쟁에 참여한 솔로우Robert Sollow, 새뮤얼슨Paul Samuelson 등의 신고전파 경제학자들은 비주류경제학의 주장, 즉 자본량 측정의 문제를 중심으로 이뤄진 신고전파 이론에 대한 비판이 옳다는 것을 인정하였다. 하지만 이러한 인정이 결코 방법론과 이론의 변화로 이어지지는 않았다. 명백한 이론적 오류에도 불구하고 신고전파 경제학은 기존의 분석 방법을 고수하면서 논쟁과 그것의 결론을 무시하였고 현재 주류경제학자의 대부분은 자본논쟁에 대해서 거의 알고 있지 못하고 있는 상태이다. 그리고 앞에서도 언급했듯이 여전히 마셜의 이론을 미시경제학의 교과서에 그대로 소개하고 있다. 일반균형이론에 대한 내부의 비판에 직면해서 미시경제학에서는 '게임이론'이라는 새로운 방법론을 채택하는 흐름이 나타났다.[7] 하지만 여전히 일반균형분석은 가장 근본적인 방법론으로 사용되고 있다. 특히 1970년대 이후의 거시경제학, 즉 루커스Robert Lucas Jr.의 비판 이후 탄생 및 발전한 새고전학파New Classical와 새케인즈주의New Keynesian는 여전히 일반균형이론을 거시경제학의 주요 방법론으로 채택하고 있다.[8]

이론의 근간에 커다란 비판이 가해졌지만, 신고전파 경제학은 그 이후로도 확고한 지위를 잃지 않았고 오히려 이를 계속 강화해 나갔다. 자본논쟁이 주류경제학과 비주류경제학 사이의 지적 교류의 거의 마지막 계기였다고 볼 수 있다. 자본논쟁 이후 다른 학문과 달리 경제학은 주류에 속하지 않는 흐름을 완전히 배제하는 방식으로 발전해 갔다. 주류경제학이 절대적으로 지배적인 위치를 차지하고 있는 것은 그들이 원래 가지고 있었던 제도적 우위라는 관점으로만은 제대로 이해할 수 없다. 본 논문은 주류경제학이 '현대성 modernity'의 가장 큰 특징인 자본주의 및 자유주의와 맺고 있는 관계성 속에서 주류경제학이 차지하고 있는 지배적 위치, 그리고 주류경제학이 현대사회의 구성 및 정당화와 관련해서 수행하는 역할을 제대로 파악할 수 있다고 본다.[9]

---

7   게임이론에도 유사한 문제가 존재한다. 이에 대해서는 '각주 3'의 문헌을 참고하라.

8   이는 동태확률일반균형(dynamic stochastic general equilibrium, *DSGE*) 모형으로 체계화되었다.

9   박만섭은 '각주 6'에서 언급한 논문에서 근본 이론의 심각한 논리적 오류가 완전하게 드러났음에도 불구하고 여전히 이를 고수하면서 경제학을 처음 배우는 사람들에게 소개되고 있는 것은 별도의 연구를 필요로 한다고 언급한다. 본 연구는 이에 대한 하나의 설명을 제시하고 있다.

이후의 논의를 통해 구체화할 결론을 미리 제시한다면, 신고전파 경제학은 자본주의 구조하에서의 일상적 실천이 낳는 수행적 진실로서의 허구, 동시에 이러한 실천, 즉 자본주의적 구조를 가능케 하는 허구와 밀접한 연관성을 가지고 있다. 이는 신고전파 경제학이 경제학 나아가 사회과학에서 커다란 지배력을 가질 수 있도록 해주며 동시에 비주류경제학의 논의를 수용할 수 없도록 만든다. 본 연구는 신고전파 경제학이 현대성과 맺고 있는 불가분의 관계를 이해하고자 마르크스Karl Marx가 제시한『자본』1권 1편[10]의 논의, 그리고 이 논의를 재구축 및 확장하고 있는 프랑스의 정치철학자 비데Jacques Bidet의 메타구조 metastructure 개념 및 분석을 주요 이론적 근거로 활용하고자 한다.[11]

II. 메타구조와 물신숭배
: 마르크스의『자본』1권 1편의 논의

마르크스의『자본』은 자본주의 생산양식의 구조와 작동 메커니즘,

10　Karl Marx, *Das Kapital I*, MEW Bd. 23 (1890) [카를 마르크스 지음, 강신준 옮김, 『자본 I-1: 정치경제학 비판』(도서출판 길, 2008)].

11　비데의 분석과 이에 기반한『자본』에 대한 해석은 다음의 작업을 참고하라. Jacques Bidet, "Explanation and Reconstruction of Marx's Capital," *Rethinking Marxism*, 32:1 (2007), pp. 361-379; *Foucault avec Marx*, (Paris: La Fabrique Éditions, 2014) [자끄 비데 지음, 배세진 옮김, 『마르크스와 함께 푸코를: 메타구조란 무엇인가』(생각의힘, 2021)]. 비데의 논의를 소개하고 있는 대표적인 국내 작업으로는 다음의 연구를 참고하라. 배세진, "현대 프랑스 마르크스주의에 대한 루이 알튀세르 이후의 포스트 마르크스주의의 견지에서의 재서술: 에티엔 발리바르 그리고 자크 비데의 이론화를 중심으로," 『경제와 사회』140, (2024), pp. 149-223.

그것의 모순적 효과 등을 분석의 대상으로 삼고 있다. 즉, 자본주의 생산양식의 계급 관계, 착취 및 축적 메커니즘, 장기적 경향 등을 다루고 있다. 마르크스의 이론 및 분석이 갖는 중요한 특징을 그레이버David Graeber의 논의를 통해 다음과 같이 정리해 볼 수 있다. 그레이버는 비판이론을 다음과 같이 크게 두 가지로 구분한다. 첫 번째는 "세계 혹은 그 안의 현상들을 인지하는 일반적인 방식의 불완전성과 오류를 지적하고 세계가 실제로 어떻게 작동하고 있는지를 보여주는 것"을 목표로 하는 이론이고, 두 번째는 "세계의 실제 작동 방식을 설명할 뿐만 아니라 그 과정에서 왜 사람들이 처음부터 그것을 그런 방식으로 인지하지 못하고 왜곡되게 인식하는지를 설명하고자 하는" 이론이다.[12] 마르크스는 당연히 첫 번째뿐만 아니라 두 번째 측면과 관련된 연구를 수행하였고 『자본』 전체의 논의, 그중에서도 특히 1권 1편의 논의는 후자와 관련된 굉장히 중요한 이론적 준거를 제공한다고 평가할 수 있다.

1권 1편에서 마르크스는 자신만의 방식으로 가치이론의 기본 형태를 구성한다. 상품과 노동의 이중적 속성에 근거하여 상품과 가치 개념을 체계적으로 규정하고, 가치형태론을 통해 상품생산경제에서 왜 일반적 등가로서의 화폐가 필연적으로 존재해야 하는지를 도출한다. 즉, 상품생산이 일반화된 경제에서 가치의 표현은 반드시 화폐를

---

12 David Graeber, *Toward an Anthropological Theory of Value: The False Coin of Our Own Dreams* (London: Palgrave Macmillan, 2002) [데이비드 그레이버 지음, 서정은 옮김, 『가치이론에 대한 인류학적 접근: 교환과 가치, 사회의 재구성』(그린비, 2009)].

통해 이뤄질 수밖에 없고 이 때문에 화폐의 존재가 필수적임을 논증하고 있다. 다음으로 '물신숭배fetishism'를 설명하고 마지막으로 교환 과정, 화폐의 성격 및 기능을 정리하고 있다.

1권 1편의 내용을 현재 논의에서 필요한 수준에서 다음과 같이 정리해 볼 수 있다.[13] 마르크스는 고전학파 경제학과 마찬가지로 노동가치론을 채택하고 상품의 생산에 지출되는 '노동시간(노동량)'이 '가치'와 '상품들의 교환 비율(교환가치)'을 결정한다고 본다. 양적인 관점에서만 보면 둘은 일맥상통하지만, 구체적인 내용은 크게 다르다.[14] 그리고 이 상이한 측면이 바로 마르크스 가치이론의 핵심이다. 마르크스는 한 상품의 가치가 '반드시' 다른 상품과의 교환 비율, 즉 다른 상품의 수량으로 표현되어야만 한다는 가치의 형태(형식)가 가치의 '규정'에 있어 핵심임을 강조한다.[15] 어떤 상품의 생산과정에서 지출되는 노동시간(가치)을 사전적으로 확인하고 이를 근거로 상품의 교환 비율이 결정되는 것이 절대 아니다. 상품의 가치는 결코 눈으로, 즉 물리적으로 파악할 수 없는 실체이고 상품의 생산자는 자신이 생산한 상품의 가치를 오로지 교환 이후에 교환되는 다른 상품의 수량을 통해 사후

---

13 『자본』 1권 1편 논의를 소개하고 있는 작업으로는 다음을 참고하라. 김영용, 『노동가치 탐구: 『자본』 제1권, 1, 2, 3장에 대한 주석』(참, 2022); Michael Heinrich, *Wie das Marxsche Kapital lesen? Bd. 1: Leseanleitung und Kommentar zum Anfang des ≪Kapital≫* (Stuttgart: Schmetterling Verlag, 2021) [미하엘 하인리히 지음, 김원태 옮김, 『맑스의 『자본』을 어떻게 읽을 것인가?: 『자본』의 첫머리에 대한 독해 안내와 주해』(에디투스, 2021)].

14 이는 뒤에서 살펴볼 것처럼 가치의 실체인 노동에 대한 규정까지 크게 달라지게 만든다.

15 한상원, "마르크스와 유령적 모더니티: 상품의 이중성과 '객관적 사유 형식,'" 사회와 철학 연구회 편, 『왜 지금 다시 마르크스인가』(씨아이알, 2021), pp. 255-276.

적으로 확인할 수밖에 없다.[16] 가치는 고립된 하나의 상품만으로는 결코 존재할 수 없으며 오로지 반드시 상품 사이의 '관계'를 통해서만 규정된다.

이 과정을 노동의 관점에서 보자면 하나의 생산과정에서 이뤄지는 사적 노동은 상품이 팔려야만, 즉 다른 상품과 교환이 되어야만 '사회적으로' 유용한 노동으로 인정받음을 의미한다.[17] 만약 생산한 상품이 팔리지 않는다면 이는 쓸모없는 노동이 될 수밖에 없다. 이렇게 교환을 통해 사회적으로 인정받는 노동이 가치이고, 이 가치를 규정하는 노동은 교환 과정에서 모든 질적 차이가 사라진, 오로지 양적 차이만을 비교할 수 있는 성격을 띠게 된다. 이를 마르크스는 '추상노동 abstract labor'이라고 일컫는다. 정리하면, 마르크스는 가치가 교환 이전이 아니라 교환 과정과 동시에 결정 및 확인됨을, 즉 오로지 상품들 사이의 관계를 통해서만 규정된다고 주장한다. 그리고 이 교환을 통해 규정 및 결정되는 가치는 사회적으로 필요한 노동시간, 즉 추상노동

16　이는 아이작 일리치 루빈(Isaak Illich Rubin)의 연구에 기반을 두고 있는 관점이다. 루빈의 작업은 이후 마르크스의 가치이론과 고전학파 경제학의 가치이론이 어떻게 다른지에 대한 다양한 연구를 촉발하였다. 루빈의 해석을 계승하고 있으며 마르크스의 가치이론뿐만 아니라 전체 이론의 해석과 관련하여 크게 주목받고 있는 작업 가운데 하나가 바로 미하엘 하인리히(Michael Heinrich)의 논의이다. 영어 번역본은 다음을 참조하라. Isaak Illich Rubin, *Essays on Marx's Theory of Value* (Detroit: Black and Red, 1972). 국내에 번역된 『자본』에 대한 하인리히의 대표적인 연구는 다음을 참조하라. Michael Heinrich, *Kritik der politischen Ökonomie* (Stuttgart: Schmetterling Verlag, 2004) [미하엘 하인리히 지음, 김강기명 옮김, 『새로운 자본 읽기』(꾸리에, 2016)].

17　상품생산사회에서 생산물은 판매를 목적으로 생산되므로 판매가 이뤄져야만 해당 생산물이 사회적으로 유용한 것으로 인정받고 이는 곧 해당 상품에 지출된 노동이 사회적으로 유용한 노동으로 간주됨을 의미한다.

이다.[18] 이러한 구조에서 다른 모든 상품의 가치를 표현하는 역할을 독점적으로 맡는 상품이 바로 일반적 등가general equivalent로서의 화폐이다. 여기서 중요한 점은 일반화된 물물교환에서 출발하여 화폐가 출현하는 것이 아니라,[19] 일반화된 상품교환은 오로지 화폐의 존재 때문에 가능하다는 점이다. 즉, 상품생산경제의 규정 자체가 화폐를 포함할 수밖에 없다는 것이 마르크스가 가치형태론에 기반하여 논리적으로 화폐를 도출할 때 보여주는 중요한 결론이다.

상품생산경제에서 각 주체는 자신의 상품이 다른 상품과 얼마만큼의 수량으로 교환될지는 사후적으로만 확인할 수 있다. 이 교환 비율은 주체가 사전적으로 자신의 의지에 따라 결정하는 것이 아니라 시장의 조건에 따라 결정되는 것이다.[20] 즉, 각 주체의 입장에서 이는 외부적으로 결정되어 부과되는 일종의 강제로 나타난다. 상품생산경제에서 사적 노동의 사회적 인정, 즉 상품 생산자들 사이의 사회적 관계는 상품이라는 생산물 사이의 관계라는 형태를 취하고 이 때문에

---

18 마르크스의 가치 개념이 생산양식의 구분과 무관하게 모든 생산양식에 적용할 수 있는 일반적인 개념인지, 아니면 일반화된 상품생산경제로서의 자본주의를 전제로 삼고 있는 역사 특수적인 개념인지에 대해서는 지금까지도 논쟁이 이뤄지고 있다. 본 연구는 후자의 관점을 채택하고 있다. 이러한 관점은 가치가 상품들 사이의 교환관계를 전제해야만 규정 및 확인되고, 결코 물리적 실체로 직접 드러나지 않음을 강조한다. 가치의 이러한 특성을 한상원은 다음의 작업에서 '유령적 대상성(gespenstige Gefenständlichkeit)'이라고 일컫는다. 한상원, "마르크스와 유령적 모더니티: 상품의 이중성과 '객관적 사유 형식'".

19 이러한 방식으로 화폐의 출현을 바라보는 시각을 '상품화폐론(commodity theory of money)'이라고 일컫는다. 신고전파 경제학은 화폐의 발생 및 근원적 성격을 상품화폐론의 시각을 통해 이해하고 있다. 이에 대해서는 뒤에서 자세히 설명할 것이다.

20 장기적으로는 경쟁 메커니즘이 작동하여 생산과정에서의 기술적 조건이 이를 결정하게 된다.

생산물 사이의 관계로 각 주체에게 표상될 수밖에 없다. 상품들 사이의 관계는 인간들의 사회적 관계 때문에 존재하지만, 이러한 관계가 가지는 형식(형태)[21] 때문에 각 주체는 시장을 매개로 하는 실천(생산 및 교환) 속에서 자신들에게 외적으로 부과되는, 그런 의미에서 사물들 사이의 '자연적' 관계로 체험 및 인식할 수밖에 없다. 상품생산경제가 부여하는 규정에 따른 실천이 만들어 내는 이러한 오인된[22] 인식이 바로 마르크스가 말하는 물신숭배이다.

본 연구의 관점에서 이러한 『자본』의 출발점이 제시하는 중요한 질문은 다음과 같다. 첫째, 마르크스는 왜 자본주의적 계급 관계가 개입되어 있지 않은 자유롭고 평등한 개인들의 합리적인 상품교환, 즉 시장을 분석의 출발점으로 삼고 있는가? 둘째, 이러한 출발점에서 자본주의 생산양식에 대한 본격적인 분석으로 넘어가기 전에 인격들 사이의 관계가 사물들 사이의 관계로 전도됨을 강조하는 물신숭배에 대한 논의가 왜 등장하는가?

이와 관련해서 본 연구는 발리바르_{Étienne Balibar}, 비데 등으로 대표되는 포스트 마르크스주의의 시각, 그중에서도 특히 마르크스의 연구를 자본주의 생산양식을 넘어서 현대성, 현대사회[23]에 대한 구조적이

---

21 가치는 오로지 다른 상품과의 교환을 통해서만 규정되고, 그 크기 역시 상품생산자의 의지 및 결정과 무관하게 시장에서 사후적으로 확인될 수밖에 없다.

22 인간들 사이의 사회적 관계가 사물들 사이의 자립적 관계로 체험 및 인식된다는 측면에서, 즉 인간들의 집단적 실천이 만들어 낸 관계가 그러한 관계에 따른 실천 때문에 오히려 인간들에게 외적이고 인간을 지배하는 자연법칙처럼 인식된다는 의미에서 오인이라는 표현을 사용하였다. 이는 거짓 혹은 허위의식과는 아무런 상관이 없다.

23 마르크스는 『자본』에서 자본주의 생산양식을 분석 대상으로 삼고 있다. 현대성, 현대사회는 자본

고 체계적 분석으로 확장하는 작업을 꾸준히 진행 중인 비데의 이론을 주된 논거로 삼을 것이다. 문제의식, 세부적인 내용 등에서는 당연히 여러 차이가 존재하지만 이러한 시각은 『자본』 1권 1편의 논의가 자본주의 구조가 만들어 내면서 '동시에' 이 구조를 가능하게 만드는, 그리고 자본주의적 실천이 만들어 낸 수행적 의미에서의 '허구'와 밀접하게 연관되어 있음을 강조한다. 발리바르는 마르크스의 정치경제학 '비판'이 갖는 기획의 한 측면을 다음과 같이 규정한다. "현상을 해체하고 최종적인 수준에서는 착시 현상(더욱 정확히는 치환) 위에 기초해 있는 외양을 이 현상 내에서 드러내는 것", "경제적 현상들을 '숨겨져' 있던 또는 그 효과가 '전도'되었던 '현실적 원인'과 연결시키는 것이 마르크스의 작업이 갖는 중요한 목표이다."[24]

먼저 위에서 언급한 첫 번째 문제를 비데가 제시하는 메타/구조 meta/structure 분석[25]의 관점에서 살펴볼 것이다. 자본주의 생산양식의 핵심 특징이라 할 수 있는 계급 관계는 1권 1편에는 등장하지 않는다. 1편의 직접적 대상은 자본주의가 아니라 '시장', 즉 상품의 생산 및 교환이 일반화된 경제이다. 이러한 설정의 함의에 대한 논쟁은 지금까지도 지속되고 있지만 본 연구는 자본주의의 구조와 이의 재생산을

주의 생산양식을 포함하는 더 포괄적인 규정이다.

24 배세진, "현대 프랑스 마르크스주의에 대한 루이 알튀세르 이후의 포스트 마르크스주의의 견지에서의 재서술".

25 이는 비데가 현대사회를 메타구조의 구조로의 전도로 파악하고 둘 사이의 변증법적 관계를 통해 현대사회를 분석하는 방법을 의미한다. 메타구조와 구조 개념에 대해서는 뒤에서 설명할 것이다.

'논리적으로' 설명하기 위해서 상품생산경제[26]로부터 출발한다는 관점을 채택한다.[27] 이러한 이유로 1권 1편은 2편 이후와 달리 계급이 아니라 상품의 소유자로서 '합리적으로' '등가교환'을 수행하는 '자유롭고 평등한' 개인을 주체로 상정한다고 본다.

비데는 마르크스는 『자본』 1권 1편의 이러한 특징에 주목하면서 이를 '메타구조'라는 자신만의 개념으로 확장 및 재정립한다. 메타구조는 현대사회(현대성)라는 구조가 실재하기 위해 필연적으로 존재해야 하는 선전제로서의 '허구', 다시 말해 구조가 실존의 실재적 조건으로 '생산하는' 허구이다.[28] 이 허구의 핵심은 모든 개인은 '자유롭고 평등하며' '합리적'이라는 선언, 담론이다.[29] 비데는 자유롭고 평등하고 합리적인 개인들 사이의 사회적 생산(활동)은 직접적으로 이뤄질 수 없으며 이를 가능케 하는 '매개'가 필요하다고 주장한다. 비데는 '시장 market'과 '조직organization'이라는 두 가지 매개를 제시하며 이러한 주장의 근거를 『자본』에서 찾는다. 그리고 이 두 매개를 메타구조의 두 가지 '극pole'이라고 일컫는다. 자유롭고 평등하며 합리적인 개인들 사이의 사회적 생산은 두 매개의 상보적 관계를 통해 이뤄진다. 시장은 '각자사이amongst one other'를 조율하는 매개로 서로 구별되는 사적 생산들 사이의 사후적 균형을 야기한다. 반면 조직은 '모두-사이amongst all'

---

26 이는 자본주의 생산양식을 규정하는 핵심 요소 가운데 하나이다.

27 본 연구는 1편의 상품생산경제가 역사적으로 자본주의 이전에 존재했던 별도의 경제체제 혹은 생산양식을 의미하지 않는다고 본다.

28 왜 허구인지는 뒤에서 메타구조와 구조 사이의 관계를 논의할 때 설명할 것이다.

29 이러한 담론이 바로 현대사회를 이전 사회와 구별되도록 만드는 핵심적인 특징이다.

를 조율하는 매개로 하나의 동일한 권위에 기반하여 이뤄지는 생산의 목적과 수단에 대한 사전적 배열, 즉 협력된 계획을 가능하게 한다(Bidet, 2014).[30]

비데는 메타구조의 두 가지 극을 마르크스가『자본』에서 제시했음을 강조한다. 하지만 비데는 마르크스가 두 극 사이의 관계를 동시적으로 존재하는 것으로 파악하지 못하고 역사 목적론적으로 잘못 이해하고 있다고 비판한다. 마르크스는 자본주의의 메타구조로서 시장을 상정하고, 생산과정이 점점 더 집산화되는 자본주의의 역사적 과정 내에서 앞으로 탄생할 조직을 미래 사회(사회주의)의 소외 없는 협력적인 조정 양식(원리)으로 간주한다. 반면, 비데는 시장과 조직은 그 성격이 달라서 서로 갈등적이지만, 상호 얽혀 있기 때문에 다른 하나 없이 존재할 수 없는, 그러므로 서로 변증법적 관계에 있는 현대사회의 두 가지 매개(극)임을 강조한다. 이와 관련하여 비데는 "기업이 시장에 걸쳐 있는 조직이라면, 시장은 그 자체로 조직에 의해 둘러싸여 있게 된다."[31]라고 이야기한다. 그리고 이러한 시각은 현대사회에서 나타나는 시장과 국가의 이분법[32]이 허구임을 보여준다.

---

30 '각자-사이'는 그 자신이 독립적인 결정을 수행하는 소유자(개인, 기업 등) 사이의, 즉 소유권이 분할된 조건 속에서의 관계 및 조정을, '모두-사이'는 어떤 소유 단위 속에서의, 즉 동일한 소유권 내에서의 관계 및 조정을 의미한다.

31 Jacques Bidet and Gérard Dumenil, *Altermarxisme* (Paris: Presses Universitaires de France, 2007) [자끄 비데, 제라르 뒤메닐 지음, 김덕민 옮김,『대안마르크스주의: 새로운 세계를 위한 마르크스주의적 대안』(그린비, 2014)].

32 메타구조와 물신숭배라는 조건 속에서 시장(경제)과 국가(사회)를 분리하고 전자를 자연적인 메커니즘으로, 후자를 인위적인 개입 및 조정이 이뤄지는 것으로 보는 현대사회의 이분법이 나타난

비데는 메타구조에 두 가지 극뿐만 아니라 두 가지 '면face'이 존재하고 이 역시 『자본』 1권 1편에서 마르크스가 제시하고 있는 중요한 특징임을 강조한다. 하나는 '합리성(효율성)'으로 대변되는 경제적 측면이고 다른 하나는 '각자-사이'와 '모두-사이'의 '자유-평등' 쌍으로 제시되는 법-정치적 측면이다.[33] "'각자-사이', 즉 시장은 개인 간의(개별적) 계약성(행위자들의 자유)을, '모두-사이', 즉 조직은 중앙적 계약성(공동의 합의)을 전제한다."[34] 개인 간 계약성과 중심적 계약성은 시장과 조직처럼 변증법적 관계 속에서 공존한다. 개인 간 계약성은 '모두가' 그러한 계약성을 수용해야만 존재할 수 있고, 반대로 중심적 계약성은 그것이 개인 간 계약성에 부과하는 모든 제약을 모두가 받아들여야만, 즉 궁극적으로 개인 간 계약성을 무너뜨리지 않는 것임을 보일 수 있어야 존재할 수 있다.[35] 정리하면, 메타구조란 모든 개인은 자유롭고

다. 국가와 국가를 통해 만들어지는 제도는 조직의 가장 중요하고 또 대표적인 형태이다. 이와 관련하여 비데는 '각주 31'의 글에서 "특히 국가적 공간은 우리가 목적을 정의하고 수단을 설계하는 틀 속에서 일어나는 일종의 '공동 소유' 내부의 조정—공동체적으로 사회적으로 승인된 사물과 장소의 활용—이라는 의미에서, 조직에 대한 유비적 개념의 영역이다."라고 이야기한다. 시장과 조직 사이의 갈등적이면서도 상보적인 관계가 존재한다면 현대사회는 둘의 구분이 아니라 둘 사이의 변증법적 통일을 통해 구성된다고 볼 수밖에 없다.

33   『자본』 1권 1편의 상품생산경제에서 개인들은 서로 자유롭고 평등한 상품의 소유자로 관계를 맺는다. 이는 개인들 사이의 관계가 등가교환(합리적 교환)이라는 경제적 측면뿐만 아니라 법-정치적 측면을 동시에 함의함을 의미한다.

34   Bidet, "Explanation and Reconstruction of Marx's Capital".

35   이러한 둘 사이에 존재하는 불가분의 관계를 비데는 '각주 31'의 글에서 다음과 같이 이야기하고 있다. "만약 상호 개인적 관계들 속의 자유를, 모두에게 공통적인 것과 그것을 주재하는 규칙들을 자유롭고 평등하게 규정할 수 있는 어떤 사회계약 속에서 보장받지 못한다면, 그것은 어떤 법-정치적 정당성도 얻지 못할 것이다. 그리고 반대로 (모든 이들 사이의) 공민적(civic) 자유는 (각자에 대한 각자의) 시민적(civile) 자유를 전제로 하고 있다."

평등하며 합리적이라는 담론이다. 동시에 메타구조는 이러한 담론하에서 '각자-사이'와 '모두-사이'의 조정을 매개하는 시장과 조직이라는 두 극과 경제적 측면과 법-정치적 측면이라는 두 면의 상호적이고 변증법적 관계로 특징지어지는 현대사회의 형태, 정확히는 현대사회의 구조를 가능하게 하는 선전제로서의 허구이다.

마르크스는 『자본』의 1권의 2편에서 1편의 합리적인 개인들 사이의 자유롭고 평등한 관계가 자본주의 생산양식하에서 어떻게 자본가계급의 노동자계급에 대한 착취를 수반하는 '계급 관계'로 전환되는지를 다루고 있다. 마르크스는 여기서 개인들 간의 자유롭고 평등하며 합리적인 관계가 자본주의 사회에서 어떻게 부정되는지만 보여주고 있는 것이 결코 아니다. 개인들이 서로 자유롭고 평등하며 합리적인 관계를 맺기 '때문에' 자본주의의 '특수한' 계급 구조가 가능해짐을 마르크스는 『자본』 전반에 걸쳐 논증하고 있다. 이 때문에 메타구조는 구조에 의해서 부정되어 버리는 허구가 아니라, 구조를 가능하게 만드는 선전제로서의 허구인 것이다.

자본주의적 착취 메커니즘에 대한 마르크스의 설명이 이러한 측면을 잘 보여주고 있다. 자본가의 노동자에 대한 착취는 자본주의의 '임노동' 관계를 전제하고 있는 자본가와 노동자 사이의 자유롭고 평등한 '계약'에 근거하여 이뤄진다. 노동자는 고용주를 선택할 권리가 있다는 측면에서 분명 자유롭고 평등하며 더 높은 임금이나 노동조건을 추구할 수 있다는 점에서 합리적이다. 그리고 자신의 재생산을 보장하는 수준의 임금을 수취하므로 이 계약은 등가교환이라는 특징을 갖는다.[36] 임노동 관계는 메타구조를 부정하지 않으며 오히려 그것을 온전히 반영하고 있다. 하지만 임노동 관계와 자본주의(자유주의)적인 소유권[37]의 결합은 자본가계급이 노동자계급의 부불노동에 해당하는 만큼을 잉여가치의 형태로 취득할 수 있도록 해준다.[38]

비데는 마르크스의 논의 방식을 따르되 자신의 메타구조와 구조 개념에 입각하여 다음과 같이 설명한다. 비데는 메타구조라는 허구와 대비되는 자본주의의 현실, 즉 실재를 '구조structure'라고 일컫는다. 마르크스는 메타구조와 구조 사이의 관계를 시장에 기초해서 논증하기 때문에 자본주의 생산양식의 계급은 자본가(소유자)와 노동자로 구분된다고 주장한다. 반면 비데는 조직이라는 매개를 추가로 고려하기 때문에 마르크스의 논의를 다음과 같이 확장한다. 현대사회는 메타구조의 실현이 아니라 구조로의 '전도'로 이해되어야 하며, 이 구조는 자유롭고 평등하며 합리적인 '개인들 사이의 관계'가 아니라 지배계급의 피지배계급에 대한 지배 및 착취를 수반하는 '계급 관계'이다. 전자는 개인 간의 미시적 관계를, 후자는 집단 간의 거시적 관계를 의미

---

36 등가교환은 둘 사이의 평등하면서 동시에 경제적으로 합리적인 교환이다. 합리적 경제주체는 강제가 없다면, 즉 자율적으로 결정을 할 수 있다면 자신이 손해를 입을 때는 교환을 하지 않을 것이다. 부등가 교환은 한쪽은 이득을, 상대방은 손해를 보는 거래이기 때문에 합리적 선택 전제한다면 이뤄질 수가 없다. 혹은 부등가 교환임을 깨달았다면 다음 교환 때에는 그 비율을 수정할 것이다. 그러므로 등가교환은 경제적 합리성을 반영한다.

37 생산수단의 사적 소유와 생산수단 소유자의 생산물에 대한 소유권을 의미한다.

38 자본가계급이 잉여를 화폐적 형태인 잉여'가치', 즉 이윤으로 취득한다는 것이 마르크스가 강조하는 '자본주의적' 착취의 매우 중요한 특징이다. 이와 관련해서는 다음의 작업을 참고하라. Duncan K. Foley, *Understanding Capital: Marx's Economic Theory* (Cambridge: Harvard University Press, 1986) [던컨 폴리 지음, 강경덕 옮김, 『자본의 이해: 마르크스의 경제이론』(유비온, 2015)].

한다.[39] 이러한 전도를 비데는 '이성의 도구화'라고 일컫는다. 이성의 도구화는 메타구조의 두 가지 매개인 시장과 조직이 계급 관계를 낳는, 즉 비데의 표현에 따르면 '계급요소class factor'가 되는 과정을 의미한다. 시장에서는 소유권을 기반으로 소유자계급이, 조직에서는 역량compétence에 기반한 관리자(전문가)계급이 형성된다.[40] 역량은 "타인을 이끄는 데 필요한 사회적으로 부여된 능력"으로 "인가된 어떤 한 지식에 연결된 관리 권력으로서의 지식-권력을 실행한다는 의미"를 갖는다.[41] 그리고 "한편으로는 권한을 보유하고 있는 결정 기관들의 위계 또는, 지위에 첨부되어 있는 권한을 승인받은 (다소 임의적이며, 종종 완전히 자의적일지라도) 개인들이라는 이중적 의미"로 사용된다.[42]

자유롭고 평등하며 합리적인 개인들의 '각자-사이', '모두-사이'의 사회적 생산을 매개하는 두 극은 현대사회의 구조(실재)에서는 착취와 지배를 낳는, 즉 소유의 극과 역량의 극으로서 지배계급과 피지배계급의 분할을 낳는 요인으로 작용한다. 비데는 피지배계급을 '근본계급fundamental class' 혹은 '대중계급popular class'이라고 일컫는다. 근본계급은 자본가계급, 즉 소유자계급뿐만 아니라 조직이라는 또 다른 매개

---

39 Jacques Bidet, "Neoliberalism Facing Its Subjects: A Metastructural Approach," *Historical Materialism*, 27:4 (2019), pp. 127-143.

40 비데는 메타구조에서의 조직이라는 매개, 조직의 계급요인으로의 전도, 이러한 전도에 의해 규정되는 역능을 갖는 관리자계급의 형성 및 재생산 등을 고찰하는 데 있어 매우 중요한 이론적 기여를 한 학자로 푸코(Michel Foucault)와 부르디외(Pierre Bourdieu)를 꼽고 있다.

41 비데, 『마르크스와 함께 푸코를』.

42 Bidet, "Explanation and Reconstruction of Marx's Capital".

를 통해 관리자계급과 대면하게 된다.[43] 비데는 지배계급 두 극 사이의 갈등적이면서도 협력적인 관계와 근본계급이 지배계급의 두 극과 각각 맺고 있는 관계[44]가 바로 현대적인 계급투쟁, 즉 정치의 내용이며 이것이 현대사회의 역사적 변화를 추동한다고 본다.

이러한 메타구조의 구조로의 전도, 즉 시장과 조직의 계급요소로의 전환은 메타구조의 자유와 평등, 합리성이라는 선언이 현실에서 착취와 지배, 그리고 비합리성[45]으로 전도됨을 의미한다. 여기서 핵심

---

[43] '각주 42'의 글에서 비데는 계급을 크게는 다음과 같은 방식으로 구분한다. 지배계급은 소유권을 갖는 주주와 지배인, 역능을 갖는 관리자와 고위공무원 등으로 구분할 수 있다. 근본계급은 시장과 조직 둘의 동시적 관계에 의거하여 착취당하고 지배되지만, 계급요소로서 어떠한 매개가 더 강한지에 따라 크게 세 가지로 구분된다. 농민, 장인, 자영업자 등은 시장에 의해 강하게 규정되고, 공무원은 조직에 강하게 규정받는다. 민간기업의 피고용인(전통적인 의미의 노동계급), 공기업의 피고용인에 대한 착취 및 지배는 두 요소의 조합에 의해 이뤄진다.

[44] 특히 여기서 비데는 근본계급과 관리자계급 사이의 갈등적이면서도 협력적인 관계가 중요함을 강조한다. 근본계급이 소유자계급보다는 관리자계급과 일상적으로 더 밀접하게 접촉하므로 이에 더 큰 영향을 끼칠 수 있다. 그러므로 근본계급이 자신의 영향력을 강화하고 나아가 현대사회의 변혁까지 추동하려면 이 과정에서 자신의 헤게모니하에서 관리자계급과 동맹을 맺는 것이 중요하다고 강조한다. 제2차 세계대전 이후 형성된 사회국가(social state)를 이러한 연합을 통해 소유자계급의 힘을 어느 정도 제어하면서 탄생할 수 있었던 결과로 볼 수 있다. 하지만 현대사회의 표준적인 형태는 근본계급과 관리자계급의 이격이 커지고 소유자계급과 관리자계급의 연합이 강해져서 지배계급이 근본계급에게 강한 지배력을 발휘하는 것이다. 이러한 관점에서 1980년대부터 본격화된 신자유주의는 이전의 사회국가를 약화시키는, 그러므로 현대사회의 표준적인 계급 간 관계가 다시금 강해지도록 만드는 역사적 변화라고 볼 수 있다. 비데의 신자유주의에 대한 분석은 다음의 연구를 참고하라. Bidet, "Neoliberalism Facing Its Subjects".

[45] 비합리성을 다음의 두 가지 방식으로 이해할 수 있다. 경제적 메커니즘의 관점에서 보자면 경기변동, 금융위기 등으로 대표되는 불안정성의 강화, 이윤율 저하의 경향, 산업예비군의 지속적 창출 등을 자본주의, 즉 구조가 낳는 비합리적 결과로 꼽을 수 있다. 즉, 자본의 축적 메커니즘 그 자체가 경제의 불안정성 강화나 과소고용의 지속이라는 비합리성을 낳는다. 또한 사회 재생산의 측면에서도 비합리성이 나타난다. 자본주의 경제를 추동하는 가장 근본적인 원동력은 '화폐'이윤(소득)의 추구이다. 즉, 자본주의 체제는 사회적으로 바람직한 것으로 여겨지는 사용가치(상품의 쓸모, 즉 질적 특성의 관점에서 파악한 상품을 의미)의 생산이 아니라, 화폐 액수, 즉 가치로 표현되는 '추상화된' 부의 증식을 목표로 삼는다. 그러므로 사회적으로, 나아가 윤리적으로 바람직하지

은 이러한 구조가 현대사회의 고유한 메타구조라는 허구적 선전제에 기반을 두고 있다는 점이다. 그러므로 구조 '이전에' 혹은 구조와 '별개로' 존재했던 메타구조가 구조로 전도되는 것이고 구조를 개혁하여 메타구조로 변화시킬 수 있다는 식으로 이해해서는 안 된다. 자본주의 생산양식, 더 나아가 현대사회의 실재, 즉 구조가 존재하기 때문에 메타구조 역시 존재하는 것이다. 전자 없이 후자도 없으며 그러므로 둘의 관계는 동시적이다. 그리고 메타구조는 합리적인 개인들의 자유롭고 평등한 관계라는 허구로서 이러한 구조의 존재 및 재생산이 가능하도록 만든다. 정리하면, 메타구조는 구조와 동시적으로 존재하며 후자 없이 홀로 존재하지 않는다. 동시에 구조는 '논리적으로' 메타구조의 계급 관계로의 전도이기 때문에 마찬가지로 메타구조 없이 존재할 수 없다.

메타구조는 지배계급과 근본계급에게 다른 의미로 다가온다. 지배계급은 자유롭고 평등하며 합리적인 개인들의 관계, 즉 메타구조를 이미 현실에서 실현된 것으로 받아들이고 또 그렇다고 주장한다. 반면, 피지배계급의 입장에서 메타구조는 현실에서 구현되지 못한, 앞으로 실현해야 할 이상이다. 즉, 메타구조는 구조의 재생산에서 갈등적인 요소로도 작용하며 이는 재생산이 갖는 내용을 변화시키고 더나아가 구조 자체의 변화를 낳을 수도 있는 중요한 동인 가운데 하나

___

못한 사용가치라고 하더라도 가치의 증식에 도움이 된다면 얼마든지 생산될 수 있다. 이는 자본의 재생산을 위해 사회의 재생산이 희생될 수 있음을 의미한다. 최근에 가장 중요한 전 인류적 문제로 떠오른 생태위기(ecological crisis)가 이러한 측면의 비합리성을 잘 보여준다.

가 된다. 이렇게 메타구조와 구조 사이의 변증법적 관계를 활용하여 현대사회의 규정과 그것의 역사적 변화를 고찰하는 자신의 이론적 시도를 비데는 '메타/구조' 분석이라 일컫는다.

다음으로 두 번째 문제, 즉 물신숭배가 본 연구와 관련하여 어떠한 함의를 갖는지 살펴보도록 하겠다. 앞에서 강조했듯이 물신숭배는 '허위의식'이 아니라 자본주의적 시장, 즉 메타구조의 매개가 만들어 내는 세계에 대한 '객관적인' 체험 및 인식(표상)이다. 이는 주체가 물신숭배가 무엇인지를 알아도 물신숭배는 결코 사라지지 않는다는 것을 의미한다. 더 정확히 말하면 자본주의 생산양식이 지속되는 한 우리는 결코 물신숭배로부터 벗어날 수가 없다. 각 주체는 자본주의적 시장에 들어가는 순간 이러한 방식으로 세계를 체험할 수밖에 없다. 그러므로 물신숭배는 주체가 시장이 부과하는 형식(구조)에 맞춰 활동하는 것을 보증한다. 이러한 측면에서 물신숭배는 결국 메타구조, 그중에서도 특히 시장이라는 매개가 만들어 내고 또 이 메타구조에 조응하는 '주체' 생산의 메커니즘으로 볼 수 있다. 그리고 자본주의 생산양식에 따른 실천(행위)은 시장 메커니즘[46]을 자연화하는, 즉 사물들 사이의 객관적 관계이기 때문에 인간들의 결정에 따라 변화할 수 있는 것이 아니라 객관적 자연법칙으로 경험 및 인식되도록 만든다는 것을 보여준다.

여기서 메타구조의 양가성과 물신숭배 사이의 관계를 짚어볼 필

---

[46] 그것의 형식과 결과 모두를 의미한다.

요가 있다.[47] 앞에서도 언급했듯이 메타구조는 지배계급의 입장에서는 현재의 구조에서 실제로 실현된 것으로 선언된다. 반면, 피지배계급의 입장에서는 앞으로 실현해야 할 선언(원리)이다. 이렇게만 보면 양가성은 대칭적인 것으로 보여진다. 하지만 구조가, 즉 계급 관계가 유지(재생산)되고 있다는 것은 지배계급의 입장이 근본적으로 더 우위에 있음을 보여준다.[48] 이러한 비대칭적 관계를 낳는 요인 가운데 하나로 물신숭배를 꼽아볼 수 있다. 이의 고찰을 위해 마르크스 전반의 작업에서 또 하나의 중요한 개념인 소외에 주목할 필요가 있다.

물신숭배와 소외 사이의 관계 역시 논쟁적인 주제로 본 연구는 비데의 논의를 참고하도록 하겠다. 비데는 물신숭배에서도 소외의 문제의식이 사라지지 않았음을 강조한다. 문제는 마르크스 연구에서 소외의 의미가 계속 변화한다는 것이다. 비데는 물신숭배가 "인간들 그 자체의 자격으로 서로 협력할 수 있고 자유롭고 평등하고 합리적인 존재들로 서로가 유효하게 관계 맺을 수 있는 이 인간들의 능력의 박탈이라는 의미에서의 소외"[49]를 낳는다고 이야기한다.[50] 시장은 메타구

---

47 둘 사이의 관계를 규정하는 과정은 여러 복잡한 문제를 수반하므로 아주 정합적인 결론을 내릴 수는 없다. 여기에서는 앞으로의 논의에 필요한 수준으로 이를 정리할 것이다.

48 이 관계의 내용이 불변하지 않고 변화한다는 것은 분명 이 양가성이 현대정치의 조건으로 역사적 변화를 만들어 낸다는 것을, 그러므로 이 양가성이 작동하고 있다는 것을 보여준다.

49 배세진, "현대 프랑스 마르크스주의에 대한 루이 알튀세르 이후의 포스트 마르크스주의의 견지에서의 재서술: 에티엔 발리바르 그리고 자크 비데의 이론화를 중심으로," 『경제와 사회』 140 (2024), pp. 149-223.

50 비데는 메타구조를 시장의 관점으로만 파악하지 않고, 시장과 조직이라는 두 가지 극의 상호적 관계로 파악하기 때문에 마르크스가 시장의 관점에서만 파악하고 있는 물신숭배와 소외의 논의를 조직의 측면까지, 즉 계획에 의거하여 협력하는 노동하에서 나타나는 물신숭배까지 고려하는

조에서 자유롭고 평등한 개인들의 합리적인 관계를 의미하지만,[51] 이러한 관계에 기반한 실천하에서 시장 메커니즘은 각 주체에게 강제된 것, 즉 자연법칙으로 체험 및 인식된다. 자유롭고 평등하며 합리적인 개인들의 관계를 전제하는 실천 자체가 주체가 이에 복종하도록 만드는 것이다. 이는 현실의 변화보다는 지속을 강화하는, 그러므로 지배계급의 지배를 공고화하는 또 하나의 효과를 낳는다고 볼 수 있다. 이와 관련하여 피셔Mark Fisher는 다음과 같이 이야기한다. "『칠드런 오브 맨』을 보면서 자본주의의 종말을 상상하는 것보다 세계의 종말을 상상하는 것이 더 쉽다는 프레드릭 제임슨과 슬라보예 지젝의 구절을 떠올리지 않을 수 없다. 이 슬로건은 내가 '자본주의 리얼리즘capitalist realism'이라는 표현으로 의미하는 바를 정확하게 포착하고 있다. 자본주의가 유일하게 존립 가능한 정치, 경제 체계일 뿐 아니라 이제는 그에 대한 일관된 대안을 상상하는 것조차 불가능하다는 널리 퍼져 있는 감각이 그것이다."[52]

방향으로 확장해야 한다고 주장한다. 이는 시장에 대한 조직의 확실한 우위를 특징으로 하는 현실 사회주의의 실패에 대한 고찰을 심화할 수 있는 중요한 이론적 근거가 될 수 있을 것이라 생각한다. 이와 관련된 내용은 다음의 글을 참고하라. Bidet, "Explanation and Reconstruction of Marx's Capital". 그리고 비데는 현실 사회주의를 국가자본주의로 규정하는 것을 단호히 거부한다. 현실 사회주의는 자본주의와는 엄연히 다른 조정 양식, 즉 시장을 배제하고 조직을 특권화하는 양식이기 때문에 다른 관점에서 파악해야 한다고 강조한다. 이에 대해서는 다음의 글을 참조. 비데 & 뒤메닐, 『대안마르크스주의』.

51 시장은 모두-사이의 중앙적 계약성하에서, 즉 모두가 시장의 질서를 따르기로 약속한 상태에서 이에 입각하여 각자-사이의 개인적 계약(개인의 자유로운 계약)이 이뤄지는 장이다.

52 Mark Fisher, *Capitalist Realism: Is There No Alternative?* 2nd ed. (London: John Hunt Publishing, 2022) [마크 피셔 지음, 박진철 옮김, 『자본주의 리얼리즘: 대안은 없는가, 2판』(리시올, 2024)].

지금까지의 논의를 요약하면 다음과 같다. 첫째, 현대사회는 자유롭고 평등하며 합리적인 '개인들' 사이의 관계라는 선언, 즉 메타구조라는 허구적 선전제를 낳으며 또 이를 통해 작동하는 계급구조이다. 메타구조의 구조로의 전도가 현대사회의 현실, 바로 현대사회의 계급관계가 가지는 종별적 특징이다. 그러므로 자유주의적인 세계에 대한 이해는 기만이나 허위의식이 아니라 현대사회라는 구조하에서의 실천이 만들어 내고 또 이 실천을 가능케 하는 세계에 대한 하나의 표상이라 볼 수 있다. 둘째, 자본주의적 시장의 규칙에 따른 주체의 활동은 사회적 관계를 사물들 사이의 관계로 표상하도록 만드는, 이를 통해 경제 메커니즘과 그것의 결과를 인위적 개입이 불가능하고 외적으로 강제되는 자연법칙으로서의 인식하게끔 만드는 물화의 효과를 낳는다. 즉 물신숭배가 나타난다. 이는 메타구조, 그중에서도 특히 시장이라는 매개에 따른 경제활동이 만들어 내는 그리고 이러한 활동을 가능하게 만드는 주체화 메커니즘이라고 볼 수 있다. 셋째, 메타구조는 지배계급에게는 현실에서 실현된 것으로, 반대로 피지배계급에게는 앞으로 실현해야 할 것으로 간주 및 선언되는 양가성을 가진다. 물신숭배, 즉 사회적 관계의 물화는 인간들이 집합적 실천을 통해 메타구조가 선언하는 관계를 실현할 수 있는 능력을 박탈당한다는 의미에서의 소외를 낳고 이는 메타구조의 양가성에서 지배계급의 시각이 더 큰 힘을 갖도록 만든다. 즉, 현대사회의 계급 구조가 지속될 수 있는 조건 가운데 하나로 작용한다.

마르크스의 『자본』 1권 1편이 현대사회의 규정과 관련해서 어떤 함의를 갖는지 주로 비데의 메타/구조 분석의 시각을 통해 살펴보았다. 본 연구는 이러한 내용을 기반으로 신고전파 경제학이 어떠한 근본적인 특징을 가지고 있는지, 그리고 왜 경제학에서 절대적으로 지배적인 위치를 차지하고 있는지 고찰하고자 한다. 신고전파 경제학은 자본주의 구조하에서의 실천이 낳는 메타구조, 물신숭배라는 표상에 조응한다. 일상적 실천 속에서, 즉 자생적으로 우리가 표상하게 되는 경제와 사회에 대한 상을 신고전파 경제학이 이론적으로 재현하고 있기 때문에 치명적인 이론적 결함이나 비현실성[53]에도 불구하고 사회적으로 커다란 흡입력을 갖는다고 볼 수 있다. 그리고 정확히 물신숭배의 메커니즘에 조응하기 때문에 지배계급의 입장에서 현재의 질서를 옹호하는, 나아가 더욱더 지배계급의 이해관계에 들어맞는 경제 및 사회의 창출을 목표로 하는 이론적 특징을 보인다고 평가할 수 있다. 본 연구는 주류경제학자들이 지배계급의 일원이거나 혹은 이에 친화적이기 때문에 의식적으로 이러한 특성 및 효과를 가지는 이론을 내놓는다고만은 생각하지 않는다.[54] 학자들이 자생적인 수준을 넘어서지 못하는, 다시 말해 구조를 고려하지 않는 경제에 대한 이해의 논리적 귀결이 신고전파 경제학이라는 것이 마르크스와 비데의 분석에서 도출할 수 있는 중요한 결론이라고 본다.

조금 더 구체적으로 살펴보면 다음과 같다. 신고전파 경제학은 경

---

[53] 여기서 비현실성은 자본주의 생산양식의 실재, 즉 구조를 들여다보지 않기 때문에 나타나는 여러 가지 가상적 분석을 의미한다.

[54] 실제로 그러한 측면이 강하다는 것을 부정하지는 않는다.

제를 '자본주의'가 아니라 '시장'의 관점에서 파악한다. 기술적 제약, 예산제약 외의 어떠한 제약도 없는 상태에서 대칭적인 개인들, 즉 자유롭고 평등한 개인(개별 경제주체)들이 합리적인(자신들의 경제적 이득을 극대화하는) 선택을 하고 상호 간에 거래하는 경제를 상정한다. 이는 정확히 메타구조의 시장에 조응한다. 또한, 신고전파 경제학은 시장 메커니즘과 그것의 효과를 일종의 '자연법칙'으로 간주하고 이를 뒷받침하는 이론을 내놓는다.[55] 개별 경제주체의 이득을 극대화하기 때문에 어떠한 갈등도 수반하지 않는 효율적인 자원의 배분이 인위적 개입 없이, 즉 시장 이외의 제도 및 정책적 개입 없는 시장의 완전한 작동에 이뤄지는 과정을 이론적으로 보인다.[56] 여기서 중요한 점은 신고전파 경제학은 이러한 분석이 현실에서 실현되었거나 특정 조건에서 실현될 수 있는 것으로 간주한다는 점이다. 만약, 현실적으로 해당 조건이 성립하지 않으면 최대한 그러한 조건이 나타날 수 있도록 정부가 제도를 만들거나 정책을 취해야 한다고[57] 주장한다. 메타/구조 분석의

---

55 미로브스키(Philip Mirowski)는 경제학에서 수학적 방법론을 도입 및 활용하는 것이 생물학이 아닌 물리학과 같은 학문을 추구하는 것, 즉 경제법칙을 물리법칙과 동일한 것으로 만들고자 하는 이론적 욕망과 관련이 있음을 밝히고 있다. 구체적인 내용은 다음의 작업을 참고하라. Philip Mirowski, *More Heat than Light: Economics as Social Physics, Physics as Nature's Economics* (Cambridge: Cambridge University Press, 1989).

56 다시 한번 강조하자면 이러한 물신숭배를 지배계급이 피지배계급에 대한 지배를 강화하기 위해 의식적으로 만들어 내는 것으로 이해해서는 안 된다. 물신숭배는 시장을 매개로 이뤄지는 자본주의적 생산양식에서의 경제적 실천이 만들어 내는 표상, 즉 일상적인 실천 속에서 만들어지는 사회를 바라보는 방식을 의미한다.

57 이는 피지배계급의 입장에서 이뤄지는 시장에 대한 개입이 아니며 더욱 시장친화적인 조건을 만드는 것을, 즉 지배계급의 입장에서 시장이 계급요소로 더 강하게 작동하는 것을 목표로 삼는다.

관점에서 보자면, 현실을 메타구조의 구조로의 전도로 보지 않고 현실에서 메타구조가 실현되었거나 실현될 수 있는 것으로 파악하기 때문에 결과적으로 지배계급의 지배적 위치를 옹호하는 정치적 역할을 수행하게 된다. 지금부터는 이러한 관점에서 신고전파 경제학의 가장 근본적이고 기본적인 이론[58]이 가지고 있는 주요 특징들을 살펴보도록 하겠다.

III. 신고전파 경제학의 근본적 특징

1. 방법론적 개인주의, 시장과 조직에 대한 이해

방법론적 개인주의methodological individualism는 사회현상에 대한 설명이 인간 개인에 대한 설명으로 환원되어야 한다고 보는, 즉 개인만이 궁극적인 사회적 실재이고 사회집단이나 구조는 개인들의 단순 합에 불과하다고 생각하는 이론적 입장이다.[59] 신고전파 경제학은 방법론적 개인주의를 채택하면서 모든 이론적 분석이 궁극적으로 개별 경제

---

58 당연히 신고전파 경제학 내에는 다양한 입장과 학파, 그리고 이들 사이의 논쟁이 존재한다. 본 연구는 신고전파 경제학의 가장 근원이 되는 이론을 고려한다. 즉, 신고전파 경제학 내부에서 비판의 대상이 될 수는 있지만 교과서에 소개될 정도로 우선은 신고전파 경제학이 수용하고 있는 근본 원리들과 그것이 가지고 있는 함의들을 살펴볼 것이다.

59 신고전파 경제학과 비주류경제학의 방법론에 대해서는 라부아(Marc Lavoie)의 다음 작업을 참고하라. Mark Lavoie, *Introduction to Post-Keynesian Economics* (London: Palgrave Macmillan, 2006) [마크 라부아 지음, 김정훈 옮김, 『포스트 케인스학파 경제학 입문: 대안적 경제 이론』(후마니타스, 2016)]; *Post-Keynesian Economics: New Foundations* (Cheltenham: Edward Elgar Publishing, 2022).

주체의 최적화에 기반해야 한다고 생각한다. 이 때문에 경제 전체를 분석의 대상으로 삼는 거시경제학의 연구에서도 거시적 현상을 개별 경제주체의 최적 선택 문제로 설명하는 방법론인 거시경제학의 미시적 기초microfoundations of macroeconomics를 매우 중시한다.

방법론적 개인주의 시각은 시장이 지배적인 경제의 조정 양식인 자본주의 경제체제에서 경제활동을 영위하는 주체가 이 활동에 기반해서 체험적으로 획득하게 되는 경제의 상을 반영한다. 그러므로 신고전파 경제학이 메타구조의 이론적 반영이라면, 그리고 메타구조를 현실에서 실현된 것으로 간주하는 이론이라면 방법론적 개인주의의 채택은 매우 필연적인 결과라고 볼 수 있다. 즉, 방법론적 개인주의는 경제 혹은 전체 사회의 조정이 자유롭고 평등하며 합리적인 개인들 사이의 관계를 통해 이뤄진다고 볼 수 있도록 만든다.

반대로 방법론적 개인주의를 거부하는 순간 시장에 대한 메타구조적인 인식을 파괴하는 요소들이 도입될 수 있다. 먼저, 고전학파와 비주류경제학에서처럼 개인이 아닌 계급이 경제활동의 주요 주체로 상정될 수 있고 이 경우 계급 간 비대칭적 관계를, 즉 한 계급의 다른 계급에 대한 착취와 지배의 문제를 고려하는 것이 분석에서 매우 중요해지게 된다. 그리고 구성의 오류fallacy of composition가 매우 중요한 주제로 부각된다. 마르크스 그리고 케인즈John Maynard Keynes가 강조했듯이 개별적으로는 합리적 결정이 구조에 기반을 둔 피드백을 통해 어떻게 경제 전체적으로 비합리적인 결과를 낳는지에 대한 분석이 필수적이게 된다. 이는 메타/구조 분석의 관점에서 보자면 자유롭고 평등한 합리적인 개인들 사이의 관계가 그것의 전도, 즉 계급의 분할과 계급 간 비대칭성이라는 메타구조에 반하는 구조의 발현으로 이어짐을 의미한다. 방법론적 개인주의는 이러한 문제를 도외시할 수 있도록 해주는 핵심적인 방법론이다.

방법론적 개인주의라는 관점에서 신고전파 경제학 이론이 갖는 주요 특징과 함의를 살펴보도록 하겠다. 먼저 경제 과정(활동)의 근본적 구조를 고전학파와 신고전파가 어떻게 달리 파악하고 있는지, 그리고 이러한 차이에 따라 경제분석의 핵심 문제가 또한 어떻게 달라지는지 고찰함으로써 신고전파 경제학이 가지고 있는 성격을 좀 더 확실하게 드러내고자 한다.[60]

고전학파는 경제를 순환구조a circular process로 파악한다. 그리고 이러한 이해를 대부분의 비주류경제학 학파가 공유하고 있다.[61] '그림 1'

---

[60] 이 내용은 다음의 작업을 참고하여 정리하였다. 박만섭, "신고전파 경제학". 뒤 페이지의 '그림 1'과 '그림 2' 모두 해당 글에서 따온 것이다.

[61] 마르크스를 제외한 고전학파 경제학과 20세기 이후의 비주류경제학이 마르크스의 분석, 메타/구조 분석의 시각에서 어떠한 특징을 갖는지 다음과 같이 간단히 정리해 볼 수 있다. 마르크스는 자신의 역사유물론(historical materialism)에 기반하여 고전학파 경제학이 자본주의 경제를 역사의 변화라는 관점에서 보지 않기에 자본주의 경제의 역사 특수성을 체계적으로 고려하지 않는다고 비판한다. 하지만 고전학파 경제학의 과학적 분석과 속류적 분석을 구분하는 데 전자의 핵심 가운데 하나는 바로 자본주의 생산양식의 계급 간 갈등(적대) 문제를 우회하지 않는다는 점이다. 그러므로 고전학파 경제학은 메타/구조 분석의 관점에서 보자면 자본주의 생산양식의 구조를 자신의 연구 대상으로 삼고 있다고 평가할 수 있다. 20세기 이후의 비주류경제학은 학파별로 정도의 차이는 있지만 마르크스의 영향을 강하게 받을 수밖에 없다. 이 때문에 자본주의 체제를 역사 특수적인 생산양식으로 간주하고 계급을 분석에 있어 중요한 주체로 상정한다는 특징을 공유한다. 즉, 비주류경제학 역시 구조의 관점에서 경제를 분석하며 이를 통해 메타구조에 머무르고 있는 신고전파 경제학의 비현실적이고 체제 순응적 성격을 비판하는 작업을 수행한다. 주류경제학과 비주류경제학의 방법론적 차이, 주요 비주류경제학 학파의 연구를 소개하는 국내 문헌으로는 홍태희의 다음 작업을 참고하라. 홍태희, 『비주류경제학과 대안경제학 1』(박영사, 2022); 『경제철학

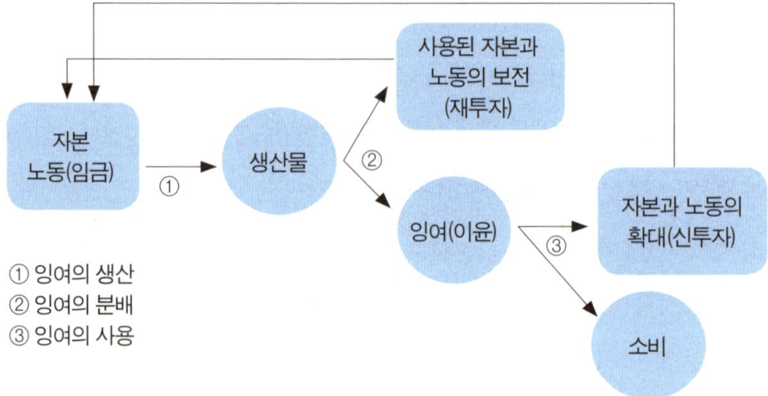

그림 1 순환과정으로서의 경제

이 바로 이를 잘 보여주고 있다. 이 그림에서 잉여는 사회 전체의 생산물 가운데 노동과 자본을 재생산[62]하는 데 필요한 수준을 넘어서는 부분을 의미한다. 이와 같이 순환과정으로 경제를 파악하면서 고전학파는 경제분석의 핵심 문제 혹은 개념으로 바로 '재생산성reproducibility'을 상정하게 된다.[63] 순환이 지속되기 위해서는 경제 전체적으로 자본과 노동의 재생산에 필요한 생산물이 적절하게 생산되어야 하며 성장은 이를 초과하는 수준의 생산을 요구한다. 이렇게 성장을 수반하는 순환의 지속이 바로 재생산이며 고전학파 및 비주류경제학은 근본적으

과 경제학방법론』(박영사, 2024).

[62] 노동의 재생산을 위해서는 노동자들이 생활하는 데 필요한 생산물이 존재해야 하고, 자본의 재생산은 생산과정에서 소모되어 사라진 생산수단을 보충하는 생산물에 의해 이뤄진다.

[63] 이러한 특징 때문에 가레냐니(Pierangelo Garegnani)는 고전학파와 마르크스의 이론을 경제학의 '잉여접근법(surplus approach)'이라고 일컫는다. 이에 대해서는 다음의 작업을 참고하라. Pierangelo Garegnani, "Value and Distribution in the Classical Economists and Marx," *Oxford Economic Papers*, 36:2 (1984), pp. 291-325.

로 재생산의 관점에서 경제에 대한 분석을 진행하게 된다. 이는 곧 경제 전체 차원에서의 분석, 즉 거시경제적 분석이 핵심이 됨을 의미한다. 그리고 앞 그림에서 확인할 수 있듯이 재생산은 곧 계급 관계의 재생산을 함의한다. 그러므로 고전학파 경제학에서는 개인이 아닌 계급이 가장 근본적인 경제주체이고 계급 간 구분에 기반한 경제적 문제, 특히 분배의 결정과 그것의 경제적 효과에 대한 고찰이 이뤄질 수밖에 없다.

반면 신고전파는 고전학파와 달리 경제를 순환과정이 아니라 일직선(선형) 과정a linear process, 즉 생산요소에서 시작하여 소비(효용)로 향하는 과정으로 간주한다. '그림 2'가 이러한 과정을 잘 보여주고 있다. 선형적인 경제 과정을 상정하고 이뤄지는 신고전파 경제학의 근본적인 분석 내용은 다음과 같다. 우선 생산요소(노동, 자본, 토지)의 양이 주어졌다고 가정한다. 생산요소의 부존량이 주어진 가운데 개별 기업들의 이윤극대화 선택에 기반하여 생산요소의 효율적 배분이 이뤄지고 기업은 생산요소 서비스(생산요소의 생산활동)를 제공하는 개인들에게 소득을 지급하게 된다. 그리고 소득을 수취한 개인들이 효용의 극대화를 위해 상품묶음을 구매하면서 경제활동이 종결된다. 주어진 생산요소를 활용한 생산, 분배, 소비가 자유롭고 평등한 개별 경제주체의 합리적 결정에 따라 이뤄진다. 주어진 조건[64]에 기반해서 자

---

64 이는 개인의 선호체계, 기술적 제약, 등가교환으로 대표되는 경제적 제약(예산제약)을 의미하며 결정을 강제하거나 결정에 영향을 미칠 수 있는 다른 주체는 전혀 존재하지 않는다.

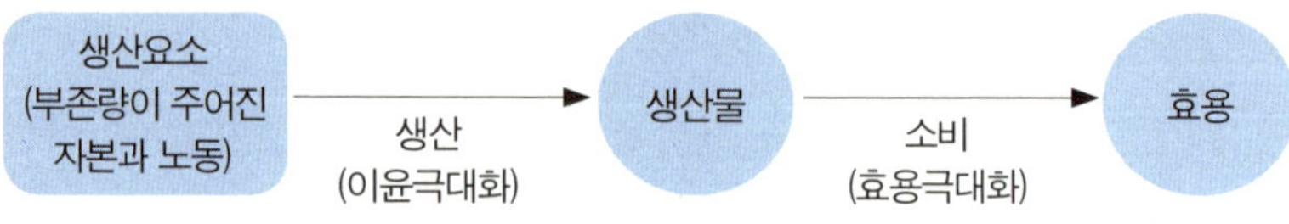

그림 2 선형과정으로서의 경제

율적으로 경제적 이득을 극대화하는 선택을 한다는 측면에서 모든 경제주체는 자유롭고 평등하고 또 합리적이다. 이는 정확히 메타구조의 측면에서 파악한 시장의 이미지에 부합한다. 이렇게 선형과정으로 경제를 파악하게 되면 경제학이 해명해야 할 핵심 문제가 재생산에서 '희소성scarcity'으로 변화한다. '교환'을 통한 '주어진 자원의 효율적 배분'이 신고전파 경제학의 가장 핵심적인 문제이기 때문에 고전학파와 달리 거시경제학보다 미시경제학적 연구가 더 근본일 수밖에 없다.

이러한 특징은 신고전파 경제학의 핵심 방법론인 '일반균형이론 general equilibrium theory'에서도 잘 드러난다. 일반균형이론은 각 상품의 수요와 공급이 개별 경제주체의 최적화를 통해 결정되고 가격의 신축적 조정을 통해 모든 시장에서 '동시에' 균형이 달성되는 과정을 분석한다. 그리고 이러한 균형 상태에서 산출, 가격, 분배가 동시에 결정된다는 특징을 가진다. 동시적 균형의 달성을 분석하는 데에 있어 거래의 대상들 사이에 상품이라는 것 이외의 질적 차이는 전혀 존재하지 않는다는 가정, 더 정확히는 그러한 관점이 중요하다. 심지어 화폐마저 다른 것들과 동일한 '상품'의 지위를 가진다고 간주한다.[65] 거래

---

65 신고전파 경제학에서는 화폐를 '교환의 매개수단'으로 간주한다. 일반균형이론은 수많은 상품을 고려하고 이 가운데 어떠한 것도 교환의 매개수단으로 활용될 수 있다. 특정한 상품이 화폐가 될

대상들 사이의 질적 차이가 존재하지 않는다고 상정하기 때문에 모든 경제주체는 시장에서 자유롭고 평등하게, 즉 어떠한 비대칭성도 없이 공급자와 수요자로 대면하게 되고 이 역시 메타구조에 조응하는 경제상이라고 볼 수 있다.

후생경제학에서 효율성의 달성 여부를 판단하는 기준인 '파레토 효율성Pareto efficiency'과 관련된 논의에서도 메타구조에 조응하는 특징을 발견할 수 있다. 파레토 효율적인 상태는 '파레토 개선Pareto improvement'이 불가능한 상태를 의미한다. 파레토 개선이란 어느 누구에게도 손해를 입히지 않으면서 최소한 한 사람(경제주체) 이상에게 이득을 가져다주는 배분 상태의 변화를 의미한다. 즉, 파레토 효율적인 상태란 해당 상태로부터 벗어나면 한 명 이상의 주체가 반드시 손해를 입게 되는 그러한 배분 상태를 의미한다. 신고전파 경제학은 개별 경제주체의 최적 선택에 기반하는 시장에서의 자율적 거래가 이런 파레토 효율적인 상태로의 도달을 가능하게 만들며,[66] 시장에서는 결코 파레토 개선에 위배되는 변화가 원칙적으로는 발생할 수 없다고 주장한다. 즉, 다른 경제주체들이 아무리 이득을 누리더라도 한 명이라도

필연성은 존재하지 않으며 더욱 중요하게는 이론 내적으로 다른 상품과 구별되는 화폐의 존재가 불필요하다. 시장의 가장 중요한 특징은 모든 거래가 화폐를 매개로 하여 이뤄진다는 것인데, 왜 이러한 화폐경제의 특징이 나타나는지를 일반균형이론, 즉 신고전파 경제학은 전혀 설명하지 못하는 것이다. 이러한 난점은 기본적으로 신고전파 경제학이 화폐의 발생 및 필연성을 방법론적 개인주의에 입각하여 개별 경제주체의 최적화로 설명하려 하기 때문에 나타난다. 이 문제는 완전히 다른 방식의 분석을 필요로 한다. 신고전파 경제학이 화폐의 필연성을 이론적으로 논증하는 데 있어 어떠한 문제를 가지고 있고 또 그 시도가 왜 실패하는지에 대해서는 다음의 글을 참고하라. 박만섭, 『포스트케인지언 내생화폐이론』(아카넷, 2020).

66   이러한 이론적 결론을 '후생경제학의 제1정리'라고 일컫는다.

손해를 입는 결과를 낳는 상태로의 변화는 발생하지 않는다. 이는 메타구조에서 '각자-사이'의 계약이 갖는 특징을 잘 반영하고 있다. 현대사회의 계약은 자유롭고 평등하며 합리적인 개인들 사이에서 이뤄지기 때문에 파레토 개선이 아닌 반대의 변화는 이뤄질 수가 없다.

시장의 자율적인 거래를 통해 도달하게 되는 상태가 파레토 효율적이기는 하지만 분배의 측면에서는 공평하지 못하거나,[67] '사회적' 후생[68]이 극대화되지는 못할 수 있다. 파레토 효율적이면서 더 바람직한 배분 상태로의 변화는 초기 부존자원의 재분배를 통해 이뤄질 수 있다.[69] 이러한 재분배가 정부의 결정으로 이뤄진다면 이는 조직이라는 매개를 통해 이뤄지는 변화이다. 여기서 바로 '각자-사이', 즉 개인 간 계약과 '모두-사이', 즉 중앙적 계약 사이의 긴장이 나타난다. 정부의 재분배 정책이 누군가의 후생을 감소시키기 때문이다. 메타구조의 측면에서 이러한 긴장을 수반하는 재분배는 손해를 보는 사람의 수용할 때만[70] 이뤄질 수 있을 것이다.[71] 후생경제학의 논의에서 확인할 수 있

---

[67] 신고전파 경제학에서 효율성은 파레토 효율적인 상태라는 명확한 규정을 갖는다. 반대로, 공평한 분배 상태는 정치·사회적 관점에 따라 달라질 수 있음을 인정한다.

[68] 신고전파 경제학의 방법론에 기반해서 사회적 후생을 규정하려는 이론적 시도가 수학적으로 불가능하다는 것이 '애로의 불가능성 정리(Arrow's impossibility theorem)'로 입증되었다.

[69] 이러한 내용이 '후생경제학의 제2정리'로 체계화된다.

[70] 이는 결코 현실, 즉 자본주의 구조에서 실제로 불평등도를 줄이는 방식으로, 그리고 모두의 합의를 기반으로 하여 재분배가 이뤄짐을 의미하지는 않는다. 현실에서의 재분배는 불평등도를 경감시킬 수도 있고 증폭시킬 수도 있다. 실제 내용이 어떠하건 수사적으로 손해를 감수하는 측도 결국에는 다른 측면에서 이득을 볼 수 있다는 식의 정당화가 수반되는 경우가 대부분이다. 즉, 오히려 구조의 비대칭성을 증대시키는 변화도 메타구조의 담론에 의거해서 이뤄지는 것이다.

[71] 중앙적 계약이 개인 간의 자유로운 계약을 제한할 수 있다는 긴장이 시장(경제)과 국가(사회)의 이분법이라는 현대사회만이 가지는 시각과 결합되면 정부의 경제에 대한 개입을 불신하는 사고가

듯이 신고전파 경제학이 조직이라는 매개를 분석에서 완전히 배제하는 것은 아니다.

메타/구조의 분석에서 중요한 특징 중 하나는 사회적 조정의 두 가지 매개인 시장과 조직 사이에 적대적이지만 필연적인 공존의 관계가 존재한다는 것이다. 즉 시장과 조직은 그 메커니즘이 상반되기 때문에 서로 대립적인 관계하에 놓여 있다. 하지만 동시에 조직 없는 시장이란 존재할 수 없고 그 역도 마찬가지다. 둘의 긴장을 수반하는 공존이라는 관점에서 볼 때, 신고전파 경제학은 근본적으로는 조직에 대한 시장의 우위를 주장하는 역할을 수행한다. 신고전파 경제학은 경제활동의 근본적 매개를 시장이라 보고 조직의 역할을 시장실패market failure[72]를 교정하는 보조적인 것으로 한정한다. 그리고 시장실패의 교정이 시장의 불완전성을 제도 혹은 정책을 통해 경감시키거나 없앰으로써 시장의 효율성을 높이는 방식으로 이뤄져야 한다고 주장한다. 즉, 시장 메커니즘이 더 잘 작동하도록 만드는 것이 조직이 담당해야 할 역할이라고 본다. 더 나아가, '신제도주의New Institutional'는 조직이라는 매개 역시 개인들의 최적화 선택에 따라 나타나는 것으로 이해한다. 이는 제도 혹은 조직에 대한 방법론적 개인주의에 입각한 이해이

근본적으로 강해질 수밖에 없다. 메타구조와 물신숭배의 결합이 자유방임주의적인 시각의 근본 조건으로 작용하는 것이다. 물론 이러한 시각이 얼마나 강해지는지는 계급투쟁이 만들어 내는 역사적 조건이 규정한다. 신자유주의는 소유자계급의 헤게모니하에서 두 지배계급의 결합력이 강해지고 대중계급의 힘이 약해지면서 자유방임주의적 시각이 지배계급과 피지배계급 모두에서 강해진 시기로 평가할 수 있다.

[72] 시장에서 효율성이 달성되는 데 필요한 조건 중 일부가 충족되지 못해서 시장에서의 거래가 오히려 비효율적인 결과를 낳는 것을 의미한다.

며 제도를 시장으로 환원하는 작업으로도 볼 수 있다.

　마르크스와의 비교는 이러한 특징을 더 잘 드러내 준다. 비테가 강조하듯이 마르크스는 자본주의 생산양식을 결코 시장 메커니즘으로 환원하지 않는다. 착취는 교환이 아닌 생산의 영역에서 이뤄지기 때문에 마르크스는 기업이라는 '조직' 내의 생산과정을 자세히 고찰한다. 즉, 시장과 조직의 변증법적 관계로 자본주의 생산양식을 파악하고 있다. 이는 마르크스의 기술혁신에 대한 분석에서도 잘 드러난다. 마르크스는 기술혁신의 문제를 시장에서의 자본 간 경쟁뿐만 아니라 기업 내 생산과정도 동시에 고려하여 고찰한다.[73] 마르크스는 동시에 자본주의 생산양식의 형성 및 발전, 즉 자본 및 사회의 재생산과 관련하여, 계급투쟁에 영향을 받고 또 이를 조율하고 국가가 어떠한 역할

---

[73] 로젠버그(Nathan Rosenberg)는 경제학에서 기술에 대한 연구, 특히 기술의 역사성과 사회적 효과에 대한 선구적이고 탁월한 분석을 수행한 분석가로 마르크스를 꼽는다. 그는 특히 마르크스가 과학지식을 생산영역에 응용할 수 있도록 해주는 기술의 특성은 무엇인지에 대한 문제를 제기하고 적절한 답을 제시했다는 점을 높이 평가한다. 마르크스는 공장제 수공업에서 기계제 대공업(근대적인 생산 체계)으로 변화하면서 비로소 과학지식이 생산 영역에 체계적으로 활용될 수 있는 기술적 조건이 마련되었다고 주장한다. 공장제 수공업에서는 노동과정이 세밀하게 분화되면서 생산과정 내에서 고도의 분업이 발전하였지만, 생산과정은 아직 노동의 숙련과 능력에 많이 의존하고 있었다. 노동과정의 분할은 이후에 과학지식이 생산에 체계적으로 이용될 수 있는 중요한 조건을 마련해주었지만, 인간의 숙련과 능력, 의지에 대한 의존의 약화가 추가로 필요했다. 후자의 문제를 해결해 준 것이 바로 기계제 대공업의 등장이다. 기계의 사용으로 인해 과학 원리가 인간이 아닌 기계에 적용될 수 있었고, 인간의 노동이 기계에 종속됨에 따라 노동과정의 과학적 관리가 가능해졌기 때문이다. 결과적으로 이후에 기술진보가 이전 시기보다 훨씬 빠르게 진행될 수 있었다고 마르크스는 주장한다. 로젠버그는 마르크스 이후 이런 방향의 연구는 제대로 이뤄지지 않았고, 마르크스 이후의 기술혁신 연구에서 반드시 중요하게 사고되어야 할 지점이라고 지적한다. 로젠버그의 논의는 다음의 저서를 참고하라. Nathan Rosenberg, *Inside the Black Box: Technology and Economics* (Cambridge: Cambridge University Press, 1983) [네이선 로젠버그 지음, 이근 옮김, 『인사이드 더 블랙박스: 기술혁신과 경제적 분석』(아카넷, 2001)].

을 수행하였는지 분석하면서[74] 생산양식의 외부적 존재가 아닌 필연적 요소로서 국가를 사고한다.[75] 반면, 신고전파 경제학에서 기업은 개인과 똑같이 시장에서 거래하는 개별 경제주체로 취급된다. 그리고 실제로 뒤에서 살펴볼 것처럼 신고전파 경제학의 기업(생산자) 이론은 소비자 이론에 기반하고 있으며 그 형태가 똑같다. 그리고 신제도주의에서처럼 시장의 관점에서 기업을 분석한다. 그리고 앞에서 언급했듯이 소유권의 보장, 시장실패의 교정 등으로 국가의 역할을 경제 외적인 것으로 그리고 한정적으로 사고한다.

하지만 시장에 대한 신고전파 경제학의 논의에서 시장과 조직 사이의 위계적 관계가 어그러지는 경우들이 종종 발견된다. 대표적인 것이 바로 일반균형이론의 창시자인 발라스의 논의이다. 발라스의 이론에는 공급자와 수요자만 존재하는 것이 아니다. 그는 제3의 인물,

---

74 이 문제에 대한 체계적인 이론을 내놓지는 않았지만 '공장법', '자본의 본원적 축적' 등에서 이를 구체적으로 분석하고 있다.

75 자본축적 과정과 결부된 국가의 필수적인 경제적 역할은 역사적 과정을 통해 발전하고 또 체계화되었다. 이와 관련하여 20세기 초중반의 경험들, 특히 대공황(Great depression) 발생, 케인즈의 등장, 발전주의의 등장 및 발전 등이 중요한 역사적 계기였다고 평가할 수 있다. 이 시기부터 국가는 총수요의 원천 가운데 하나로서 그리고 국가 경제의 발전 전략을 수립 및 시행하는 주체로서 이전보다 훨씬 더 체계적이고 심화된 방식으로 경제적 역할을 수행하게 되었다. 폴란드의 경제학자 칼레츠키(Michał Kalecki)는 수요자로서의 국가의 역할과 관련하여 매우 중요한 분석을 남겼다. '화폐생산경제(monetary production economy)'에서 자본축적은 구매력, 즉 수요를 반드시 필요로 한다. 이 문제를 마르크스는 『자본』 2권의 자본의 재생산 분석에서 고찰하였고, 룩셈부르크(Rosa Luxemburg)는 '외부시장(external market)'의 필연성과 제국주의 사이의 관계에 대한 분석으로 체계화한다. 이러한 논의를 이어받아 발전시킨 칼레츠키는 정부의 지출이 국가 '내부'의 외부시장으로서 역할을 할 수 있고 이 역할이 이윤의 실현과 자본축적에 필수적임을 강조한다. 이에 관련된 내용은 다음의 작업을 참고하라. Sergio Cesaratto, "Neo-Kaleckian and Sraffian Controversies on the Theory of Accumulation," *Review of Political Economy*, 27:2 (2015), pp. 154-182.

바로 균형으로의 조정 과정을 조율하는 '경매인auctioneer'을 분석에 도입한다. 경매인은 공급자와 수요자에게 가격을 제시하고 둘 사이의 거래를 허락하는 역할을 담당한다. 균형으로의 조정은 다음과 같은 방식으로 이뤄진다. 경매인이 먼저 가격을 제시하면 수요자와 공급자가 최적화를 통해 수요량과 공급량을 결정한다. 이후 경매인은 어떠한 불균형이 발생했는지를 확인하고 불균형을 감소시키기 위해 가격을 수정하여 제시한다. 이러한 과정이 균형에 도달할 때까지 지속이 되고 균형이 달성되면 실제 거래가 이뤄진다. 즉, 균형이 달성되기 전에는 결코 수요자와 공급자 사이의 거래는 이뤄지지 않는다.[76]

이는 공급자와 수요자의 수평적 관계를 상정하는 보통의 시장 거래와는 그 특징이 매우 다르다. 위의 조정 과정에서는 경매인이 가격과 거래 여부를 결정한다. 즉, 여기서는 공급자와 수요자의 '각자 사이'의 계약이 아니라, 공급자와 수요자가 결정권을 경매인에게 이전하는 계약하에서 경매인이 시장의 운용 그 자체를 결정하는 권한을 갖게 된다. 이러한 특징은 발라스가 상정하는 시장이 실은 사전적인 조정을 매개하는 조직과 굉장히 유사함을 보여준다. 시장의 정상적 작동, 즉 최적화를 수반하는 균형의 달성은 공급자와 수요자 사이의 수평적

---

[76] 이를 '모색과정(tâtonnement process)'이라고 일컫는다. 시장 거래에 대한 이러한 식의 이해는 매우 비현실적일 수밖에 없다. 신고전파 경제학의 수요-공급 분석, 즉 균형 분석은 균형으로의 조정 과정에서는 실제 거래가 이뤄지지 않고 오로지 균형 상태에서 거래가 이뤄진다고 상정한다. 즉, 발라스의 이론이 가진 비현실적 측면을 신고전파 경제학이 고스란히 가지고 있다. 이에 대한 폴리의 비판은 다음의 작업을 참고하라. Duncan K. Foley, "What's Wrong with the Fundamental Existence and Welfare Theorems?," *Journal of Economic Behavior & Organization*, 75:2 (2010), pp. 115-131.

관계가 아닌 중앙적 계약성에 근거하는 수직적 관계와 이에 따른 경매인의 권력에 의해서 가능한 것이다.[77] 즉, 발라스가 상정하는 것은 조직(의 논리)이 배제된 순수한 형태의 시장이 아니라 오히려 조직의 메커니즘 때문에 그 기능을 수행할 수 있는 시장이다. 이러한 특징은 조직이라는 매개를 배제하는 시장의 존재가 불가능하다는 것을 보여주는 하나의 징후라고도 볼 수 있다.[78]

다음과 같은 분석 방법에서도 위와 같은 특징을 확인할 수 있다. 사회적 후생의 극대화를 목표로 하는 선의의 독재자가 존재하는 계획경제를 상정하고 그 결과를 도출한 다음, 개별 경제주체의 자율적 선택에 기반하는 결과를 이에 비교한다. 두 결과가 일치한다는 것은 시장에 최적의 결과가 달성된다는 것을 의미한다. 이러한 결과가 보증되면 분석의 편의를 위해서 전자의 계획경제 가정하고 분석을 진행하게 된다. 이는 시장이 아닌 조직이라는 매개를 통해 이뤄지는 경제에 대한 분석이다. 편의를 위해서 이런 방식으로 분석할 수 있고, 방

---

77 물론 현대성이 전제되어 있다고 인정한다면 경매인은 공급자와 수요자가 동의했기 때문에 이러한 권한을 갖게 된다.

78 이러한 특징이 이른바 '사회주의 계산 논쟁'을 촉발한 원인 중 하나였다고도 볼 수 있다. 시장이론이 시장을 조직의 사전적인 조정과 유사한 방식으로 사고하면서 오히려 시장이 아닌 조직을 주요 매개로 삼는 계획경제를 옹호하는 논의로 사용될 수 있었던 것이다. 이 때문에 하이에크(Friedrich August von Hayek)로 대표되는 오스트리아 학파는 최적화와 균형의 관점이 아니라 정보 처리의 관점에서 시장 메커니즘을 신고전파와 다른 방식으로 사고한다. 오스트리아 학파는 방법론적 개인주의를 채택하고 시장의 우위를 강조한다는 측면에서는 신고전파 경제학과 유사하지만, 시장을 바라보는 시각, 그러므로 분석 방법과 관련해서는 굉장히 다른 면모를 보여준다. 신고전파 경제학은 자유방임주의를 옹호할 때에는 자신들보다 더 자유방임주의적인 하이에크의 수사를 적극 사용하지만, 이론적으로 최적화와 균형이라는 방법론을 결코 버리지 않는다. 즉, 하이에크의 이론을 편의에 따라 선별적, 제한적으로만 수용한다.

법론적 측면에서 더 엄밀히 이야기하면 신고전파 경제학은 도구주의 instrumentalism[79]를 통해 이를 정당화할 것이다. 하지만 여기서도 조직을 배제하고 시장이라는 매개를 특권화하려는 신고전파 경제학의 이론적 시도가 갖는 애매모호한 측면을 확인할 수 있다. 시장 메커니즘이 효율적인지를 판별할 때 계획경제를 상정하는 것, 시장에 대한 분석을 계획경제에 대한 분석으로 대체하는 것은 조직을 배제하려는 이론적 시도가 완전치 않음을 방증한다고 볼 수 있다.

2. 효용가치론과 소득분배 이론

앞에서 살펴봤듯이 신고전파 경제학은 근본적으로 시장에서의 가격 조정을 통해 균형이 달성된다고 상정한다. 균형 상태에서 결정되는 가격은 개별 경제주체의 최적화에 조응하는 가격이므로 이는 상품의 가치를 왜곡하지 않고 반영하는 정당한 수준이다. 이러한 주장은 바로 신고전파 경제학이 채택하고 있는 효용가치론에 기반을 두고 있다. 공정가격, 정당한 가격에 대한 논의는 긴 역사를 가지고 있으며 이는 경제학의 핵심 이론이라 할 수 있는 가치이론과 긴밀한 연관을 맺고 있다. 어떠한 가치이론을 채택하는지는 해당 경제학이 가지고 있는 가치관, 경제를 파악하는 시각을 보여준다고 볼 수 있다.[80]

---

79 도구주의는 이론의 사실성(truth)보다 그것이 정확한 예측(prediction)에 얼마나 도움이 되는지를 중시하는 입장이다. 도구주의에서는 이론에서의 가정과 가설이 비현실적이거나 가상적이어도 예측에 도움이 된다면 전혀 문제가 되지 않는다. 이에 대해서는 다음의 글을 참고하라. Lavoie, *Post-Keynesian Economics*.

80 Larry Randall Wray, "The Value of Money: A Survey of Heterodox Approaches," Working Papers

고전학파에서 신고전파 경제학으로 이행하면서 나타난 굉장히 중요한 변화 가운데 하나가 바로 노동가치론을 폐기하고 이를 효용가치론으로 대체하였다는 점이다. 효용가치론에 기반한 가격 결정의 이해가 갖는 특징을 좀 더 명확하게 드러내고자 고전학파의 연구에서 노동가치론이 어떠한 함의를 갖는지 살펴보도록 하겠다. 노동가치론을 선택한 이유와 이를 통해 분석하고자 하는 주된 내용은 학자별로 다르기 때문에 이를 성급하게 일반화할 수는 없다. 하지만 크게 보면 노동가치론은 고전학파의 분석에서 다음과 같은 중요한 역할을 수행한다고 정리할 수 있다.[81]

노동가치론은 마르크스의 용어를 빌려 말하면 '생산가격prices of production'의 결정을 사고할 수 있도록 해준다. 생산가격은 자본 간 경쟁하에서 모든 조정이 완료되어 모든 부문의 이윤율이 동일한 경우의, 즉 장기 상태에서 경제(자본)의 재생산을 보증하는 가격을 말한다. 고전학파는 생산가격이 '거시경제 전체 차원'에서 노동가치에 기반해서 결정된다고 주장한다. 이는 생산가격이 노동이 창출한 가치가 경쟁을 매개로 '균등이윤율'[82]에 조응하는 만큼 기업(자본)별로 배분되어 나타나는 결과임을 의미한다. 그리고 특히 마르크스가 강조하듯이 이 생산가격은 상대가격, 즉 상품들끼리의 교환 비율을 규정할 뿐만 아

No. 1062, Levy Economics Institute of Bard College (2024).

81 이 내용은 보르티스(Heinrich Bortis)의 다음 작업을 참고하여 정리하였다. Heinrich Bortis, "Classical-Keynesian Political Economy, not Neoclassical Economics, is the Economic Theory of the Future," *Review of Political Economy*, 35:1 (2023), pp. 65-97.

82 모든 산업 부문에서의 이윤율이 동일할 때의 이윤율을 의미한다.

니라 화폐를 단위로 하여 측정되는 절대가격을 의미한다. 이러한 설명에서 확인할 수 있듯이 노동가치론, 생산가격은 모두 '거시경제적' 맥락에서 정의되고 또 중요성을 가진다. 이는 노동가치론이 방법론적 개인주의와 대척점에 있음을 보여준다.[83]

반면, 신고전파 경제학이 채택하고 있는 효용가치론은 '개별' 경제 주체가 어떤 경제적 대상의 사용에서 얻게 되는 만족감, 즉 효용이 상품의 가치, 정확히는 상품들 사이의 교환 비율, 즉 상대가격을 결정한다고 본다.[84] 고전학파는 노동가치론에 의거하여, 가치를 가지는 경제적 대상과 가치와는 무관하게 다른 방식으로 가격이 결정되는 대상을 엄격하게 구분한다. 노동가치론의 관점에서 이는 일차적으로 생산과정에 의해 생산되는 것과 아닌 것의 구분을 의미한다. 즉, 노동가치론은 기술적 조건에 의해 규정된다는 의미에서 객관적인 생산과정과 결부되어 있다. 반면, 효용가치론은 경제적 대상의 객관적인 특징이 아니라 이 대상의 소비에서 얻게 되는 효용이 가치를 결정하고 결과적으로 효용의 극대화가 선택의 유일한 원칙이 되어버린다. 이러한 관

---

83 노동가치론은 이렇게 거시경제적인 개념과 분석 방법이기 때문에, 그리고 가치와 가격의 필연적인 불일치를 함의하고 이러한 불일치가 오히려 부문 간 관계를 고려할 때 오히려 합리적인 결과이기 때문에(수익률의 차이가 사라지지 않으면 수익률이 낮은 부문의 수익률이 높은 부문에 대한 부채는 계속해서 증가할 수밖에 없다) 노동가치의 계산에 근거하여 경제를 계획한다는 기획은 노동가치론과 오히려 충돌할 수밖에 없다. 이에 대해서는 '각주 81'에 언급한 논문을 참고하라.

84 신고전파 경제학에 따르면 상품들의 상대가격은 한계효용(marginal utility)에 의해 결정되고, 소비자의 효용극대화가 이러한 결정을 보증한다. 이를 식으로 나타내면 다음과 같다. A와 B라는 두 종류의 상품을 고려할 것이고 각 상품과 관련된 변수는 하첨자 A와 B를 사용하여 표기할 것이다. P는 가격을 MU는 한계효용을 나타낸다. 식 '$\frac{P_A}{P_B} = \frac{MU_A}{MU_B}$'가 바로 상대가격의 결정을 보여준다.

점은 경제적 대상들의 질적 차이가 사라지게 만들고 모든 것을 '상품'
이라는 동일한 범주로 묶어서 사고할 수 있도록 해준다. 동시에 경제
활동의 궁극적 목표를 상품의 소비에 따른 효용극대화로 상정하도록
만든다. 이는 자유롭고 평등하고 합리적인 개인들 사이의 관계, 즉 메
타구조에 조응하는 경제에 대한 상, 이해라고 볼 수 있다.[85]

효용가치론과 최적화에 기반한 '수요-공급 분석'을 결합하여 신고
전파 경제학은 균형가격의 결정을 설명한다. 신고전파 경제학은 시장
메커니즘에 의해 균형이 달성된다고 간주하고 균형에서는 '각주 84'의
식이 성립하기 때문에 가격은 가치를 반영하여 결정된다. 이러한 논
의에서는 가격과 가치를 구별할 필요가 없게 된다. 반면, 고전학파의
분석에서 가치, 생산가격, 가격은 반드시 구분되어야 하는 개념이다.
가치에 기반을 두고 결정되는 생산가격은 자본 간 경쟁과 경제구조의
재생산을 반영하는 가격이다. 생산가격은 이윤율의 균등화를 반영하
기 때문에 미시적으로 보자면 가치와 생산가격은 그 크기가 일반적으
로 일치하지 않는다. 현실에서의 실제 가격은 해당 시점의 여러 조건
에 영향을 받아 결정되며 가격은 생산가격과 우연인 경우를 제외하고
그 크기가 다르다. 정리하면, 가치를 기반으로 하지만 가치와는 그 크

---

85 그리고 이러한 관점, 즉 개별 경제주체의 최적화라는 관점에서 자본주의뿐만 아니라 모든 경제체
제를 분석하려 한다. 신제도주의에 입각한 분석이 이를 잘 보여준다. 개인들의 이익 극대화를 구
체적인 경제구조(생산양식)와 무관하게 어디에나 적용 가능한 보편타당한 원칙으로 상정한다. 하
지만 '개인(개별 경제주체)', '(경제적) 이익' 등은 모두 지극히 현대사회에서만 통용될 수 있는, 즉
현대사회의 메타구조를 전제해야만 성립할 수 있는 개념, 관점이다. 그러므로 신고전파 경제학은
매우 몰역사적인 이론이지만, 동시에 그렇기 때문에 현대사회의 무의식을 정확히 반영 및 재현하
고 있다.

기가 다르게 생산가격이 결정되고, 생산가격은 중력의 중심과 유사하게 실제 가격의 변동에 있어 일종의 중심으로 작용한다. 신고전파 경제학에서는 이러한 개념의 차이 및 층위가 존재하지 않는다. 신고전파 경제학에서 가격은 가치와 일치하는, 즉 최적화 상태에서 효용을 반영하여 결정되는 정당한 수준의 가격이다.

본 연구의 논의와 관련해서 신고전파 경제학의 효용가치론 채택이 필연적인 이유, 그리고 이러한 선택이 갖는 중요성을 다음과 같이 정리할 수 있다. 신고전파 경제학은 메타구조, 그중에서도 시장이라는 매개와 관련된 허구를 이론적으로 재생산하는 특징을 가지고 있다. 이 때문에 신고전파 경제학은 방법론적 개인주의를 채택하며 이는 분석에서 계급의 구분 및 적대를 제외할 수 있도록 만든다. 이와 긴밀하게 연계되어 있고 이러한 사고에 이론적 기반을 제공하는 것이 바로 효용가치론이다. 개별 경제주체의 주관에 의해 규정되므로 가치가 생산과정과 무관하게 결정된다는 사고는 생산수단의 소유 여부 혹은 생산과정에서의 비대칭적인 관계에 근거하고 있는 계급의 분할과 적대의 문제를 도외시할 수 있도록 해준다. 또한, 앞에서 언급했듯이 효용가치론의 관점에서는 모든 경제적 대상이 소비자에게 주관적 효용을 가져다준다는 측면으로서만 경제적 중요성을 띠기 때문에 경제적 대상들의 질적 차이는 사라지게 된다. 모든 경제적 대상이 (비)효용[86]을 가져다준다는 측면에서 교환의 대상이 되는 '상품'으로 환원될 수 있

86　비효용(disutility)은 어떤 상품의 소비가 효용을 감소시키는 경우에 대응하는 개념이다.

다.[87] 그리고 효용가치론에서는 효용극대화에 조응하여 그 값이 결정되므로 가격은 정당한 수준을 반영한다. 즉, 시장에서는 정당한 가치를 반영하는 교환이 이뤄진다, 이렇게 해서 자유롭고 평등하고 합리적인 개인들 사이의 거래라는 메타구조로서의 시장이 이론적으로 완벽히 구현된다.

이러한 상품 개념의 무제한적인 확장 속에서 화폐, 노동, 자본, 토지(자연자원) 등도 상품이라는 개념으로 포섭되어 버린다. 반면, 고전학파와 비주류경제학의 전통은 경제적 대상들의 질적 차이를 중시하며, 특히 화폐, 노동, 토지 등을 상품으로 환원시킬 수 없음을 강조한다. 이는 소득분배와 관련하여 중요한 함의를 갖는다. 보통 신고전파 경제학에서는 노동, 자본, 토지를 모두 '생산요소'라는 개념으로 묶어서 사고하며, 생산요소 역시 하나의 상품으로 간주한다. 반면, 고전학파는 결코 노동, 자본, 토지를 생산요소라는 하나의 범주로 묶어서 생각하지 않았다.[88] 셋 모두 생산과정에 투입되는 투입물이지만 그것이 재생산되는 방식이 다르고 이에 따라 보수의 성격과 그것의 결정 역

---

[87] 그레이버는 '가치' 개념의 사회학적, 경제학적, 언어학적 의미(용법)가 존재하며 이는 동일한 한 개념의 변형들이라 주장한다. 가치 개념의 서로 연관되어 있는 다의성, 그중에서도 특히 사회학적 의미와 경제학적 의미를 고려하여 효용가치론의 정치적 함의를 다음과 같이 정리해 볼 수 있다. 효용가치론은 개별 소비자의 주관적 효용(만족감)이 '바람직하고 의미있는' 것이기 때문에 여러 대상들 사이의 '경제적 등가'를 규정한다고 본다. 즉, 중첩된 의미로서의 '가치있는 것'을 소비자의 효용으로 환원하여 사고하는 것이다. 이는 현대사회가 생산해 내는 주체가 '소비자'로서의 '경제주체'라는 성격을 강하게 갖는다는 것과 공명한다. 그레이버의 가치 개념에 대한 설명은 다음의 작업을 참고하라. 그레이버, 『가치이론에 대한 인류학적 접근』.

[88] 이에 대해서는 다음의 논의를 참고하라. 박만섭, "주류 미시경제학 비판".

시 매우 다른 특징을 갖는다고 생각하였다.[89] 반면 노동, 자본, 토지 사이의 차이를 무시하고 더군다나 이들을 상품이라는 범주로 묶어서 생각하면, 소득은 노동, 자본, 토지의 소유주가 '생산요소 서비스'라는 '상품'을 제공했기 때문에 그것에 대한 대가로 수취하는 가격, 즉 대가가 된다. 그리고 이런 식의 이해는 자본주의 경제체제에서는 정당한 가치에 맞춰 소득분배가 이뤄진다는 결론으로 이어진다.

신고전파 경제학은 '한계생산성 이론'에 따라 소득(분배)의 결정을 설명한다. 각 생산요소의 소유자는 해당 생산요소가 생산에 기여한 만큼 소득을 수취하기 때문에 정당한(공평한) 소득분배가 이뤄진다는 것이 이 이론의 중요한 함의이다. 그 내용을 조금 더 구체적으로 살펴보면 다음과 같다. 기업의 비용극소화 결정하에서 각 생산요소의 '한계생산물marginal product'과 동일한 양의 실질소득이 지급된다. 즉, 생산요소의 소유자(공급자)는 자신이 제공한 생산요소 서비스의 마지막 1단위가 생산하는 만큼을 실질소득으로 수취한다. 이러한 결론을 토대로 신고전파 경제학은 시장 메커니즘에 따라 고용 및 소득의 결정이 이뤄지면 모두가 생산에 기여한 만큼을 실질소득으로 분배받게 된다고 주장한다. 효용가치론과 소득분배 결정 사이의 밀접한 연관성은 실질임금의 결정에서 잘 드러난다. 실질임금은 노동공급과 노동수요

---

89 노동, 자본, 토지로 구분되는 '세 종류'의 '생산요소'라는 관점 자체가 바로 시장사회에서만 나타나고 또 존재할 수 있는 독특한 시각이다. 이에 대해서는 다음의 작업을 참고하라. Robert L. Heilbroner and William Milberg, *The Making of the Economic Society*, 13th ed. (London: Pearson, 2011) [로버트 L. 하일브로너, 윌리엄 밀버그 지음, 홍기빈 옮김, 『자본주의 어디서 와서 어디로 가는가』(미지북스, 2020)].

를 일치시키는 수준에서 결정된다. 노동수요의 관점에서 이는 노동의 한계생산물, 즉 생산의 기여도를 반영한다. 반면, 노동공급의 관점에서는 노동의 한계비효용, 즉 노동공급의 마지막 1단위가 발생시키는 효용의 감소분을 보상하는 수준에서 실질임금이 결정된다. 후자의 측면을 고려하면 효용가치론에 따라 임금이 결정된다고 볼 수 있다.[90]

이러한 소득분배에 대한 이해에서는 분배를 둘러싼 갈등 및 적대는 전혀 존재하지 않는다. 노동과 자본, 토지는 모두 생산요소이고 상품이기 때문에 해당 생산요소의 소유자 역시 질적으로 혹은 집단적으로 구분되는 존재가 아니다. 이들은 자발적으로 자신이 소유한 상품으로서의 생산요소를 가지고 최대한의 이득을 누리고자 시장 거래에 참여하는 자유롭고 평등하며 합리적인 개인이다. 생산요소 서비스의 제공과 관련하여 어떠한 강제와 강압도 존재하지 않으며 생산에서의 기여도라는 관점에서 공평한 분배가 이뤄진다. 이러한 결론은 자본주의 경제체제를 메타구조의 시장과 동일한 것으로 만들고 이를 통해 전자를 합리화, 정당화하는 매우 중요한 이론적 효과를 가진다. 그리고 소득분배는 기술적 조건[91]에 의해서 결정된다. 이는 소득분배를 정치·

---

90 반면 자본과 토지 소유자에 대한 보상을 (비)효용의 관점에서 설명할 수 있는지에 대해서는 신고전파 경제학 내에서도 합의가 존재하지 않는다. 이에 대해서는 다음을 참고하라. Hassan Bougrine and Louis-Philippe Rochon, *A Brief History of Economic Thought: From the Mercantilists to the Post-Keynesians* (Cheltenham: Edward Elgar Publishing, 2022). 확실한 것은 효용가치론에 기반해서 재화의 가격 결정을 설명하는 것과 거의 동일한 개념 및 방식으로 소득의 결정을 설명한다는 점이다. 한계생산물은 한계효용에, 수요곡선의 도출에 중요한 한계생산물 감소 법칙은 한계효용 감소 법칙에 대응한다. 그리고 비용극소화는 수학적으로 효용극대화에 조응한다.

91 각 생산요소의 한계생산물은 생산기술에 의해 규정되기 때문이다.

사회적 결정으로부터 분리시키고 물화(자연화)하는 효과를 낳는다.[92]

그리고 신고전파 경제학의 소득분배 이론은 현대사회에서 '상식적으로' 받아들여지는, 어떠한 소득분배가 공평한지 혹은 정당한지를 판별하는 하나의 기준으로 작용하고 있다는 점이 중요하다. 즉, 일상적으로 많은 경우 '생산에 기여한 만큼' 소득이 지급되어야 공정한(공평한) 분배가 이뤄진다고 생각한다. 이러한 상식을 반영하고 있으면서 동시에 이러한 상식에 이론적 근거를 제시하고 있는 것이 바로 신고전파 경제학의 소득분배 이론이라고 볼 수 있다. 고전학파, 그중에서도 특히 마르크스의 생산 및 소득분배 이론과 비교해 보면 신고전파 경제학의 소득분배 이론이 가지고 있는 특징과 중요성이 잘 드러난다.

마르크스에 따르면 노동자는 자신의 재생산을 가능케 하는 정도의 가치를 소득으로 분배받는다. 이때 노동자의 재생산에 필요한 가치는 당연히 계급투쟁을 수반하는 정치·사회적 조건이 규정한다. 즉, 소득분배는 생산의 기여도와는 완전히 무관하게 결정된다. 또한, 마르스크는 자본주의적 생산이 '집합적인(집단적인)' 성격을 갖고 있고 자본주의의 역사적 과정을 통해 이러한 특성이 더욱 강해진다고 보았다. 기업이라는 조직 내에서 생산은 집합적으로 이뤄지기 때문에 얼

---

[92] 신고전파 경제학의 관점에서 보자면 불평등한 분배는 생산과정과 결부되어 이뤄지는 소득분배의 차원이 아니라 초기 부존자원, 즉 자원의 최초 배분 상태와 관련이 되어 있다. 초기 부존자원이 특정 경제주체에게 집중되어 있는 경우 불평등한 분배가 이뤄졌다고 평가할 수 있다. 하지만 적어도 완전경쟁시장에서는 한계생산물에 맞춰 공정한 소득분배가 이뤄지게 된다. 당연히 신고전파 경제학은 이러한 조건을 충족하지 못하게 만드는 현실적 요인이 존재하면 자신들이 설정한 기준에 의거했을 때 불공평한 소득분배가 나타날 수 있음을 인정한다. 이러한 판단이 앞에서 이야기한 공평한 소득분배라는 기준에 따라 이뤄지고 있다는 점이 중요하다.

마만큼의 가치가 특정 개인에 의해 생산되었는지는 결코 규정(정의)될 수가 없다. 즉, 생산에 기여한 만큼 소득을 수취해야 공정한 분배가 이뤄진다는 이야기 자체가 아예 불가능해진다. 이러한 특징을 고려한다면 공평한 소득분배라는 것은 완전히 다른 지반에서 이해될 수밖에 없다. 이는 결코 경제적 측면에서 정의될 수 있는 것이 아니다. 공평한 분배를 판가름하는 기준은 정치·사회적이고 거시적 관점에서 규정되며, 계급적 그리고 집단 간 분할에 기반을 두는 갈등 속에서 끊임없이 재구성될 수밖에 없다.

정리하면, 신고전파 경제학은 방법론적 개인주의와 효용가치론을 토대로 경제적 거래의 대상들이 갖는 질적 특성을 지워버리며 이에 따라 모든 대상을 상품이라는 관점에서 파악하게 된다. 신고전파 경제학은 노동, 자본, 토지를 모두 생산요소라는 동일한 범주로 묶어서 사고하고 각 생산요소의 소유자가 생산요소 서비스라는 상품을 제공한다고 간주한다. 시장에서의 등가교환은 각 생산요소 서비스에 대해 정당한 대가가 제공됨을 의미하며, 이를 한계생산성 이론과 결부시키면 모든 생산요소의 소유자는 생산에 기여한 만큼 소득을 수취하기 때문에 자본주의 체제에서는 '기술적' 조건에 의거하여 공정한 소득분배가 이뤄진다는 결론이 도출된다. 즉, 신고전파 경제학은 소득분배가 자유롭고 평등하며 합리적인 개인들 사이의 교환을 통해 이뤄진다고 파악하며 이는 정확히 메타구조에 조응하는 소득분배에 대한 이론이다. 그리고 정치·사회적 과정과 무관하게 자연법칙과도 같은 방식으로 결정된다고 보면서 소득분배의 결정 메커니즘을 물화하는 이론

이기도 하다.[93]

　여기서 신고전파 경제학과 비주류경제학에서 '경제법칙'이 어떠한 다른 특성을 갖게 되는지 짚고 넘어가도록 하겠다. 비주류경제학이 경제법칙 자체를 부정하는 것은 절대 아니다. 비주류경제학의 각 학파도 각자의 이론에서 도출되는 경제법칙을 이야기한다. 비주류경제학은 현 생산양식이 자본주의라는 구조에 기반하고 있음을 중시하며 이러한 구조에서 도출되는 경제법칙을 고려한다. 그러므로 이 법칙은 한정된 구조, 역사적 조건에서만 타당하다는 특징을 가진다.[94] 반면, 신고전파 경제학은 경제를 역사적으로 사고하지 않는다. 방법론적 개인주의에 입각하여 자신의 이득을 극대화하는 개별 경제주체의 자율적 선택과 거래로 모든 경제적 활동을 바라본다. 그리고 이러한 시각에 기반하여 대부분의 경제적 현상을 설명하고 또 법칙을 도출한다. 그러므로 이 법칙은 생산양식 혹은 사회적 특성과 무관하게 보편적으로 적용된다는 특징을 가지게 된다. 또한, 앞에서 강조했던 것처럼 시장과 조직, 경제와 여타 다른 사회 영역 사이의 상호 대립적이면서도 상보적인 관계를 고려하지 않으므로 대부분의 법칙을 시장 메커니즘

---

[93] 여기서 다시 한번 강조하면 메타구조는 신고전파 경제학이 만들어 내고 사회적으로 강제하는 환상이 아니다. 메타구조는 현대사회를 구성하는 실천 자체가 뿌리 박고 있고 또 그러한 실천이 만들어 내는 허구이다. 신고전파의 소득분배 이론은 이러한 메타구조를 반영하고 있고 현대사회에서 상식적으로 생각하는 공평한 분배에 대한 상, 즉 생산에 기여한 만큼 소득의 지급이 이뤄져야 공평하다는 상식이 현실 경제에서 실현된다는 것을 이론적으로 보이고 있다. 그리고 이는 현 경제체제를 정당화하는 역할을 수행한다.

[94] 이러한 측면에서 마르크스의 '자연법칙'이라는 표현이 어떠한 의미를 가지는지에 대해서는 다음의 논의를 참고하라. 김영용, 『노동가치 탐구』.

만 고려해서 도출한다. 이 때문에 소득분배 이론에서 잘 드러나듯이 비주류경제학이나 여타 사회과학에서는 정치·사회적 조건에 따라 결정된다고 간주하는 것도 모두 시장에서 그리고 기술적(물리적) 조건[95]에 의해서 규정되는 것으로 파악한다. 이것이 신고전파 경제학이 가지고 있는 물신숭배적 측면의 핵심이다.

3. 신고전파 거시경제학: 세의 법칙, 화폐수량이론, 미시적 기초

앞에서 살펴봤듯이 고전학파 경제학은 경제 전체의 재생산을 경제학이 해명해야 할 근본적 문제로 상정했기 때문에 현대적인 미시경제학과 거시경제학의 구분이라는 관점에서 보자면 후자의 성격이 강했다고 평가할 수 있다.[96] 19세기 후반에 신고전파 경제학은 바로 '미시경제학적' 전회를 통해 등장하였다. 신고전파 경제학은 주어진 자원의 효율적 배분과 관련된 문제가 경제학이 다뤄야 할 가장 근본적인 연구 주제로 삼았고, 방법론적 개인주의와 효용가치론에 토대를 둔 한계 개념 및 분석 방법을 활용하여 이러한 내용을 체계적으로 다

---

[95] 이 역시 자연적인(물리적인) 특징으로 환원할 수 없다. 마르크스의 고전적인 용법에 따라 생산력과 생산관계의 결합으로 생산양식을 규정할 때, 생산력(기술적 특징)이 생산관계에 영향받는다는 것이 마르크스 논의의 매우 중요한 내용 가운데 하나이다. 자본주의적 생산관계에서는 이전 시대와 달리 굉장히 빠른 속도로 생산력이 발전한다. 그리고 생산력의 내용(대표적으로 노동절약적·자본편향적 기술 진보를 꼽을 수 있다) 역시 자본주의적 생산관계의 영향력을 반영한다.

[96] 현재와 같은 미시경제학과 거시경제학의 구분은 지극히 신고전파적 사고에 기반하고 있다. 비주류경제학에, 특히 마르크스, 스라파 등을 경유하여 고전학파적 분석에 영향을 받은 연구 흐름에 이러한 구분을 적용하는 것은 어색하다, 이에 대해서는 다음의 논의를 참고하라. Lefteris Tsoulfidis and Nikolaos Chatzarakis, "The Micro-Macro Divide of Neoclassical Economics vs. the Macro-Microscopic Classical Political Economy Approach," MPRA Paper No. 121951, (2024). 하지만 본 연구에서는 이러한 용어법을 따를 것이다.

루어 나갔다. 신고전파 경제학이 거시경제학의 연구 주제를 도외시한 것은 아니었다. 분명 이들도 경기변동, 인플레이션, 실업, 성장 등의 거시경제적 문제를 분석했지만 이를 미시경제학과 구분되는 거시경제학이라는 별도의 방법론을 통해 다루지는 않았다. 방법론적 개인주의에서는 개별 경제주체들 선택을 단순히 총합한 것과 전체 경제가 구분되지 않기 때문에 이러한 이론적 특징은 당연한 결과라고 볼 수 있다.

이러한 상황에 커다란 변화를 추동한 것은 바로 1929년에 발생하여 1930년대에 전 세계 경제에 커다란 영향을 끼친 '대공황'과 이러한 역사적 배경에서 등장한 케인즈였다. 대공황은 자본주의 경제의 '구조적' 모순을 전 세계적으로 그리고 매우 큰 규모로 드러내었다. 자본주의의 구조가 아닌 메타구조를 반영 및 재현하는 신고전파 경제학이 대공황의 원인과 그것의 해결이라는 문제를 제대로 다루지 못하는 것은 너무나 당연했다. 당시 신고전파 거시경제학의 주요 명제는 바로 '세의 법칙Say's law'이다. 신고전파 경제학은 가격 변수의 완전 신축적 조정을 통해 거시경제 전체적으로 생산요소의 완전고용이 달성되고 총수요는 항상 완전고용에 조응하는 총생산 수준에 맞춰 조정된다고 주장하였다. 즉, 완전고용 수준의 총공급이 총수요를 결정한다고 보았다. 방법론적 개인주의를 채택하면서 구성의 오류를 고려하지 않고 개별 경제주체의 최적화와 가격의 신축적 조정을 상정하는 이론 체계에서 생산요소의 과소고용이 나타나지 않는 것은 너무나 당연한 결과였다. 메타구조의 실현으로 현실을 이해하는 신고전파 경제학은 대공황의 원인을 구조가 아닌 시장의 온전한 작동을 방해하는 정책 혹은 제도에서 찾았다. 임금이 균형보다 높게 만드는 정책 및 제도, 노동자들의 사회적 저항 때문에 대규모 실업이 발생하였으므로 노동자들이 임금을 낮추는 데 동의해야 한다고 주장하였다. 대공황에 대한 이러한 설명과 정책적 처방이 당시의 조건에서 매우 설득력이 낮았던 것은 두말할 나위가 없다.

신고전파 경제학에서부터 출발했지만 이와 달리 자본주의 체제가 가지고 있는 구조적 문제를 파악하고 이를 체계적으로 설명하기 위해서 새로운 경제학의 체계를 세우려 했던 이가 바로 케인즈이다.[97] 케인즈는 신고전파 경제학의 발전에 크게 기여한 마셜의 제자로 원래 신고전파 경제학의 자장 안에 있었다. 하지만 당시 자본주의 경제가 겪고 있던 커다란 문제를 마주하면서 케인즈는 이러한 전통과 점차 단절해 나가기 시작한다. 이러한 과정에서 핵심이 되는 것은 바로 방법론적 개인주의로부터 탈피하고 자본주의 경제를 '화폐생산경제'[98]로 파악한 것이다. 여기서는 먼저 전자와 관련된 내용을 살펴보도록 하겠다. 케인즈는 당시의 신고전파 경제학과 달리 개별 경제주체 및

---

97 케인즈의 경제학을 대표하는 작업은 다음의 두 저서를 꼽을 수 있다. John Maynard Keynes, *A Treatise on Money* (London: Macmillan, 1930); *The General Theory of Employment, Interest and Money* (Cambridge: Cambridge University Press, 1973[1936]) [존 메이너드 케인즈 지음, 이주명 옮김, 『고용, 이자, 화폐의 일반이론』(필맥, 2010)].

98 대부분의 거래(계약)가 화폐를 매개로 이뤄지는, 이 때문에 화폐의 존재가 필수적인 경제를 의미한다. 화폐생산경제에서 경제적 활동의 목표는 '화폐'이윤의 극대화, 즉 더 많은 화폐의 취득이다. 마르크스식으로 말하면 가치의 증식이다. 이는 자본주의 체제의 규정에 있어 마르크스와 케인즈 둘 모두가 강조하고 있는 측면이다.

개별 시장이 아니라 경제 전체, 즉 거시경제 자체를 분석의 대상으로 삼았다. 즉, 케인즈는 미시경제학이 아니라 거시경제학적 연구를 수행하였고 이러한 관점을 통해 대공황의 원인을 분석하고 해결 방안을 모색하였다.

케인즈는 '구성의 오류'를 중시하였다. 그는 거시경제적 현상을 개별 경제주체 선택의 단순 합이 아니고 거시경제적 구조를 전제로 하는 개별 주체들의 상호작용과 그것의 효과를 포함하는 전체적인 현상임을 분명히 하였다. 이러한 시각을 가지고 그는 '거시경제적 역설 macroeconomic paradoxes'을 분석한다. 이는 개별 경제주체의 합리적인 선택들이 경제 전체적으로는 오히려 경제적 성과를 악화시키는, 즉 비합리적인 결과를 낳는 것을 의미한다.[99] 신고전파 경제학은 거시경제적 현상을 개별 경제주체의 합리적 선택으로 환원하기 때문에 거시경제적 역설을 근본적으로 파악 및 사고하기 어렵다. 거시경제적 역설은 메타구조의 구조로의 전도와 유사하다. 자유롭고 평등하고 합리적인 개별 경제주체의 선택이 자본주의 체제의 구조하에서 이 합리성과 반대되는 결과로 이어지는 것이다. 이러한 전도는 전체 그 자체를 보아야만 제대로 파악할 수 있다. 그러므로 케인즈는 메타구조에 머무르고 있는 신고전파 경제학으로부터 탈피하여 자본주의 체제의 구조

---

[99] 케인즈가 제시한 대표적인 거시경제적 역설이 바로 '절약의 역설(paradox of thrift)'이다. 이는 '모든' 경제주체가 저축을 늘리고자 동시에 소득에서 저축이 차지하는 비중을 높이려고 하면, 거시경제 전체의 수요가 위축되어 결과적으로 소득이 감소하고, 소득의 위축으로 개별 경제주체들이 목표로 삼았던 저축의 증대가 이뤄지지 못하는 현상을 말한다.

적 측면을 체계적으로 다루는 새로운 방향으로 경제학을 정초했다고 평가할 수 있다.[100]

현대 경제학의 발전에서 케인즈의 중요한 기여는 바로 유효수요 원리를 주창하고 이에 입각하여 정부의 총수요 정책을 체계화시킨 것이라 볼 수 있다. 케인즈는 신고전파 경제학이 고수했던 세의 법칙과 완전히 반대되는 메커니즘이 거시경제적 조정의 핵심이라고 보았다. 케인즈는 완전고용 수준의 총공급이 총수요의 크기를 결정하는 것이 아니라 반대로 유효수요가 총공급 및 고용 수준을 결정한다고 주장하였다. 화폐생산경제에서 생산자는 자신이 사용하기 위해서가 아니라 화폐수입을 획득하고자, 즉 '판매'를 위해서 생산하기 때문에 거시경제는 수요 의존적이라는 것이 케인즈 이론의 핵심이다. 그리고 개별 주체의 합리적 결정이 이뤄져도 유효수요가 완전고용에 조응하는 수준으로 조정되지 못하고 이 때문에 완전고용의 달성은 신고전파 경제학의 주장과 달리 필연적인 결과가 아니라 우연에 의해서만 가능하

---

100 하지만 케인즈의 사고 및 이론에는 신고전파 경제학의 영향으로부터 완전히 벗어나지 못한 측면이 존재한다. 실제로 그의 작업에는 여전히 신고전파적인 개념과 요소가 존재한다. 그리고 이는 신고전파 경제학에서 케인즈를 자신들의 방법론에 맞게 왜곡시켜서 수용하는 데 도움을 주는 이론적 자원이 된다. 또한 케인즈는 영국의 자유주의자로서 자본주의 체제를 구조(메타/구조에서의 구조)의 관점으로 바라보는 데 있어 한계점을 가지고 있었다. 이 때문에 포스트 케인지언 경제학은 신고전파적 흐름과 단절하고 케인즈의 혁명적 사고를 완전히 다른 방향으로 발전시키기 위해 케인즈뿐만 아니라 다른 여러 연구들, 특히 고전학파를 현대적으로 발전시킨 스라파, 그리고 마르크스주의의 영향 속에서 유효수요 이론을 독자적으로 발전시킨 칼레츠키 등의 연구를 수용한다. 자본주의 구조의 핵심은 바로 계급 관계이다. 케인즈의 유효수요 이론은 이러한 계급의 분할과 계급 사이의 갈등적 관계를 거의 고려하지 않는다. 반면, 칼레츠키는 고전학파와 마찬가지로 가장 근본이 되는 경제주체를 계급(노동자계급, 자본가계급)으로 설정하고 이를 기반으로 하여 유효수요 이론을 발전시킨다. 즉, 칼레츠키가 케인즈보다 더 자본주의 구조를 더 심층적으로 고찰하였기 때문에 포스트 케인지언은 케인즈만큼이나 칼레츠키에 큰 영향을 받게 되었다.

다고 주장한다. 케인즈는 이러한 조건에서 완전고용의 달성을 위해서 정부가 총수요 정책, 그중에서도 특히 재정정책을 활용하여 유효수요를 조정해야 한다고 강조한다.

당시의 주류 경제학자들과 정책가들 모두 처음에는 케인즈의 이론을 수용하지 않았다. 하지만 제2차 세계대전에 참전하면서 미국에서 대규모 재정지출이 이뤄졌고 이 과정을 통해 미국은 대공황으로부터 탈출하게 된다. 이러한 경험, 사회주의 확산 등의 역사적 조건은 신고전파 경제학으로 하여금 케인즈의 사상을 받아들이도록 강제하였고 그 결과 현대적인 형태의 거시경제학이 탄생하였다. 하지만 케인즈의 사고와 신고전파 경제학은 물과 기름 같은 관계에 있다. 즉, 신고전파 경제학의 케인즈 수용 과정은 결코 자연스러울 수 없으며 여러 긴장과 모순을 수반하였다. 이 때문에 케인즈의 이론은 신고전파의 관점이라는 굴곡과 왜곡을 경유하여 제한적으로 받아들여지게 된다. 또한, 역사적 조건에 따라 케인즈의 영향력은 강해지기도 약해지기도 하였다. 1950~60년대는 신고전파 거시경제학에서 케인즈의 영향력이 가장 강했던 시기였고 이때의 주류 거시경제학을 보통 '신고전파 종합 Neoclassical synthesis'이라고 일컫는다. 그런데 이 용어는 신고전파 경제학과 케인즈 이론의 융합이 후자가 아닌 전자에 기반해서 진행되었음을 잘 보여준다. 신고전파 거시경제학은 이후 케인즈의 수용 여부를 둘러싼 논쟁의 과정을 통해 발전하게 된다. [101]

---

101 케인즈 이후 주로 주류경제학 내에서 이뤄진 거시경제학의 발전과 학파별 주요 이론에 대해서는

1960년대에는 프리드먼Milton Friedman으로 대표되는 '통화주의 Monetarism'가 거시경제학에서 케인즈의 색채를 약화시키고 다시금 신고전파적 결론, 즉 자유방임주의를 강화하기 위한 이론적 노력을 기울이면서 그 영향력을 확장해 나갔다. 1970년대 스태그플레이션 stagflation으로 대표되는 자본주의 체제의 구조적 위기가 발생하였고, 주류 거시경제학의 케인즈주의는 이에 대한 제대로 된 이론적 설명, 정책적 조언을 제공하지 못하였다. 이 때문에 이미 통화주의의 비판을 통해 신고전파의 이론적 기반과 케인즈의 융합이 갖는 모순이 크게 드러난 상황에서 신고전파 거시경제학에서 케인즈적 요소에 대한 비판은 더욱 증폭되었고 이를 주도한 루커스를 필두로 '새고전학파'가 형성되었다. 새고전학파와 이를 더욱 신고전파적 방향으로 발전시킨 '실물경기변동이론real business cycle theory'의 등장은 주류 거시경제학에서 케인즈적 요소가 축출되었음을, 방법론은 현대적으로 갱신되었지만 주요 이론적 함의는 케인즈 이전으로 되돌아갔음을 의미한다.

하지만 신고전파 거시경제학에서 케인즈의 영향력이 완전히 사라질 수는 없었다. 경기침체, 구조적 위기 등을 신고전파 경제학은 근본 이론의 특성상 제대로 분석 및 설명할 수 없다. 이를 그나마 체계적으로 설명할 수 있도록 해주는 것이 케인즈적 요소이고 이 때문에 주

다음의 작업을 참고하라. Brian Snowdon and Howard R. Vane, *Modern Macroeconomics: Its Origins, Development and Current State* (Cheltenham: Edward Elgar Publishing, 2005) [브라이언 스노우돈, 하워드 R. 베인 지음, 박만섭, 배인철, 이상호, 강성진 옮김, 『현대거시경제학: 기원, 전개 그리고 현재』(서울경제경영, 2009)].

류 거시경제학은 케인즈적 요소를 완전히 지워버릴 수 없었다. 1980년대에 거시경제학의 미시적 기초, 합리적 기대가설rational expectations hypothesis[102] 등 새고전학파의 주요 요소들을 수용하면서도 기존의 케인즈주의적 결론을 어느 정도 유지하는 이론 체계를 구축한 '새케인즈주의'가 발전하였다.[103] 이후 새고전학파와 새케인즈주의를 중심으로 신고전파 거시경제학이 발전하였고 1990년대에 두 학파의 주요 요소들을 통합하는 흐름이 등장하였다. 이를 '새 신고전파 종합New Neoclassical synthesis'이라 일컫는다.

이러한 과정을 통해 발전한 주류 거시경제학의 핵심적인 이론, 방법론적 특징은 다음과 같다. 우선 거시경제를 '단기'와 '장기' 상황으로 구분했을 때 후자, 즉 모든 조정이 완전히 이뤄진 상태에서는 미시경제학의 결론이 타당하다고 생각한다. 이를 대표하는 두 가지 이론적 결론이 바로 세의 법칙[104]과 '화폐수량이론quantity theory of money'이다. 세의 법칙은 앞에서 이야기했듯이 거시경제가 완전고용 수준을 달성하는 메커니즘을 이론적으로 보여주고 있다. 화폐수량이론은 통화량

---

102 이는 경제주체들이 현재 주어진 '모든 정보'를 활용하여, 혹은 주어진 정보를 '최적으로' 활용하여 미래 상태를, 즉 어떤 변수의 미래 값을 예측한다고 보는 기대 형성에 대한 이론이다.

103 하지만 신고전파 경제학의 전통적인 케인즈주의(신고전파 종합) 학자 중 일부는 새고전학파의 요소를 너무 많이 수용하면서 그 성격이 크게 변질되었기 때문에 새케인즈주의를 케인즈주의로 볼 수 없다고 주장한다. '각주 101'의 저서에 실린 토빈(James Tobin)의 인터뷰가 이러한 시각을 잘 보여준다.

104 세의 법칙이 타당하면 완전고용 수준에서 개인(가계)이 결정하는 총저축이 실질이자율의 조정을 통해 기업이 실행하는 투자지출의 크기를 결정한다. 즉, 궁극적으로 개인의 효용극대화 선택이 거시경제적 성과를 규정한다. 이는 '각주 85'에서 언급한 신고전파 경제학이 경제활동의 궁극적이고 보편타당한 목표를 개인의 소비를 통한 효용극대화로 상정하는 것과 정확히 일치한다.

의 변동이 오로지 물가에만 영향을 끼치고 총생산이나 고용 등의 주요 실질변수에는 아무런 영향을 끼치지 못한다고 주장한다. 화폐수량이론이 타당하다면 화폐적 요인은 실물 경제에 아무런 영향을 끼치지 못하게 되고 이러한 특징을 '화폐중립성neutrality of money'이라고 일컫는다.

화폐수량이론은 자본주의 체제에 대한 메타구조적 이해와 관련하여 매우 중요한 함의를 갖는다. 일반균형분석에서 설명했듯이 신고전파 경제학은 화폐를 여타 상품과 동일한 것으로 간주한다. 일반균형이론은 주어진 부존량과 개별 경제주체의 최적화를 통한 모든 시장의 동시적 균형의 달성을 도출해 낸다. 이는 앞에서도 강조했듯이 정확히 메타구조로서의 시장을 이론화하고 있다. 여기서 화폐는 그저 상품의 교환을 수월하게 만드는 교환의 매개수단으로만 간주되기 때문에 화폐의 도입이 이론에 큰 영향을 끼쳐서는 안 된다. 즉, 일반균형분석은 궁극적으로 화폐와 무관한 이론 체계이다. 그리고 이러한 특성을 거시경제학에서 잘 대변하고 있는 것이 바로 화폐수량이론이다. 이에 따르면 화폐공급은 장기적으로는 개별 주체의 최적화에 따라 결정되는 실물 거래에는 아무런 영향을 끼치지 못하기 때문이다.

신고전파 거시경제학에서 거시경제의 장기균형은 시장의 모든 조정이 완전히 이뤄지고 생산요소, 특히 노동의 완전고용이 달성된 상태를 의미한다. 신고전파 거시경제학의 장기균형 규정이 가지고 있는 특징과 중요성은 고전학파 경제학의 규정과 비교했을 때 잘 드러난다. 고전학파 이론에서도 장기는 모든 조정이 완전히 이뤄진 상태를 의미한다. 하지만 고전학파는 장기 상태에서 완전고용의 달성은 보장되지 않는다고 보았다. 경제의 조정에서 핵심은 바로 수익률의 차이 때문에 나타나는 자본의 이동이다. 자본의 이동을 통해 모든 부문의 이윤율(수익률)이 동일해져서 더 이상의 조정 없이 자본의 재생산이 형식적으로[105] 보장되는 상태가 바로 고전학파가 생각하는 장기 상태이다. 완전고용은 자본의 재생산과는 무관하며, 마르크스는 산업예비군의 항시적 존재, 즉 과소고용의 지속이 자본의 재생산에 필수적이라고 보았다. 반면, 신고전파 경제학은 가격의 완전한 조정을 통해 거시경제는 완전고용을 달성한다고 간주한다.

신고전파 거시경제학의 완전고용 상태에 대한 규정, 완전고용의 결정 요인에 대한 사고도 중요한 함의를 갖는다. 완전고용 상태와 자연실업률에 포함되는 실업의 성격을 규정하는 데 있어 신고전학파에 더 가까운 흐름(통화주의, 새고전학파)과 케인즈주의 사이에 차이가 존재하는데 여기서는 신고전파 경제학의 성격을 더 분명하게 보여주는 전자의 시각을 고려하도록 하겠다. 신고전파 경제학은 실업이 사라진 상태가 아니라 노동시장이 '균형'을 달성하고 이에 따라 인플레이션율이 일정한 수준을 유지하도록 만드는 실업률을 완전고용에 조응하는 실업률이라고 생각한다.[106] 이는 프리드먼의 '자연실업률 가설natural

---

[105] 자본의 재생산은 사회의 재생산과 다르며 후자를 전제하기 때문에 이러한 표현을 사용하였다. 사회의 재생산에서 중요한 역할을 수행하는 주체가 국가이며 사회의 재생산을 둘러싸고 이뤄지는 계급투쟁이 이와 관련된 국가의 역할을 규정한다.

[106] 완전고용 상태에 대한 이러한 규정은 현실의 실업을 정당화하고 실업률을 낮추려는 정책적 노력을 약화시키는 이데올로기로서 작용한다.

unemployment rate hypothesis'에 의해 체계화된 규정이다. 그리고 자연실업률이 달성된 상태에서는 오로지 '자발적voluntary' 실업만이 존재한다고 본다.[107] 자발적 실업이란 일자리의 부족 때문이 아니라 일자리와 구직자가 매칭되지 못해서 발생하는 실업을 의미한다. 노동시장의 가격 변수인 실질임금의 신축적 조정이 이뤄진다면 노동시장의 균형이 달성되기 때문에 일자리의 부족은 나타나지 않는다. 이 경우 실업은 일자리가 존재함에도 자신에게 더 적합한 일자리를 찾기 위해 노동자가 실업 상태를 자발적으로 택하기 때문에 발생한다고 보고 이러한 실업을 자발적 실업이라 일컫는 것이다.

실업의 규정과 노동시장 이론에서도 메타구조적 경제의 이해가 잘 드러나고 있다. 노동 서비스의 공급자인 노동자와 이를 구매하려는 기업(자본가) 사이에 비대칭성이란 전혀 존재하지 않는다. 이러한 특징은 신고전파 경제학에서 가장 자유방임주의적 색채를 띠는 실물경기변동이론에서 더욱 잘 드러난다. 이들은 '단기적으로도' 유효수요 원리가 타당하지 않으며 경제의 총생산 변동은 항상 완전고용 수준의 총생산이 변화한 것이라고 간주한다. 이러한 시각에서는 모든 실업률의 변화가 자연실업률의 변화일 수밖에 없다. 그러므로 이는 실업률의 증가는 아무런 문제가 되지 않는다는 결론으로까지 이어진다.

---

107 반면 주류 거시경제학의 케인즈주의는 장기적으로도 임금이 균형보다 높은 수준을 유지하기 때문에 일자리가 부족해서 발생하는 비자발적(involuntary) 실업이 존재한다고 주장한다. 새케인즈주의는 이러한 임금경직성(wage rigidity)을 개별 경제주체의 최적화를 통해, 즉 미시적 기초를 통해 설명한다. 미시적 기초에 대해서는 뒤에서 구체적으로 설명할 것이다.

　　신고전파 거시경제학은 자연실업률이 총수요와 무관하게 공급측 요인에 의해 결정된다고 본다. 기술적 특징이나 직장매칭job matching 과정에 영향을 끼칠 수 있는 제도적 요인이 자연실업률의 크기를 결정하기 때문에 정부의 총수요 정책은 장기적으로 실업률의 크기에 아무런 영향을 끼치지 못한다고 주장한다.[108] 여기서 자연실업률에 붙는 '자연natural'이라는 수식어에 주목할 필요가 있다. '자연'이라는 수식어가 붙는 거시경제학의 또 다른 중요한 개념이 바로 '자연이자율 natural rate of interest'이다. 자연이자율은 총수요를 완전고용 수준의 총생산과 일치하도록 만드는 이자율 수준을 의미한다. 두 경우 모두에서 이 수식어는 완전고용 상태에 조응하는 수준임을 나타낸다.

　　이러한 개념에 '자연'이라는 수식어가 붙은 것은 다음과 같은 함의를 갖는다. 신고전파 경제학은 경제와 나머지 사회적 영역[109]을 구분하고 전자는 자생적이고 인간의 의도가 아닌 자연법칙과 같은 경제법칙이 지배하는 영역으로, 후자는 인간의 의도와 의식적 개입이 규정하는 영역으로 간주한다.[110] 이러한 구분하에서 신고전파 경제학

---

108 이것이 프리드먼이 제시한 자연실업률 가설의 핵심 내용이며 이후 주류 거시경제학자 대부분이 이 결론을 수용한다. 실물경기변동이론은 정부의 재정정책이 자연실업률을 변화시킬 수 있음을 이야기한다. 하지만 이는 총수요의 변동을 통해서가 아니라 최적화에 기반한 노동공급의 변화를 통해서 이뤄진다. 그러므로 여기서도 장기적으로 총수요가 실업률, 즉 자연실업률에 영향을 끼칠 수 없다는 핵심 주장은 유지된다.

109 국가, 정치, 사회, 시장 이외의 제도 등이 모두 이에 포함된다.

110 이러한 이분법은 신고전파 경제학에서 가장 강하게 드러나지만 많은 사회과학에서 의식적으로 혹은 무의식적으로 채택하고 있는 관념이기도 하며 동시에 현대사회를 바라보는 우리의 '상식적' 시각이기도 하다. 이러한 이분법은 현대사회의 물신숭배가 만들어 내는 중요한 효과 중 하나라고 볼 수 있다.

은 근본적으로 자유방임주의의 시각을 갖는다. 즉, 시장 이외의 제도는 시장 메커니즘을 왜곡시킬 수 있기 때문에 최대한 시장 메커니즘에 개입되어서는 안 되고, 시장이 잘 작동하도록 혹은 시장실패를 교정하기 위해서 이뤄지는 개입만이 정당하다고 본다. 신고전파 경제학에서 장기 상태는 자연법칙과도 같은 시장 메커니즘에 의해 규정되므로 총수요 정책으로 대표되는 정부의 개입과 무관하게 결정된다. 장기 상태에서의 실업률과 이자율에 '자연'이라는 수식어를 사용하는 것은 이러한 이론적 특성을 잘 드러낸다.

물론 제도와 정부의 정책이 자연실업률의 결정에 영향을 끼칠 수 있음을 신고전파 거시경제학도 인정한다. 하지만 자연실업률을 낮출 수 있는 정책은 주로 노동시장의 신축성flexibility을 높이는, 다시 말해 노동자에 대한 보호장치를 제거하고 노동시장의 시장적 성격을 더욱 강화하는 정책이다. 노동의 관점에서 완전고용이라는 가장 좋은 결과는 시장의 자연법칙에 의해 결정된다. 이때 더 낮은 자연실업률의 달성은 시장 메커니즘을 방해하는 제도적 요인을 제거하고 이를 더 시장친화적으로 바꾸는 것에 의해 가능하다. 이를 낮추려는 인위적 개입, 특히 정부의 총수요 정책은 자연실업률에 영향을 끼치지 못하며 확장적 총수요 정책은 장기적으로 인플레이션율만 높이는 부작용을 초래할 뿐이다. 이러한 사고는 경제의 조정 메커니즘과 그 효과를 일종의 자연법칙처럼 사고하는 시장 물신숭배의 전형을 보여준다.[111]

---

111 신고전파 경제학의 방법론에서 도출되는 중요한 핵심 결론은 앞에서도 강조했듯이 바로 세의 법

신고전파 거시경제학은 단기적으로는 시장의 불완전성이 존재하기 때문에 케인즈의 유효수요 원리가 타당할 수 있다고 본다.[112] 그러므로 장기와 달리 단기에서는 이론적으로 정부가 총수요 정책을 통해 총생산을 조정할 수 있음을 인정한다.[113] 즉, 신고전파 거시경제학은 장기적으로는 신고전파 이론이 타당하고, 단기적으로는 케인즈의 생각이 일부 옳을 수 있다고 본다. 하지만 이러한 이론적 결론은 케인즈가 원래 의도했던 것과는 정반대이다. 케인즈는 시장의 불완전성, 특히 가격경직성과 무관하게, 완전고용이 달성되지 못하는 것이 자본주의의 '일반적' 상황이고, 신고전파 경제학은 오로지 완전고용의 달성이 전제된 상태에서만, 즉 매우 특수한 상태에서만 성립할 수 있는 이론이라고 보았다. 반면, 주류 거시경제학은 신고전파 경제학이 일반

칙이다. 이 주장의 핵심은 수요와 무관하게 공급이 결정되며 공급은 기술적 조건에 따라 결정된다는 것이다. 반면, 비주류경제학, 그중에서도 특히 포스트 케인지언은 화폐생산경제에서는 수요가 공급을 결정하며, 더 나아가 수요의 규모와 구성이 기술적 조건에도 영향을 끼친다고 주장한다. 이 경우 계급 간 갈등, 제도, 정부의 총수요 정책 등은 수요를 매개로 기술적 조건을 결정하는 주요 요인들이 된다. 신고전파 거시경제학에서도 새케인즈주의의 일부 학자들이 수요가 공급 측 측면에 영향을 끼칠 수 있음을 인정한다. 이를 보통 '이력효과(hysteresis effect)'라고 일컫는다. '각주 95'에서 살펴봤듯이 기술적 조건의 결정은 결코 물리법칙처럼 사고할 수 없으며 반드시 역사적 조건, 정치·사회적 특징을 고려하면서 고찰해야 하는 문제이다. 다음의 논문이 이러한 관점에서 기술 진보를 설명하는 다양한 시각을 정리하고 있다. Daniele Tavani and Luca Zamparelli, "Endogenous Technical Change In Alternative Theories Of Growth And Distribution," *Journal of Economic Surveys*, 31:5 (2023), pp. 1272-1303.

112 새고전학파는 불완전 정보를, 케인즈주의는 가격경직성이라는 불완전성에 주목한다.

113 총수요 정책의 사용과 관련하여 신고전학파에 더욱 가까운 흐름과 케인즈주의는 서로 상반된 시각을 가지고 있다. 전자는 장기 상태로의 조정이 빠른 속도로 이뤄지기 때문에 단기적으로 총생산이 완전고용 수준에서 벗어나도 정부가 개입할 필요가 없고 이러한 개입이 오히려 역효과를 가져온다고 생각한다. 반면, 후자는 조정에 시간이 소요되기 때문에 정부의 총수요 정책이 만병통치약은 아니더라도 경기변동의 완화를 위해 정부가 어느 정도 정책을 사용해야 한다고 주장한다.

이론이고 케인즈의 이론은 가격경직성이라는 특수한 조건에서만 성립한다고 주장한다. 단기적인 상황이 시장의 불완전성 때문에 존재한다면, 이러한 시장의 불완전성을 경감시키고 경제를 신고전파 경제학이 상정하고 있는 이상적인 상황에 좀 더 가깝게 만드는 것, 즉 메타구조적인 시장을 현실화하는 것이 정책적 목표가 될 수 있고 실제로 1970년대 이후 더욱 신고전파적으로 변화한 주류 거시경제학이 대체로 이러한 사고를 채택하게 된다.[114] 그리고 이는 1980년대 이후 신자유주의의 수사 및 정책에 이론적 기반이 되었다.

새고전학파의 등장을 기점으로 주류 거시경제학의 신고전파적 성향이 더욱 강해졌음은 특히 거시경제학의 미시적 기초를 강조하는 것에서 잘 드러난다. 고전학파와 비주류경제학은 개별 경제주체가 거시경제라는 전체(구조)에 기반을 두고 경제활동을 영위하기 때문에 개별 경제주체와 관련된 고찰은 반드시 경제 전체에 대한 연구를 반드시 고려해야 함을 강조한다. 즉, 미시경제학적 연구의 거시경제적 기초가 중요하다고 본다. 반면 신고전파 경제학은 방법론적 개인주의를 채택하므로 경제 전체적 현상도 개별 경제주체의 최적 선택이 규정한다고 본다. 신고전파 거시경제학은 이러한 방식의 분석을 위해 '대표적 행위자representative agent'를 설정한다. 대표적 행위자는 다수의 이질적인 경제주체를 평균적으로 대표하는 경제주체를 의미한다. 신고전

---

114 새케인즈주의 역시 1950~60년대의 케인즈주의와 비교했을 때 신고전파적 성격이 더 강하기 때문에 이러한 변화를 이끌었다고 평가할 수 있다.

파 거시경제학은 대표적 소비자, 대표적 기업을 보통 설정하여 이들의 최적화를 통해 거시경제적 현상을 설명하려 한다. 이러한 분석이 다루는 대상만 다르고 미시경제학과 전혀 차별화되지 않음은 물론이다.[115]

4. 화폐에 대한 시각 : 상품화폐론

신고전파 거시경제학의 핵심 명제 가운데 하나가 앞에서도 이야기했듯이 바로 화폐수량이론과 화폐중립성이다. 이는 일반균형분석과 마찬가지로 신고전파 경제학이 갖는 화폐에 대한 왜곡된 그리고 협소한 이해를 반영한다. 신고전파 경제학은 화폐를 '상품화폐론'의 시각에 기초하여 사고한다.[116] 상품화폐론의 핵심 내용은 다음과 같다. 첫째, 인간의 교환 성향은 '자연적인(자연적으로 주어진)' 것이고 이 성향에 기반하여 화폐가 탄생하였다. 둘째, 이러한 화폐의 기원을 고려할 때 화폐의 가장 근본적인 기능은 바로 '교환의 매개수단'이다. 이러한 근본적 기능 때문에 화폐는 지불수단, 계산화폐(가치척도)로서의

---

115 이러한 방식의 연구는 일반균형이론 그리고 후생경제학이 직면하는 논리적 문제에 결국 똑같이 노출되어 버린다. 이에 대해서는 다음의 연구를 참고하라. 박만섭, "신고전파 경제학: 경제학의 벌거벗은 임금님". 이러한 한계를 극복하기 위한 신고전파 경제학의 이론적 시도 가운데 하나가 바로 대표적 행위자가 아니라 초기 조건이 서로 상이한 이질적 경제주체(heterogeneous agent)를 고려하는 모형이다. 하지만 이 역시 경제의 메타구조적 이해, 즉 개별 경제주체의 최적화라는 관점에서 경제를 파악한다는 점에서는 여전히 기존 신고전파 경제학의 자장 안에서 벗어나지 못하고 있다고 평가할 수 있다.

116 근대 화폐(제도)의 근본적 특징과 형성 및 발전 과정에 대해서는 다음의 작업을 참고하라. 고병권, 『화폐, 마법의 사중주』(그린비, 2005). 상품화폐론과 신용화폐론에 대해서는 다음을 참고하라. Geoffrey Ingham, *Money* (Cambridge: Polity, 2020) [제프리 잉햄 지음, 방현철, 변제호 옮김, 『머니: 화폐 이데올로기·역사·정치』(이콘, 2022)].

기능 역시 획득하게 되었다.[117] 셋째, 화폐는 우선 자체적으로 가치를 갖는 상품이었기 때문에 다른 모든 상품과 교환될 수 있었다. 정리하면, 상품화폐론은 본성으로서의 교환 성향을 가지고 있는 개인들의 자발적인 물물교환 과정에서 교환을 용이하게 만들기 위해 교환의 매개수단으로서 일부 혹은 하나의 상품이 선택되는 과정에서 화폐가 탄생하였다고 본다. 이는 신고전파 경제학뿐만 아니라 대부분의 사람들이 상식으로 받아들이는 견해이다.

하지만, 많은 역사학, 인류학 등에서의 연구를 통해 밝혀졌듯이 상품화폐론은 역사적, 이론적으로 결코 정당화될 수 없는 화폐의 기원 및 발전에 대한 시각이다.[118] 그럼에도 불구하고 여전히 신고전파 경제학은 화폐 및 화폐적 문제를 이해하는 데 있어 상품화폐론의 시각을 채택하고 있다. 그 이유는 다음과 같다. 상품화폐론은 방법론적 개인주의에 입각한, 즉 메타구조에 조응하는 화폐에 대한 이해를 반영하고 있다. 상품화폐론은 화폐의 탄생과 그것의 역할에 대한 이해를 개별 경제주체의 합리적 선택과 '개인'들 사이의 자발적인 '교환' 과정으로 축소시켜 사고할 수 있도록 해준다. 이는 자유롭고 평등한 개인들의 합리적 선택이라는 관점에서, 즉 메타구조의 시장으로서 경제를 인식 및 분석할 수 있도록 해준다.

---

117 모든 교환이 화폐를 매개로 이뤄지면서 화폐가 채무를 청산하는 역할을 수행하게 되었고 다른 상품의 가치(가격)를 측정하는 계산자, 즉 단위로 사용될 수 있었다고 설명한다.

118 이와 관련해서는 '각주 116'의 저서들과 다음의 글을 참고하라. David Graeber, *Debt: The First 5,000 Years* (London: Melville House, 2011) [데이비드 그레이버 지음, 정명진 옮김, 『부채, 첫 5,000년의 역사: 인류학자가 고쳐 쓴 경제의 역사』(부글북스, 2021)].

상품화폐론은 앞에서 언급했듯이 교환의 매개수단로서의 화폐 기능을 특권화한다. 이는 화폐의 획득이 그것과 등가인 다른 어떤 것을 내놓았음을 강조한다. 이러한 이해가 신고전파 경제학에서 중요한 이유는 다음과 같다. 경제의 메타구조적 이해에서 화폐를 매개로 하는 경제적 거래는 등가교환이라는 관점에서 평등하고 공정한 거래이다. 그리고 일반균형분석, 화폐수량이론에서 살펴봤듯이 화폐는 실물 경제에 아무런 영향을 끼치지 않아야 한다. 즉, 화폐를 고려한 분석과 화폐를 고려하지 않은 분석 사이에 차이가 존재하면 안 된다. 화폐가 이러한 이론적 기능을 수행하기 위해서 화폐가 다른 상품과 근본적으로 달라서는 안 되며 이 때문에 상품들 사이의 교환을 용이하게 하는 또 다른 상품으로 화폐를 간주해야 한다. '신용화폐론credit theory of money' 과 비교하면 이러한 특징은 더욱 명확하게 드러난다. 화폐를 '거시적' 현상으로 이해하는 신용화폐론을 수용하면 즉각적으로 제도와 권력, 그리고 이들의 비대칭성 문제 등이 도입될 수밖에 없다.

신용화폐론은 화폐를 추상적인 청구권, 즉 계산화폐로 측정된 신용으로 간주한다. 이러한 규정하에서 화폐를 화폐로 만드는 두 가지 근본적 기능은 바로 계산화폐와 지불수단의 기능이다. 화폐의 고유한 특징은 추상적인 '가치'의 측정 수단이라는 점이고, 계산화폐의 기능 때문에 화폐는 이 추상적 가치를 축장하고 이전하는 도구가 될 수 있다. 즉 채무를 청산하는 지불수단으로 기능할 수 있다. 이 두 가지 근본 기능 때문에 화폐는 역사적 조건에 따라 교환의 매개수단으로서 역할을 수행하게 된다. 그리고 역사적, 인류학적 연구에 따라 화폐는 사회적 채무를 측정하는 수단으로서 혹은 고대 제국에서 관리를 위한 계산화폐로서 출현했다고 본다. 그리고 화폐는 근본적으로 계산화폐이고 신용(부채)이므로 구성원들 사이에서 이 화폐에 대한 신뢰가 존재해야 함을, 이러한 신뢰의 형성은 개인들의 자발적 선택에 따라 이뤄지지 않고 권력에 기반을 두는 강제와 권위를 필요로 함을 강조한다.

비주류경제학은 대부분 상품화폐론을 부정하고 신용화폐론을 채택하고 있다.[119] 신용화폐론의 관점에서 현대 금융시스템의 굉장히 중요한 특징 가운데 하나는 바로 화폐의 공급이 '내생적으로' 이뤄진다는 것이다. 신고전파 경제학은 전통적으로 화폐공급이 중앙은행에 의해 외생적으로 이뤄진다고 주장하였다. 즉, 중앙은행이 화폐공급을 결정 및 조정할 수 있다고 간주하였다. 반면, 역사적 과정을 통해 만들어진 중앙은행과 은행 사이의 체계적 관계[120]에 기반을 두고 있는 현

---

119 여기서 중요한 쟁점이고 많은 고찰을 필요로 하는 문제가 마르크스의 화폐에 대한 시각이다. 마르크스는 당시의 현실에 따라 '금'이라는 상품이 궁극적인 화폐라고 주장한다. 이러한 시각은 표면적으로는, 특히『자본』1권 1편을 고려하는 경우 상품화폐론에 해당한다고 볼 수 있다. 하지만 마르크스는 앞에서 설명했듯이 교환의 매개수단이 아니라 가치를 표현하는 역할, 즉 일반적 등가를 화폐의 근본적인 특성으로 규정한다. 또한, 상품화폐론의 중요한 이론적 결론인 외생화폐론과 화폐수량설을 부정한다. 그리고『자본』3권에서 확인할 수 있듯이 마르크스는 신용 메커니즘을 정확히 이해하면서 또 분석에 있어 이의 중요성을 확실하게 인정하고 있다. 이러한 측면에서는 신용화폐론과 굉장히 유사한 관점을 보여주고 있다. 필자는 이에 대해 별도의 연구를 진행하고 있다. 간단히 정리하면 상품화폐론과 신용화폐론 사이의 양자택일이라는 단순한 관점이 아니라 메타구조와 구조의 구분, 그리고 전자의 후자로의 전도라는 마르크스의 고유한 시각을 통해 이 문제를 다시 고찰할 필요가 있다고 본다. 상품화폐론은 메타구조에 조응하는 화폐에 대한 시각이고, 신용화폐론은 현실에서의 화폐 메커니즘을 보여주는, 즉 구조의 측면에서 바라본 화폐에 대한 이해라고 볼 수 있다. 하지만 구조는 메타구조를 만들어 내며, 또 이 메타구조 때문에 작동할 수 있다. 이러한 관점을 가지고 추후에 마르크스의 화폐론이 가지는 복합적이면서도 모순적인 측면을 고찰해 보고자 한다.

120 여기서 결정적인 역할을 하는 것이 바로 잉글랜드 은행의 창설이다.

대 금융시스템에서 화폐는 경제에서 필요한 만큼, 즉 수요에 맞춰 공급이 이뤄진다. 중앙은행은 결코 화폐공급의 크기를 결정할 수 없으며, 자신이 직접적으로 발행하는 본원통화 역시 기준금리를 원하는 수준으로 유지하기 위해 그리고 금융시스템의 붕괴를 막기 위해 반드시 수요에 맞춰 공급해야만 한다.[121]

화폐는 정부(중앙은행), 그리고 정부가 인가한 제도(은행)에 의해서 '무로부터ex nihilo' 창출된다. 은행이 자금을 필요로 하는 주체에게 대출하는 순간 예금 형태의 화폐가 창출된다.[122] 그리고 이렇게 창출된 화폐를 획득한 주체(차입자)는 구매력, 나아가 지배력을 획득하게 된다. 화폐의 창출 과정은 등가교환과는 무관하다. 즉, 자본가가 가치 증식[123]에 사용할 수 있는 화폐는 등가교환, 공정한 교환과는 아무런 상관이 없다. 반면 가계대출, 정확히는 노동자계급에 대한 대출은 가치증식과 무관하며 이는 부채의 형태로 노동자계급의 재생산을 강화하는 효과

---

121 내생적인 화폐공급의 구체적 메커니즘과 현대 금융시스템에서 화폐의 공급이 내생적으로 이뤄지는 이유는 다음의 작업을 참고하라. 박만섭, 『포스트케인지언 내생화폐이론』; Marc Lavoie, *Post-Keynesian Economics*.

122 외생화폐이론을 반영하는 상식적인 견해와 달리 예금이 대출의 기반이 되는 것이 아니라 대출이 예금, 즉 화폐를 창출한다.

123 가치증식 과정은 자본가(기업)가 생산수단과 노동력을 생산과정에 투입하여 더 많은 가치(화폐액수)를 생산 및 획득하는 과정을 의미한다. 이때 생산수단과 노동력의 구매에 필요한 화폐는 '궁극적으로' 은행시스템을 통해 내생적으로 공급이 된다. 여기서 궁극적이라는 수식어를 붙인 이유는 다음과 같다. 내생화폐이론의 관점에서 비은행금융기관(non-banks)의 신용 공급은 은행시스템에 토대를 두고 이뤄진다. 그러므로 금융시스템의 신용 창출은 궁극적으로 은행의 내생적 화폐공급 메커니즘 때문에 가능하다. 이에 대해서는 다음의 논의를 참고하라. Marc Lavoie, "Advances in the Post-Keynesian Analysis of Money and Finance" in eds. by Philip Arestis and Malcolm Sawyer, *Frontiers of Heterodox Macroeconomics* (London: Palgrave Macmillan, 2019), 89-130.

를 가진다.[124] 신용화폐론을 수용한다면[125] 화폐를 계급, 즉 자본주의 구조의 재생산에 필수적인 요소로 간주할 수밖에 없다. 이는 경제를 메타구조적인 시장으로 이해하는 신고전파 경제학과 양립할 수 없는 관점이다.[126]

신고전파 경제학은 화폐공급에 대한 시각은 1990년대를 기점으로 변화하였다. 그 과정은 다음과 같다. 영미권 대학에서 활동했던 연구자들은 1990년대 이전까지 외생화폐이론을 고수했다. 반면, 같은 신고전파 경제학자라도 중앙은행의 연구자 및 실무가들은 화폐의 내생적 공급이 이뤄지고 있음을 알고 있었다. 1990년대에 드디어 영미권 대학의 연구자들도 내생화폐이론을 수용하기 시작했다.[127] 하지만 여전히 화폐의 근본적 성격을 상품화폐론에 의존하여 이해하고 있다. 이 때문에 설명의 구체적 내용은 내생화폐이론에 맞춰 변화했지만 여전히 세의 법칙, 화폐수량이론이라는 거시경제학의 핵심 결론은 약간 수정된 형태로 굳건히 유지되고 있다. 그런데 내생화폐이론을 받아들이면 방법론적 개인주의 부분에서 살펴봤던 것과 유사하게 조직에 대한 시장의 우위를 강조하는 신고전파 경제학의 주요 특징이 약해지게

---

124 가계부채의 커다란 증가는 신자유주의 시기에 나타난 굉장히 중요한 현상으로 지배계급이 피지배계급에 대한 우위를 증대시키는 방법 가운데 하나이다.

125 이는 현실의 '실제' 금융시스템을 고려한다는 것을 의미한다.

126 이러한 화폐 및 금융시스템에 대한 상반된 이해는 주류 거시경제학과 비주류 거시경제학을 가르는 매우 중요한 쟁점 가운데 하나이다. 이와 관련된 더 자세한 내용은 추후의 작업을 통해 정리할 계획이다.

127 Lavoie, *Post-Keynesian Economics*.

된다. 외생화폐이론을 가정하면 물가의 조정을 통해 완전고용 상태로의 조정이 이뤄진다. 여기에는 정부의 어떠한 개입도 불필요하다. 반면, 내생화폐이론을 수용하면 완전고용의 달성을 위해 중앙은행이 기준금리를 자연이자율에 조응하는 수준으로 조정해야 한다. 이는 시장의 완전한 조정은 정부의 개입, 즉 조직이라는 매개의 개입을 반드시 필요로 함을 의미한다.[128]

IV. 나오며

본 연구는 마르크스의 『자본』과 이를 자신만의 메타/구조 분석으로 발전시키고 있는 비데의 논의에 기대어 신고전파 경제학이 절대적으로 지배적인 위치를 차지하고 있는 것이 단순히 이론적 우월성이나 논리적 정합성, 그리고 제도적 우위 때문이 아니라[129] 현대성에 조응하는 사고 및 이론 체계이기 때문임을 보이고 있다. 즉 신고전파 경제학은 자본주의적 실천이 만들어 내고 또한 이러한 실천을 가능하

---

[128] 신고전파 거시경제학은 실업률과 인플레이션율 사이의 음(—)의 관계를 상정하고 중앙은행이 인플레이션을 안정화하기 위해 기준금리를 자연이자율에 조응하는 수준으로 조정할 수밖에 없다고 주장한다. 여기서 중앙은행의 통화정책은 오로지 인플레이션율의 변화라는 시장의 신호에 영향을 받아 이뤄지므로 과정 전부를 '경제적으로', 즉 시장 메커니즘에 따른 자연적인 과정으로 설명한다고도 볼 수 있다. 하지만 시장의 조정에 조직의 역할이 필수적이라는 사실은 변화하지 않으며, 더군다나 인플레이션을 안정화한다는 정책적 목표가 갖는 정치적 함의까지 고려하는 경우 문제는 훨씬 더 복잡해질 수밖에 없다.

[129] 앞에서 살펴봤듯이 오히려 신고전파 경제학에는 치명적인 이론적 결함이 존재한다.

게 하는 메타구조, 그리고 물신숭배를 이론적으로 재현해 내고 있다. 그리고 현실은 메타구조가 구조로 전도된 것임을, 그리고 물신숭배가 현실에 대한 오인된 인식이라는 것을 고려하지 않기 때문에 신고전파 경제학은 메타구조가 실현된 것으로 현실을 이해하면서 결과적으로 지배계급의 입장을 대변하고 이 입장의 현실화를 강화하는 효과를 낳는다.

이러한 관점에서 신고전파 경제학이 갖는 특징을 다음과 같이 정리해 볼 수 있다. 신고전파 경제학은 방법론적 개인주의, 즉 경제적 현상을 개별 경제주체의 최적화로 환원하여 설명하는 방식을 택하고 있으며 이는 자유롭고 평등하며 합리적인 개인들 사이의 관계를 통해 이뤄지는 메타구조의 시장이라는 이미지를 이론적으로 재현하고 있다. 이를 통해 신고전파 경제학은 경제의 분석에서 계급의 존재를 지우고 메타구조가 실현된 경제를 상정한다. 이는 당연히 계급 간 적대 및 모순의 문제를 은폐하는 효과를 가진다. 효용가치론의 채택은 이러한 이론적 특징과 일관성을 가진다. 가치가 객관적인 생산과정이 아닌 경제적 대상을 개별 주체가 소비하는 과정에서 얻게 되는 주관적 효용에 의해 규정된다고 바라보면서 모든 거래의 대상을 상품이라는 동일한 범주로 묶이게끔 해준다. 이 때문에 신고전파 경제학은 경제를 상품 소유자들의 자유롭고 평등하며 합리적인 관계에 기반해서 작동하는 것으로 표상할 수 있게 된다. 신고전파 경제학은 효용가치론의 산물인 소비자 이론과 형식적으로 동일한 생산자 이론을 구성하고 이를 통해 한계생산성 이론이라는 소득분배 이론을 제시한다. 이

이론은 노동, 자본, 토지를 생산요소로서의 상품으로 묶어서 사고하
며 개별 경제주체의 최적화에 기반해서 실질소득이 각 생산요소의 한
계생산물과 일치한다는 것을 도출한다. 이는 소득분배가 '물리적' 수
량으로 환산되는 생산의 기여도를 반영한다고 보기 때문에 현실의 소
득분배를 정당화 및 물화하는 효과를 가진다.

　이러한 특징은 신고전파 거시경제학에서도 반복하여 나타난다.
신고전파 거시경제학은 거시경제학의 미시적 기초를 중시한다. 이 때
문에 대표적 행위자를 설정하고 경제 전체의 문제를 이 개별 행위자
의 최적 선택 문제로 환원하여 설명한다. 그리고 이러한 방법론하에
서 시장의 완전한 조정을 통해 궁극적으로 완전고용이 달성된다는 결
론을 도출한다. 자연실업률이라는 개념을 통해 완전고용 상태에서의
실업을 노동시장의 불균형, 즉 일자리의 부족이 아니라 노동자가 자
발적으로 선택한 결과로 규정한다. 또한, 완전고용 상태는 정부의 개
입과 무관하게 시장의 자동조정 메커니즘에 의해 결정된다고 주장한
다. 이 역시 신고전파 경제학의 경제를 메타구조적으로 바라보고 있
고, 경제 메커니즘과 그것의 결과를 자연법칙으로 이해하고 있음을
보여준다. 마지막으로, 신고전파 경제학은 경제의 메타구조적 이해를
위해 역사적으로 그리고 이론적으로 정당화할 수 없는 상품화폐론을
채택한다. 교환의 매개수단이라는 점을 제외하면 다른 상품과 전혀
다를 바 없는 상품으로서의 화폐를 상정해야만, 등가교환, 즉 자유롭
고 평등하며 합리적 개인들의 거래가 이뤄지는 경제를 그려낼 수 있
기 때문이다. 이는 신용 창출에 기반한 내생적인 화폐공급이 이뤄지

는 가운데 화폐가 계급구조의 재생산과 관련하여 수행하는 역할을 은폐할 수 있도록 해준다.

신고전파 경제학은 현대사회의 일상적 실천 속에서 우리가 가지게 되는 세상에 대한 표상, 체험에 기반하는 (오인으로서의) 인식을 이론적으로 드러낸다. 그레이버가 강조하듯이 "경제학은 다른 어떤 학문보다 더 자신이 설명하는 바로 그 세계에 참여하는 경향을" 갖는다.[130] 즉, 신고전파 경제학은 이러한 허구를 현실화시키려는 기획을 수반하고 있으며 이는 현실의 구조를 공고화하면서 동시에 이러한 구조가 가지고 있는 모순과 그것의 파괴적 효과를 제어하지 못하고 폭발시킬 수 있다. 착취와 지배, 비합리성의 강화는 사회의 재생산을 위협하게 된다. 폴라니Karl Polanyi가 바로 이러한 위험성을 강조하고 있다.[131] 폴라니는 경제적 자유주의자들, 즉 주류 경제학이 이상향(유토피아)과 사회적 현실을 혼동하면서 자신들의 경제 이론에 근거하여 시장의 법칙이 사회를 지배하는 유토피아적 세계를 설계하려 한다고 이야기한다. 그가 경제적 자유주의를 유토피아적 신념이라 비판할 때 이 유토피아라는 용어는 달성 불가능함을 의미하지 않는다. 그는 오히려 자유주의적 유토피아가 예상했던 것보다 훨씬 더 실현 가능하기 때문에 위험하다고 주장한다. 그리고 이러한 기획이 어떠한 파괴적 결과를 야

---

130 그레이버, 『가치이론에 대한 인류학적 접근』

131 아래의 내용은 다음의 저서를 참고하여 정리하였다. Bougrine and Rochon, *A Brief History of Economic Thought*.

기했는지 『거대한 전환』[132]에서 자세히 보여주고 있다.

　20세기 장기 냉전의 이해에 있어 신고전파 경제학에 대한 고찰은 다음의 두 가지 측면에서 중요한 함의를 갖는다. 첫 번째, 신고전파 경제학은 현대사회의 메타/구조가 만들어 내는, 그리고 메타/구조가 기반하고 있는 인식, 표상을 이론적으로 잘 드러낸다. 현대사회의 주체가 세계를 어떻게 체험하고 있는지 이것이 어떠한 사회적 효과를 낳는지를 이해하기 위해서는 신고전파 경제학의 근본적 특징에 대한 이해가 필수적이라고 볼 수 있다. 두 번째, 신고전파 경제학에 기반한 기획과 이를 제어하려는 기획, 즉 현대사회의 구조를 강화하려는 기획과 이를 약화시키려는 기획의 역동적이고 갈등적 관계는 20세기 장기 냉전의 역사적 변천을 만들어 내는 요인들 가운데 하나이다. 이러한 측면에서 신고전파 경제학이 현대사회의 재생산 및 변화와 관련하여 어떠한 함의를 갖고 또 무슨 역할을 수행하는지에 대한 고찰은 매우 중요하다고 볼 수 있다.

---

132 Karl Polanyi, *The Great Transformation* (Boston: Beacon Press, 1944[2001]) [칼 폴라니 지음, 홍기빈 옮김, 『거대한 전환: 우리 시대의 정치·경제적 기원』(길(도서출판), 2009)]

발전 경제학의 계보학
: 발전의 상상과 경제학의 기술정치

Genealogy of Development Economics
: Sociotechnical Imaginaires of Development
and the Technopolitics of Economics

오경환
성신여자대학교 / 사학과 교수

I. 들어가며[*]

1985년 아시아 개발은행Asian Development Bank의 미국 대표는 "미국은 '발전 경제학'이라는 것이 존재한다는 사실을 완전히 부정한다"고 선언했다.[1] 이는 학문 분과sub-discipline 또는 분과학문disciplinary science으로서의 발전 경제학development economics의 역사에 비추어 보면 여러 가지 측면에서 흥미롭다. 냉전 초기 발전 경제학은 20세기를 통틀어 가장 두드러진 성장세를 보여 온 학문인 경제학 내부에서도 큰 관심을 끌고 많은 지적·제도적 지원을 받은 분과였다. 1950년대와 60년대 초에 걸쳐 발전이나 성장growth에 대한 주요한 논쟁이 꼬리를 물고 일어났을 뿐 아니라 발전 경제학은 미국과 유럽, 유엔의 정책에 핵심

---

[*] 본고는 『역사비평』 132 (2020)에 게재된 글을 수정보완하였음을 밝힌다. 관련 서지 사항은 다음과 같다. 오경환, 「발전경제학의 계보학: 발전의 상상과 경제학의 기술정치」, 『역사비평』 132 (2020), pp. 166-192.

[1] John Toye, *Dilemmas of Development* (Oxford: Basil Blackwell, 1987), p. 73

적인 영향을 미쳤다. 하지만 불과 20년 후인 1980년대 신新자유주의의 확산과 함께 발전 경제학은 주류 경제학의 관심에서 거의 완전히 멀어진, 주변화된 분과가 되었다.[2]

이 글은 이 극적인 변화가 경제학 내·외부의 담론적 맥락들과 어떻게 연결되어 있었는지를 추적하고자 한다. 발전 경제학을 구성해 온 역사적 맥락은 세 가지로 정리할 수 있다. 먼저 경제학 지식의 내부적 동인을 들 수 있다. 19세기 말 발라스Léon Walras의 일반 균형 이론general equilibrium theory에 긍정적으로든 부정적으로든 대응하는 경제학적 재구성 시도가 진행되었다. 발전 경제학은 케인즈주의와 빅셀Knut Wicksell의 스톡홀름학파, 사회주의자 칼레츠키Michał Kalecki 등의 경제학 작업의 연장선에서 성립했다. 나아가 냉전 시기 대학과 국가, 시장의 상호작용으로 지식생산 기제가 재조정되면서 경제학 지식, 특히 모델링에 기반한 신고전주의 경제학은 점진적으로 특권적 지위를 획득했고 그 과정에서 발전 경제학의 위치와 역할은 복잡한 변용을 거칠 수밖에 없었다.

둘째, 발전 경제학은 제1차 세계대전과 전시 경제의 경험, 대공황과 뉴딜New Deal을 거치면서 1920년대부터 등장한 발전에 대한 다양한 논의의 결과물이기도 했다. 근대화 혹은 합리화, 조직화organization, 계획화planification 등으로 다양하게 개념화되었던 일련의 흐름은 경제에

---

2   Dudley Seers, "The Birth, Life and Death of Development Economics," *Development and Change*, 10:4 (1979), pp. 707-719.

대한 적극적이고 기술 관료적technocratic 개입을 뒷받침했다. 이 흐름은 전후 복구와 탈식민 국가들의 등장, 케인즈 혁명의 제도화 등과 맞물려 강력한 발전에 대한 욕망과 사회적 상상imaginaries을 생산하였다. 전후 발전 경제학의 발전과 제도적 실천은 이 흐름의 학문화·제도화의 다른 표현이었다.

마지막으로 발전 경제학의 발전 경로에서 냉전은 여전히 핵심적이고 직접적인 맥락으로 기능했다. 냉전은 양극적이며 위에서 아래로의, 미국과 소련이 일방적인 영향력을 발휘하는 국제정치학적 적대 구조라기보다는 다층적이며 복합적인 행위 주체 — 진영bloc, 국가, 국제기구, 시장, 기업, 정책 전문가policy experts, 지역 엘리트local elites 등 — 의 욕망이 경쟁하고 충돌하며 매개되는 장으로 기능했다. 발전 경제학은 이런 냉전의 경제적 확산 기제였을 뿐 아니라 냉전 자체를 유지·확장·재구성하는 지적·문화적 요소이기도 했다고 정리할 수 있다. 따라서 냉전 시기 발전 경제학은 단순히 미국의 사회적 비전을 전파하는 것이 아니라 냉전의 당사자들이 각각 발전이라는 상상을 구성하는 데 중요한 기술 정치적 요소로서 기능했다. 따라서 발전 경제학은 냉전이라는 시대적 맥락에 의해 규정되기도 하고 다시 냉전 자체를 생산하는 맥락으로 기능했다.

이 글은 발전 경제학의 역사를 단선적이고 현상적인 시각에서 벗어나 위에 언급한 세 갈래의 역사적 맥락에서 서술하고자 한다. 하지만 이들을 분리해 각각 서술하는 것은 이들이 맺고 있었던 분리할 수 없는 연관 관계를 무화할 위험이 있다. 따라서 이 글에서는 발전 경제학의 발전 경로를 시대별로 추적하면서 간전기와 냉전적 상황이라는 역사적 맥락이 어떤 방식으로 경제학적 문제의식과 만나고 발전 경제학의 구성에 어떤 영향을 주었는지를 추적하고자 한다. 첫 번째 장은 경제학 지식 내부에서 어떻게 발전 혹은 성장이 문제화되는지를 1920~30년대의 경제학적·역사적 맥락에 비추어 설명한다. 두 번째 장은 냉전 초기의 정치적·경제적 과제가 어떻게 발전 경제학이라는 새로운 분과를 구성해 가는 과정을 서술한다. 마지막 장은 이렇게 구성된 발전 경제학이 근대화 이론으로 전유되고 종속이론의 도전을 받으면서 해체되어 가는 과정을 분석해 보고자 한다.

II. 광의의 케인즈 혁명과 경제학 지식에서의 "발전"

모키르Joel Mokyr는 최근 널리 읽힌 성장에 대한 문화사적 분석에서 계몽주의가 어떻게 진보와 경제 성장이라는 관념을 생산했는지 살피고 있다.[3] 물론 이 견해는 새로운 것이 아니며 대부분의 서양 근현대사 서술의 전제로 남아 있다. 하지만 모키르의 분석은 언제 진보라는 관념이 경제적 성장이라는 관념으로 이행했는가에 대해서는 별로 설득력 있는 대답을 제시하지 못한다. 베커Carl Becker의 고전적인 저작이

3　Mokyr, *A Culture of Growth: The Origin of the Modern Economy* (Princeton: Princeton University Press, 2016), pp. 3-15.

지적하듯 진보라는 개념은 그 기원을 신학에 두고 있었고 계몽주의의 세속화 세례에도 불구하고 여전히 일종의 "믿음"의 영역에 남아 있었다.[4] 따라서 일반적인 계몽주의자에게 진보가 양적 경제 성장을 의미한다는 생각은 대단히 낯설었을 것이다. 19세기 중반까지의 경제학의 발전과정에서도 고전적 경제학의 핵심적인 문제의식은 양적 성장이 아니라 자원의 효율적 배분이었다. 고전적 경제학에 도전한 일군의 사상가들—가장 중요하게는 맑스—역시 시장 경제가 효율적 자원 및 소득의 분배에 끼치는 영향을 문제화했다. 어떤 시장의 균형이 다른 시장의 균형과 연계될 수 있는지를 밝혀 신고전주의 경제학의 수학적 모델을 완성한 발라스의 일반 균형 이론 역시 근원적으로 정태적이며 시간 속의 경제적 변화를 설명하지 못했다.[5] 즉 "발전"이나 "성장"은 일반 균형 이론 속에서 설명될 수 없었다.

따라서 20세기 경제학의 가장 중요한 이론적 과제 중 하나는 일반 균형 상태가 경제적 변화를 거치고 다시 일반 균형 상태로 돌아오는지를 규명하는 것이었다. 경기 순환 이론은 이 공백에 대한 답변이었다. 1920~30년대에 걸쳐 키친Josph Kitchin과 쿠즈넷Simon Kuznet, 콘트라티에프Nikolai Kontratiev 등은 경기 순환에 대한 경험적 연구를 통해 재고와 사회 간접자본, 기술적 변화 등 균형 상태 외부의 여건이 경기를

---

4   Becker, *The Heavenly City of the Eighteenth Century Philosophers* (New Haven: Yale University Press, 1932).

5   Murray Rothbard, "Breaking out of the Walrasian Box," *Review of Austrian Economics*, 1 (1987), pp. 98-99.

어떻게 변화시키는지 밝혀 나갔다. 하지만 경기 순환론은 지나치게 자의적인 설명에 그쳐 당시 수학적 모델링을 중심으로 과학화의 욕망을 실현해 가고 있던 경제학 내부의 지적 요구와는 상당히 괴리되어 있었다. 경제학 내부에서 이 문제에 대한 해결의 실마리는 빅셀에 의해 선구적으로 제시되었다. 1898년 출간된『이자와 가격Gelzins und Güterpreise』은 자연 이자율의 개념을 통해 비평형 상태에 대한 최초의 수학적 설명을 제시했다. 빅셀은 경제 외적인 변화는 경제 내부에서 이자율 변동을 일으키며 실질 이자율과 자연 이자율 간의 차이의 누적이 경기 순환을 일으킨다고 주장했다. 빅셀의 책이 영어로 마침내 번역된 1936년, 케인즈John Maynard Keynes의『고용, 이자 및 화폐의 일반 이론』이 출간되면서 케인즈 혁명이 시작되었다.

일반적인 경제학 학설사에서 케인즈 혁명은 제1차 세계대전의 경험과 대공황에 대한 케인즈의 독창적 반응으로 이해된다. 하지만 케인즈의 작업 이전 빅셀의 유산은 카셀Gustav Cassel과 헥셔Eli Heckscher, 올린Beril Ohlin, 뮈르달Gunnar Myrdal 등이 주도하는 소위 스톡홀름학파에 의해 정교화되었다.[6] 폴란드의 칼레츠키Michał Kalecki는 이미 1933년 「경기 순환 이론에 대한 시론Próba teorii koniunkturi」에서 케인즈 혁명에 가장 핵심적인 요소인 유효수요의 개념을 케인즈에 앞서 완성했다.[7] 이

---

6   Bertil Ohlin, "Some Notes on the Stockholm Theory of Savings and Investment," *The Economic Journal*, 47:185 (1937), pp. 53-69.

7   이 논문의 폴란드어 버전은 1933년 라이든의 학회에서 발표되었으며 곧 프랑스어와 영어로 번역되었다. M. Kalecki, "Essai d'une théorie du mouvement cyclique des affairs," *Revue d'Économie Politique*, 49:2 (1935), pp. 285-305; "A Macroeconomic Theory of the Business Cycle,"

러한 사실은 케인즈 혁명이 영미권 경제학의 독창적 성과가 아니라 전 유럽적 현상이었음을 시사한다. 이들은 공통적으로 이자율과 통화, 그에 따르는 인플레이션에 대한 해석을 통해 경제학적 지식 체계 내부에서 외부의 변화가 어떻게 반영되고 평형 상태에서 성장이나 불황이 가능한지 밝힌 것이다. 물론 이들의 이런 작업은 순수한 학문적 진공상태에서 진행된 것이 아니다. 직접적인 역사적 맥락으로 대공황과 뉴딜, 케인즈 혁명의 관계는 널리 알려진 바 있으며 스톡홀름학파의 작업은 스웨덴 사회민주당의 이론적 기초가 되었다. 칼레츠키는 당대에는 영향력이 그리 크지 않았으나 전후 폴란드 계획경제의 이론적 기초자 역할을 수행하였다.

하지만 이러한 직접적인 연관만으로 이들의 작업을 역사화하는 것은 1920~30년대 경제학 지식의 복잡한 맥락을 지나치게 단순화하는 것이다. 광의의 케인즈 혁명의 역사화를 위해서는 헥트_{Gabrielle Hecht}가 제시한 "기술 정치적 단절-선언_{technopolitical rupture-talk}"의 개념이 유용하다. 즉 새로운 경제학적 사유의 등장은 "새로운 시대의 등장을 선언하기 위해 기술적 혁신을 수사학적으로 동원하는" 사례에 더 가깝다.[8] 1920년대 대부분의 경제 전문가들은 경제 발전이 직접 적용 가능한 일종의 "과학적 기제"의 투입으로 가능하다고 이해하고 있었

Econometrica, 3 (1935), pp. 327-344.

[8] G. Hecht, "Globalization Meets Frankenstein?: Reflections on Terrorism, Nuclearity, and Global Technopolitical Disourse," *History and Technology*, 19:1 (2003), pp. 1-18.

다.[9] 이는 20세기 초 포디즘의 도입과 전시 경제 운용 경험에 따른 생산 과정의 합리화에 대한 논의가 등장한 사실과 관계가 깊다. 합리화나 근대화, 조직화 등의 다양한 이름으로 호명되는 이 운동은 사회의 전 영역에 대한 조직적 관리를 통해 생산성을 증대하는 것을 목적으로 삼았다. 따라서 이 시기 지배적인 경제 성장에 대한 이해는 일종의 기술 관료적 생산주의technocratic productionism에 국한되어 있었다.[10]

광의의 케인즈 혁명은 경제 성장이 핵심적인 정책 목표가 되어가던 간전기 상황에 대한 경제학적 대응이며 "기술정치적 단절-선언"이라고 할 수 있다. 즉 경제 성장과 발전이라는 목표를 달성하기 위해서는 기존 지식의 재배치가 아닌 기술적 혁신, 새로운 경제학적 지식 체제가 필요하다는 경제학 지식 생산자들의 욕망이 광의의 케인즈 혁명을 추동하고 있었다. 물론 이러한 서술은 리첼Daniel Ritchel의 지적처럼 1920~30년대의 다양한 계획화planification 운동을 케인즈주의로 환원하려는 시도로 읽힐 위험이, 또 반대로 새로운 경제학적 사유를 기술관료제의 연장선에서 단순하게 읽을 위험 역시 엄연히 존재한다.[11] 하지만 광의의 케인즈 혁명이 발라스 모델의 이론적 진공에 변화하는 시간적 맥락을 부여하고 경제 성장에서 국가의 적극적인 역할—고용,

---

9   Martha Lampland, "Technopolitical Lineage of State Planning in Hungary, 1930-56," in ed. by Gabrielle Hecht, *Entangled Geographies: Empire and Technopolitics in the Global Cold War* (Cambridge: MIT Press, 2011), p. 157.

10   Anson Rabinbach, *The Human Motor: Energy, Fatique, and the Origins of Modernity* (Los Angeles: University of California Press, 1990), p. 272.

11   Daniel Ritchel, *The Politics of Planning: The Debate on Economic Planning in Britain in the 1930s* (London: Clarendon Press, 1997).

통화 및 재정 정책 등의 형태로—을 부여했다는 데는 이론의 여지가 없다. 광의의 케인즈 혁명은 합리화 운동이나 기술관료제적 경향이 제시한 과제, 혹은 그런 기술관료적 경향을 일으킨 시대적 배경을 경제학적으로 해결하고 경제학을 사회적 변화의 주도적 수단으로 만들기 위한 수사학적 기술정치로써 기능했던 것으로 보인다. 따라서 경제학적 지식의 변화와 1920~30년대의 기술관료제적 경향은 경쟁적이면서도 상호 보완적인 관계로 보는 것이 적절할 것이다.

이 글이 주장하는 광의의 케인즈 혁명이 경제학 지식 내부에서 발전 경제학의 출발점이라는 사실과는 별개로 여전히 발전 경제학의 기원을 밝히는 데에는 많은 문제가 남아 있다. 순수하게 경제학적 지식의 층위에서도 광의의 케인즈 혁명은 변화의 가능성과 국가를 비롯한 변화의 주체를 암시했을 뿐 발전 자체의 동학이나 방법론을 구체화하지는 못했다. 이후 전개된 발전 경제학에서 광의의 케인즈 혁명은 일종의 긴 그림자로 남게 되었다.

III. 냉전 과학으로서의 발전 경제학

냉전의 시작점을 어디에 둘 것인가의 문제는 여전히 냉전사의 중요한 주제 중 하나이다. "긴 전보Long Telegram"와 철의 장막 연설, NSC-68과 한국전쟁 등 냉전의 시작을 알리는 사건은 충분하다. 하지만 이런 시작점들은 냉전과 이전 시대와의 연속성보다는 단절을 강조하려는 경향을 암시한다. 냉전의 사회과학이며 정책적·이데올로기적 수단이기도 하였던 발전 경제학의 역사에 대한 기존의 시각 역시 이러한 서사에서 벗어나지 않는다. 로젠스틴-로단Paul Rosenstein-Rodan과 넉스Ragnar Nurkes 등이 고전 경제학적 전제와 서양 역사 경험의 특권화를 통해 초기 발전 경제학 모델인 빅 푸시 이론을 도출하고 이는 미국의 저개발 국가 대상 대외정책으로 이어졌다.[12] 이러한 정책의 실패는 냉전 사회과학으로서의 발전 경제학의 이미지를 고착시켜 왔다. 하지만 냉전기 발전 경제학의 역사는 이 단선적인 서사로 정리되기 어렵다. 냉전 자체가 미국과 소련뿐 아니라 정부, 기업, 및 대학과 정책 전문가 등의 다양한 분석 층위의 행위자와 그들의 욕망이 충돌한 결과물이었기 때문이다.[13] 특히 발전 경제학의 경우 그 주제의 직접적인 확장성 때문에 행위자의 다양한 욕망이 더 분명한 방식으로 드러날 수밖에 없는 장이었다. 이 장에서는 냉전 시기 경제학자들의 작업을 중심으로 발전 경제학이 구체화되는 과정을 살펴 본다.

냉전 발전 경제학의 시발점은 냉전의 공식적 출발에 앞선다. 1943년 로젠스타인-로단의 「동 유럽과 동남 유럽의 산업화라는 문제」는 "빅 푸시 이론"의 출발점이었다.[14] 이에 따르면 생산, 수요, 및 저축의

---

12 Albert Hirschman, *Development Project Observed* (Washington D.C.: Brookings Institute, 1967). 특히 다음을 보라. pp. 9-34.

13 Odd Arne Westad, *The Global Cold War: Third World Inventions and the Making of Our Time* (Cambridge: Cambridge University Press, 2005), pp. 1-7.

14 Rosenstein-Rodan, "Problems of Industrialization of Eastern and South-Eastern Europe," *Economic Journal*, 53 (1943), pp. 202-211.

불가분성, 즉 일종의 규모의 비非-경제diseconmy of scale가 저성장의 근본 원인이며 사회 간접자본을 비롯한 대규모 투자big push를 통해 경제 발전을 일으키는 것이 필요하다. "빅 푸시 이론"은 넉스와 만델바움Kurt Mandelbaum의 공헌을 더하여 균형 성장이론으로 발전하면서 성장을 위해 산업 각 부문의 균형성장을 꾀하는 방향으로 정립되었다. 로젠스타인-로단과 넉스, 만델바움을 한 범주로 묶는 것이 적절한지에 대해서는 의문이 있다. 로젠스타인-로단이 신-리카디언으로서 산업과 고용의 역할에 주목했다면 넉스는 금융경제학자로서 이자율에 주목하는 신고전주의자였고 만델바움은 신고전주의의 시장 중심주의적 전제에 비판적이었기 때문이다. 하지만 다른 한편으로 이들 간의 이런 이질성은 당시 발전 경제학의 가능성을 잘 보여준다. 전후 세계에서 경제 발전이 문제화되는 상황에서 새로운 지식 체계로서의 발전 경제학은 다양한 이질적인 요소를 접합함으로써 가능했다.

이 점은 균형 성장 이론의 수학적 체계로 등장한 해로드-도마Harrod Dorma 모델의 성립과 발전과정에서도 명백하다. 이 모델은 스톡홀름 학파의 카셀, 케인즈의 공식 전기 작가이기도 한 해로드Roy Harrod 및 케인즈주의자 도마Evsey Dormar에 의해 각각 독립적으로 개발되었다.[15]

<hr>

15 Gustav Cassel, *The Theory of Social Economy* (New York: Augustus Kelley, 1967 [1924]), pp. 51-63; Roy Harrod, "An Essay in Dynamic Theory," *The Economic Journal*, 49 (1939), pp. 14-33; Evsey Domar, "Capital Expansion, Rate of Growth, and Employment," *Econometrica*, 14 (1946): pp. 137-147. 해로드-도마 모델 자체가 케인즈주의적인가에 대해서는 논쟁이 존재하고 있다. Harald Hagemann, "Solow's 1956 Contribution in the Context of the Harrod-Domar Model," *History of Political Economy*, 41 (2009), pp. 67-87.

이들은 20세기 초반부의 경기 **순환**에 대한 경제학적 논의를 경제적 양적 **성장**으로 변환시키는 데 핵심적이었다. 해로드-도마 모델은 노동력은 풍부하지만 자본이 부족한 상태, 즉 로젠스타인-로단이 상정한 것과 비슷한 상태에서의 경제 성장을 위해서는 저축의 증대를 통해 자본 투입을 늘리는 것이 필요하다고 주장한다. 이 모델의 신고전주의적 변환이라고 할 수 있는 솔로우-스완Solow-Swan 모델은 기술적 발전을 통한 자본의 생산성 향상 가능성을 제시하여 저성장국의 경제적 수렴, 즉 저개발국의 성장 가능성을 제시했다.[16] 발전 경제학 모델 역시 당시 경합하고 있던 케인즈주의자들과 미국에서 주류가 되어 가던 신고전주의 경제학의 협업으로 탄생한 것이다. "빅 푸시 이론"과 그 수학적 변환으로서의 모델링은 냉전 발전 경제학의 기초가 되었으며 정책적 차원에서 가장 유명한 로스토우W. W. Rostow의 "이륙take-off" 개념 역시 경제학적으로는 이들에 기대고 있었다.[17]

물론 경제학 내부에서 이들에 대한 반론이 존재하지 않았던 것은 아니다. 먼저 "빅 푸시 이론"과 균형 성장 이론에 대한 경제학 내부의 가장 강력한 비판은 허쉬먼Albert Hirschman에게서 나왔다. 그는 균형 성장 이론을 "명백한 실패"로 규정하면서 "닫힌contained" 경제 체제를 상정하는 모델링의 한계를 지적한다.[18] 허쉬먼은 라틴 아메리카에서의

---

16 Pierre-Richard Agénor, *The Economics of Adjustment and Growth* (Cambridge: Harvard University Press, 2000), pp. 439-462.

17 W.W. Rostow, *The Stages of Economic Growth: A Non-Communist Manifesto* (Cambridge: Cambridge University Press, 1960).

18 Albert Hirschman, *The Strategy of Economic Growth* (New Haven: Yale University Press, 1958),

경험을 바탕으로 "닫힌" 경제 체제의 저축-투자의 사이클에 의한 경제 성장이 불가능하다는 점을 지적하면서 경제를 고의적으로 불균형하게 만듦으로써, 즉 비평형disequilibrium과 긴장의 유지를 발전 전략으로 삼아야 경제 성장이 가능하다고 주장한다. 스트리튼Paul Streeten에 의해 정형화된 이 전략은 발전을 위한 선도적 부문을 선정하고 집중투자함으로써 일종의 불균형을 생산하고 이 불균형이 산업의 다른 부문의 발전을 촉진하여 전반적인 경제 성장이 가능하다고 주장한다. 따라서 불균형 성장론은 수치화할 수 있는 신고전주의적 모델보다는 사회의 다양한 영역의 상호 연관성에 주목하는 특징을 보였다.

이 불균형 성장론의 특징은 경제학의 영역에서 자신의 입지를 좁히는 결과를 가져왔다. 균형 성장과 불균형 성장 사이의 소위 "위대한 논쟁"과 그 결과는 냉전 경제학 전반의 변화에 종속되어 있었기 때문이다. 냉전 시기 자본주의 경제학의 근본적인 방향성은 신고전주의와 케인즈주의의 수학적 모델을 통한 종합이었으며 이를 통해 통제 가능한 현실을 생산하는 것이었다. 균형 성장이론은 기본적으로 닫힌 상태의 발라스의 일반 균형 이론의 한계를 벗어나지 않고 성장의 문제를 어떻게 논의할까에 집중되어 있었다. 균형 성장론이 서구의 역사적 경험을 지나치게 일반화한다는 비판은 이런 측면에서 방향이 잘못된 것이다. 균형 성장론은 특정한 역사적 경험을 특권화한다기보다는 당시 경제학이라는 학문이 성립시키고 있던 수학적 방법론의 전제 안에서 어떻게 발전과 성장이라는 새로운 문제의식을 녹여 넣을 것인가에 집중되어 있었다. 특히 미국에서의 발전 경제학 발전에 집중해 본다면 이러한 문제의식은 전후 대학이 지식 생산 기관으로서 국가와 시장과의 관계망 속에서 재정의되는 과정과도 관계가 깊다.[19] 미로우스키Philip Mirowski와 센트Esther-Mirijam Sent는 이를 "기술적 전회technical turn"로 규정하면서 경제학의 과학성이 특정한 방법론, 특히 신고전주의적 방법론의 틀 안에 고착되었다고 주장한다.[20] 즉 이는 미국 주류 경제학이 케인즈주의와 같은 일부 이질적인 요소를 흡수하고 수학적 모델을 강화하여 자본주의의 관방학statecraft으로 재정립되는 과정의 일부였다.[21] 결국 균형 성장 이론과 이에 기반한 초기 발전 경제학은 경제학 내부의 복잡한 학제적 투쟁의 한 단면이었으며 이로 인해 특정한, 모델링 중심의 경제학적 전제에 종속될 수밖에 없었다.[22]

---

19 Henry Etzkowitz & Loet Leydesdorff, "The Endless Transition: A 'Triple Helix' of University-Industry-Government Relations," *Minerva*, 36:3 (1998), pp 203-208.

20 Philip Mirowski and Ether-Mirjam Sent eds., *Science Bought and Sold: Essays in the Economics of Science* (Chicago: University of Chicago Press, 2002).

21 퍼스펠드(Daniel Fusfeld)는 이를 "군사적 케인즈주의"와 "수학적 일반 균형 이론"의 결합으로 묘사한다. Daniel Fusfeld, "Economics and the Cold War: An Inquiry into the Relationship between Ideology and Theory," *Journal of Economic Issues*, 32 (1998), pp. 505-511.

22 이런 점에서 모델링 전반에 관한 비판을 위해서는 다음 참조하라. Mary S. Morgan & Margaret Morrison, eds., *Models as Mediators: Perspectives on Natural and Social Science* (Cambridge: Cambridge University Press, 1999). '두 케임브리지 논쟁(the two Cambridge debate)'은 이렇게 성립한 미국적 경제학의 특징과 한계를 보여준다. 로빈슨(Joan Robinson)과 스라파(Piero Sraffa), 솔로우와 사무엘슨(Paul Samuelson) 등이 참여한 이 논쟁에서 미국 측은 외부 요인의 정치적·사회적·문화적 효과의 복잡성을 일종의 생산 요소로 변환하여 경제적 모델을 충족시키려는 분명한 목적성을 견지했다. 논쟁의 결과와는 관계없이 "주류 경제학은 마치 아무일도 벌어지지 않은 듯이 지속되었으며" 이후 "합리적 기대 혁명'이나 계량경제학 작업"에서도 지속되었다. Avi Cohen & G. Harcourt, "Whatever Happened to the Cambridge Capital Theory Controversy?," *Journal of*

이러한 방향성은 게임 이론의 등장과 소위 내쉬 균형_{Nash Equilibrium}의 확산 그리고 이어지는 합리적 선택과 합리적 기대 이론 혁명으로 강화되었다. 아마대_{Sonja Amadae}는 발전 경제학과 비슷한 시기 본격적으로 경제학에 착근하게 된 게임 이론을 냉전과 연결된 "전략적 합리성"의 경제학적 번역으로 본다. 즉 객관적이고 수학적으로 보이는 게임 이론 모델은 당시의 전략적 사고와 정치적 현실주의를 내면화한 냉전적 사고의 산물이었다.[23] 신고전주의 모델링에 대한 지원이 콜스 위원회_{Cowels Commission}와 랜드 연구소_{RAND Corporation}라는 냉전의 대표적 지식생산 기구에서 나왔다는 사실 역시 의미심장하다. 냉전 초기 계획경제에 긍정적이었던 두 기관의 경제학자들—대표적으로 마샥_{Jacob Marchack}과 클라인_{Lawrence Klein}, 쿠프만스_{Tjalling Koopmans} 등—은 맥카시즘의 등장 이후 두 기관의 경제학자들은 신고전주의적 모델을 수학적으로 완성하는 방향으로 전환한다.[24] 즉 냉전의 실질적인 정치적·제도적 조건과 경제학의 기술적 전회는 떼어 놓을 수 없는 관계였다. 이를 미로우스키의 지적처럼 의식적인 선택의 영역으로 볼 것인지 아마대의 지적처럼 제도적 관성과 압력의 영역으로 볼지는 단언하

<hr>

Economic Perspectives, 17 (2003), pp. 199-214.

23 Sonja Amadae, *Prisoners of Reason: Game Theory and Neoliberal Political Economy* (Cambridge: Cambridge University Press, 2016), p. viii, 39.

24 Clifford Hildreth, *The Cowels Commission in Chicago, 1939-1955* (Berin: Springer-Verlag, 1986), passim; 김승우, 「"과학적" 투자 담론의 냉전적 기원」, 오경환 편, 『사회과학 지식의 담론사: 냉전과 발전의 얽힘』(한울, 2019), pp. 197-204.

기 어렵다.[25] 분명한 것은 냉전적 조건이 대부분의 경제학적 방법론이 신고전주의 경제학 안으로 포섭시켰으며 이를 통해 주류 경제학의 수학적 전회가 완성되었다는 점이다.[26]

주류 경제학 안에서 신고전주의의 궁극적 승리는 경제학 내부에서 발전 경제학의 입지를 좁힐 수밖에 없었다. 균형 성장론과 불균형 성장론 간의 "위대한 논쟁"은 신고전주의적 세계를 반영하고 다시 재구성하는 발전 경제학과 신생 독립국이나 저개발 국가, 전후 복구 등을 위한 실천적 성격의 발전 경제학 사이의 논쟁의 성격을 띠고 있었다. 하지만 수학적 모델의 도입을 통한 신고전주의 모델의 강화는 현실에 대한 대응이라기보다는 그 자체로서 이데올로기적이고 규범적인, 나아가 현실 자체를 생산하는 성격을 지니고 있었다. 따라서 이런 주류 경제학의 변환은 불균형 성장론과 그 주창자들이 경제학의 학제적 영역에서 작업하기 어려운 결과를 가져왔다. 불균형 성장론의 가장 중요한 두 이론가인 뮈르달과 페루를 검토해 보면 불균형 성장론이 경제학의 범위를 벗어난 소위 발전학으로 전환하는 사정을 짐작해 볼 수 있다.

이미 1930년대부터 거시 경제학의 수학적 모델에 기여한 뮈르달

25　Philip Mirowski, *Machine Dreams: Economics Becomes a Cyborg Science* (Cambridge: Cambridge University Press, 2001), pp. 199-231, 271-301; Sonja Amadae, *Rationalizing Capitalist Economy: The Cold War Origin of Rational Choice Liberalism* (Chicago: University of Chicago Press, 2003), p. 2.

26　최근 이에 대한 인상적인 연구서로는 클라인(Ronald Kline)의 *Cybernetic Moment: Or Why We Call Our Age the Information Age* (Baltimore: Johns Hopkins University Press, 2017)을 들 수 있다.

은 냉전 시기 발전 경제학으로 진로를 전환한다. 뮈르달은 UN의 유럽경제위원회Economic Commission for Europe의 사무총장으로서 냉전적 대립 구도가 격화되는 상황에서 발전 경제학을 학문적으로 재정립할 필요를 느꼈기 때문이다. 특히 그는 『경제 이론과 저개발 지역』에서 빅셀의 누적 효과 개념을 확장한 누적적 순환인과율circular cumulative causation 개념을 제시한다. 이 개념은 신고전주의적 평형 개념을 사회 전 영역에 적용하기 어려우며 사회는 "자동적인 자기 평형화"가 아니라 변화의 누적과 가속을 통해 발전할 수 있다고 암시한다. 즉 대부분의 경제 행위는 사회적 진공에서 모델링에 따라 작동하는 것이 아니라 외부효과, 뮈르달의 용어로는 긍정적 파급효과spread effects나 부정적인 역류backwash 효과를 일으키고 이는 다시 새로운 경제적 조건을 구성하게 된다.[27] 예를 들어 어떤 공장의 설립은 자본의 투입이나 생산 공식의 변화만을 가져오는 것만이 아니라 노동 인구의 이동과 인구 구조의 변화 등 모델의 조건 자체를 변화시킨다. 따라서 뮈르달에게 발전이란 "과학적인 모델"로 성취할 수 있는 종류의 가치가 아니었다. 그는 경제 자체가 "사회 시스템 안의 복잡하고 역사적으로 독특한 사회현상"이므로 경제 발전은 국가 중심의 사회 계획social planning으로만 가능하다고 주장한다.[28] 뮈르달은 사회공학에 가까운 국가 주도의

---

27 Gunnar Myrdal, *Economic Theory and Underdeveloped Regions* (London: Methuen, 1957), pp. 12-13.

28 Suzanne Bergeron, *Fragments of Development: Nation, Gender and the Spaces of Modernity* (Ann Arbor: University of Michigan Press, 2006), p. 52; Gunnar Myrdal, *Asian Drama: An Inquiry into the Poverty of Nations*, Vol. II, (London: Penguin Books, 1968), pp. 895-900.

계획화의 기조를 발전 경제학에 투여하여 학문 자체의 성격을 발전학으로 전환시킨 것이다.

페루의 경우는 조금 더 특이하다. 페루는 발라스의 일반 균형 이론을 거부하고 기술관료제technocracy 전통 안에서 가치론에 기반한 경제학을 건설코자 했다.[29] 1938년 출간된 일련의 책을 통해 그는 대표적인 비주류non-conformist 경제학자로 자리매김한다.[30] 전후 성장과 발전이라는 문제에 천착한 그는 발전을 "성장을 견인하고 이를 유지하며 대중의 생활 수준을 향상시킬 수 있는 경제적·사회적·제도적·인구학적 변화 전체"로 정의한다.[31] 즉 그에게 발전은 단순히 경제적인 효율이나 임금의 증대가 아니라 총체적이고 공간적인 변화를 수반하는 것이었다. 이를 경제학적으로 분석하기 위해 페루는 "추상적 경제 공간" 개념을 창출했다.[32] 그는 추상적 경제 공간이 지리적·정치적 공간 개념과 변별되는 경제적 압력의 장이며 분명한 경제적·사회적·인구학적 힘의 격차가 생산된다고 보았다. 그는 경제 주체 간의 엄연히 존재하는 불균형을 인정하고 이들 간의 관계를 "지배domination" 효과로 해석하고자 했다. 즉 뮈르달의 확산/역류 개념처럼 페루에게 경제 행

---

29 François Perroux, *La Valeur* (Paris: Presses universitaires de France, 1943), pp. 3-4.

30 이 시기 비주류주의(non-conformism)에 대해서는 다음을 참고하라. Nimrod Amzalak, *Fascists and Honorable Men: Contingency and Choice in French Politics, 1918-45* (London: Palgrave, 2011).

31 François Perroux, *L'Économie du XXᵉ Siècle* (Grenoble: Presses universitaires de Grenoble, 1961), p. 814.

32 François Perroux, "Economic Space: Theory and Applications," *The Quarterly Journal of Economics*, 64 (1950), pp. 89-104.

위는 시공간에 불균질하게 영향을 끼치기 때문에 발전의 전략은 지배적 위치를 차지한 성장극pôle de croissance 중심으로 재편되어야 한다.[33]

뮈르달과 페루의 불균형 성장론은 주류 경제학이 상정한, 변수가 제어된 모델로서의 세계가 아닌 다양한 효과가 중첩되는 "현실"을 다루고자 했다. 물론 이들의 "현실" 인식 역시 사회과학적 — 심지어 사회공학적 — 틀을 완전히 벗어난 것은 아니었다. 이들에게도 현실은 개선과 개입, 나아가 통제의 대상이었다. 다만 이들은 균형 성장론과 그것이 근거한 모델링과 수학적 방법론을 중심으로 한 주류 경제학이 중대한 학문적 오류를 범하고 있다고 공통적으로 지적한다. 이들은 광의의 제도주의institutionalist 입장에서 경제학의 학문적 범위를 벗어난 다양한 사회과학에 대한 학제 간 융합이 발전에 대한 사회과학으로 정립되어야 한다고 주장한다. 이러한 이들의 시도는 냉전이라는 특정한 역사적 시공간에서 의미 있는 반론이었다. 특히 이들의 발전학은 미국 중심의 대외정책과 해외 원조의 기반 작업으로서의 발전 경제학과는 다른 지적·제도적 궤적을 따르고 있었다. 제도적으로는 UN의 지역별 경제위원회, 지리적으로는 유럽을 중심으로 발전한 이들의 지적 계보는 다음 장에서 서술하게 되듯이 1960년대 이후 발전 경제학의 결정적인 균열을 초래하게 된다.

1950년대와 60년대 초반, 냉전의 격화와 함께 등장한 발전 경제학은 분명 케인즈 혁명으로 대표되는 간전기 경제학 지식의 변화의 연

---

33 François Perroux, "Notes sur la Notion de Pôle de Croissance," *Économie Appliquée*, 8 (1955), pp. 307-320.

장선에 존재했다. 미국 안에서는 대외정책적 수요와 냉전적 지식 체제의 재편, 학문 내부의 주도권 투쟁 등의 요인으로 인해 모델링 중심의 신고전주의와 합리적 선택이론의 궁극적 승리가 발전 경제학의 궤적을 결정지었으며 유럽과 국제기구를 중심으로는 발전에 대한 통합적인 모색 역시 존재하고 있었다. 하지만 이 장의 서사 역시 이 두 이론적 흐름의 배면에 발전 자체에 대한 근본적인 동의, 나아가 발전 자체에 대한 무비판적 수용이 자리 잡고 있었다는 사실을 밝히지 못한다.[34] 이는 전후 복구와 냉전적 질서의 재편이라는 시대적 맥락을 감안한다 하더라도 문제화를 필요로 한다. 다만 이 문제화의 방식에 대해서는 깊은 고려가 필요하다. 발전이 단순히 지식의 문제라기보다는 사회의 모든 영역에 걸쳐 작동하는 담론의 차원에서 기능했기 때문이다.

IV. 발전 경제학의 균열, 발전의 승리
: 근대화 이론과 종속이론

1960년대 이후 발전이 국가적·사회적 목표가 되는 흐름은 발전주의로 귀결되었다. 발전주의는 자사노프Sheila Jasanoff가 개념화한 일종의 "사회-기술적 상상sociotechnical imaginaries"이었다.[35] 즉 발전주의는 단

---

34 질베르 리스트, 『발전은 영원할 것이라는 환상』(봄날의 책, 2007). 다만 리스트의 견해가 발전을 지나치게 일반화하고 있다는 점은 지적할 필요가 있다.

35 Sheila Jasanoff, "Science, Technology and the Imaginations of modernity," in eds. by Sheila

순히 정책 목표나 지향의 범위를 넘어 공동체 전체의 규범적 판단과 미래 지향을 구성하는 사회적 상상에 머문 것이 아니라 이를 과학기술의 인식적 권위를 통해 실현시킬 수 있다는 상상으로 나아갔다. 발전 경제학은 그 상상을 가능케 하는 핵심적인 과학적·기술적 요인으로 받아들여졌다. 발전주의라는 "사회-기술적 상상"이 발전 경제학을 소환한 주된 두 형식은 근대화 이론과 종속이론dependency theory이었다. 근대화 이론이 신고전주의적 종합의 발전 모델을 적극적으로 수용하여 저개발국가에 대한 원조의 핵심적인 이론적 기초가 된 반면 종속이론은 주류 경제학적 모델이 저발전 상태를 벗어나는 데 방해가 된다는 사실을 지적하면서 새로운 발전 모델의 창출을 시도했다. 이 장에서는 이 두 이론이 이전의 발전 경제학과 어떤 연관과 시사점을 던지는지 살펴보고자 한다.

근대화 이론과 발전 경제학의 연관은 일반적인 인식보다 희미하다. 라탐Michael Latham이 지적한 대로 근대화 이론이 냉전 세계에 대한 설명틀이 아니라 이데올로기로서, 즉 "물질적으로나 문화적으로나 부족한 세계를 변화시킬 수 있는 미국 사회와 그 능력에 대한 전제를 창출해 내는 개념적 틀"로 기능했기 때문이다. [36] 더구나 이 개념적 틀의 구성은 두 부류의 전문가 그룹, 즉 파슨스Talcott Parsons와 그의 계승자

Jasanoff & Sang-Hyun Kim, *Dreamscape of Modernity: Sociotechnical Imaginaries and the Fabrication of the Power* (Chicago: University of Chicago Press, 2015).

[36] Michael E. Latham, *Modernization as an Ideology: American Social Science and "Nation Building" in the Kennedy Era* (Durham: University of North Carolina Press, 2000), p. 5.

인 쉴즈Edward Shils 등 사회학 전문가와 로스토우와 같은 국가안보 전문가의 협업으로 구성되었다. 따라서 초기 근대화 이론은 파슨스의 기능주의적 성격을 띠었으며 그 결과 근대화 이론에서 경제적 발전은 주로 사회적 근대화의 효과로 이해되었다.[37]

이런 맥락에서 로스토우의 『경제 성장의 단계』는 발전 경제학과 근대화 이론의 매개에 결정적인 계기였다. 아이젠하워 행정부 이후 적극적으로 정부에 참여한 로스토우는 케네디-존슨 행정부에서 가장 영향력 있는 학자 중 하나라고 할 수 있다. 1952년 『경제 성장의 과정』을 통해 자신의 경제학적 입장을 정리한 로스토우는 1960년 『경제 성장의 단계』를 통해 발전 경제학을 근대화 이론의 주요한 내용으로 편입시켰다. 널리 알려진 대로 그는 전통사회-이륙 준비기-이륙기-성숙기-대량 소비사회라는 경제 발전의 단계를 설정했다. 물론 이 견해의 유럽중심주의적 역사주의에 대해서는 많은 비판이 제기된 바 있다.[38] 하지만 이 글의 목적에서 더 중요한 점은 로스토우의 견해가 초기 "빅 푸시" 이론의 발전 경제학 모델을 답습하고 있다는 점이다. 일례로 그의 발전 경제학의 핵심인 "이륙" 개념은 로젠스타인-로단이 제시한 것이며 이미 1960년의 시점에서 신고전주의 모델에서도 극복된

---

37 Nils Gilman, *Mandarins of Future: Modernization Theory in the Cold War America* (Baltimore: Johns Hopkins University Press, 2003), pp. 84-92

38 당대의 비판으로는 요이치(Itagaki Yoichi)의 비판을 들 수 있다. Yoichi Itagaki, "Criticism of Rostow's Stage Approach: The Concepts of Stage, System and Type" *The Developing Economies*, 1 (1963), pp. 1-17.

단순한 저축률 중심의 이론이었다.[39] 이 점은 로스토우의 경제학적 분석의 완성도의 문제라기보다는『경제 성장의 단계』가 가진 분명한 목적성 — 이 책의 부제가 비-공산당 선언이라는 점에서 분명한 — 의 문제였다. 즉 그의 책은 근대화 이론에 경제적 분석을 첨가하여 원조와 대외정책에 필요한 정책적 기초를 만들고 이를 홍보하기 위한 목적이 컸다.[40] 로스토우의 공헌은 학문적인 것이라기보다는 근대화 이론에 기초한 발전의 사회-기술적 상상을 사회적으로 확산시키는 경제학적 설득을 제시한 데 있다. 이 과정은 다른 한편으로 발전 경제학적 모델의 필연적인 단순화를 가져오고 장기적으로는 그 유용성을 제한하는 효과를 가져왔다.[41] 근대화 이론의 발전 경제학 모델 수용은 발전 경제학 자체를 의미 있는 발전 전략으로 삼기보다 선언적 층위에 머물었기 때문이다.

로스토우로 대표되는 근대화 이론의 발전 경제학이 냉전 시기 저발전에 대한 미국의 전형적인 반응이라면 그 대상인 저발전 지역의 반응 역시 검토할 필요가 있다. 이미 1950년 프레비쉬Raúl Prebisch와 싱

---

39 Paul N. Rosenstein-Rodan, *The Objectives of United States Economic Assistance Programs* (Cambridge: MIT center for International Studies, 1957), p. 70. 그는 GDP 대비 15% 투자율 달성 혹은 5년 연속 1~2%의 일인당 GDP 증가를 이륙의 증거라고 주장한다. W.W. Rostow, "The Take-off into Self-Sustained Growth," *Economic Journal*, 66 (1956), p. 30, 32.

40 Mark Haefele, "Walt Rostow's Stage of Economic Growth: Ideas and Action," in ed. by Michael Latham, *Staging Growth: Modernization, Growth, and the Global Cold War*, (Amherst: University of Massachusetts Press, 2003), pp. 81-105.

41 박태균의 지적처럼 로스토우가 가장 훌륭한 사례로 간주한 한국조차도 로스토우를 실천적 모델로 사용하지 않았다. 박태균,『원형과 변용: 한국 경제개발계획의 기원』(서울대학교출판문화원, 2007), pp. 330-364.

어Hans Singer는 독립적으로 국제 무역과 저발전에 대한 비슷한 결론에 도달했다.[42] 리카르도가 제시하고 스톡홀름 학파의 헥셔-올린 모델과 신고전주의의 스톨퍼-사무엘슨Stolper-Samuelson 모델을 통해 정립된 비교우위 이론은 자유 무역과 발전 경제학의 가장 중요한 이론적 근거였다. 프레비쉬-싱어 테제는 비교우위를 기본으로 한 무역구조가 불공정 교환으로 불평등을 강화한다는 점을 지적하면서 수입 대체를 위한 산업 개발과 토지개혁, 투자 분배 개선 등을 대안으로 제안했다. 이후 프레비쉬와 푸타도Celso Furtado가 근무하던 UN 라틴아메리카 경제위원회ECLA; CEPAL를 중심으로 성립한 종속이론은 라틴 아메리카 발전 경제학을 구조주의적인 방향으로 이끌었다.

하지만 종속이론의 이론적 뿌리는 더 복합적이다. 프레비쉬와 푸타도는 케인즈주의를 바탕으로 마노일레스쿠Mihail Manoilescu의 구조주의와 페루의 성장극 이론, 뮈르달의 누적적 순환 인과율 등의 영향을 흡수하였다. 루마니아 파시스트인 마노일레스큐의『보호주의 이론과 국제 거래Théorie du Protectionnisme et de l'Échange International』(1929)와 그의 농업노동의 한계 생산성이 다른 산업에 비해 낮기 때문에 유휴노동은 다른 산업에 투입되어야 한다는 주장은 종속이론에서 대단히 핵심적이었다. 페루의 지배 효과에 대한 논의는 고전경제학의 가장 중요한

---

42 Raul Prebisch, *The Economic Development of Latin America and Its Principal Problems* (New York: United Nations, 1950); H.W. Singer, "The Distribution of Gains between Investing and Borrowing Countries," in eds. by G. Meier & D. Seers, *The Strategy of International Development: Essays in the Economics of Backwardness* (London: Macmillan, [1950]1975).

전제인 평등한 경제 주체를 거부하고 경제적·사회적 힘의 차이를 경제학 분석에 도입했다는 점에서 종속이론의 선구적인 작업이라고 할 수 있다.[43] 바란Paul Baran과 스위지Paul Sweezy, 프랑크Andre Gunder Frank의 신맑스주의 역시 종속이론의 이후 전개와 급진화에 이론적 자양분이 되었다.[44] 종속이론은 단순히 주변부가 중심부에 경제적으로 종속되어 있었다고 주장하는 것을 넘어 발전-저발전의 길항이 역사적으로 어떤 구조를 가지고 있고 어떤 영향력을 미치는지를 탐구했다. 카르도주Fernando Cardoso와 팔레토Enzo Faletto, 아민Samir Amin 등의 이후 작업은 사회학과 역사학, 인류학의 성과를 적극적으로 수용하여 통합적인 사회 이론으로서의 면모를 갖추게 되었다.[45]

종속이론은 불균형 성장론의 다양한 흐름을 흡수하고 현실적 분석과 역사적 비판을 수행했다. 종속이론이 주류 발전 경제학과 근대화 이론이 정의한 양적 발전에 대한 가장 포괄적인 비판을 완성한 것 역시 부인할 수 없는 사실이다. 하지만 이 비판이 발전이라는 사회-기술적 상상 자체에 대한 비판이었는지에 대해서는 의문의 여지가 있다. 이후 카르도주와 팔레토의 "연합 종속 발전associated dependent

---

43   Joseph L. Love, *Crafting the World: Theorizing Underdevelopment in Romania and Brazil* (Stanford: Stanford University Press, 1996), pp. 110-114.

44   Paul A. Baran & Paul Sweezy, *Monopoly Capital: An Essay on the American Economic and Social Order* (Harmondsworth: Pelican, 1966); André Gunder Frank, *Latin America: Underdevelopment or Revolution* (New York: Monthly Review, 1969).

45   Fernando Henrique Cardoso & Enzo Faletto, *Dependency and Development in Latin America* (Berkeley: University of California Press, 1973[1969]); Samir Amin, *Unequal Development: An Essay on the Social Formations of Peripheral Capitalism*, (Hassocks: Harvester, 1973).

development" 개념을 살펴보면 종속이론 내부에 여전히 내재하는 발전에 대한 욕망을 확인할 수 있다. 그들은 어떤 저발전 국가의 경제가 전 지구적 경제와 연결된 방식과 내부 정치의 구조에 따라 계급 간의 연합에 기댄 종속적 발전이 가능하다고 보았다.[46] 즉 종속이론이 "도출해낸 유일한 결론은 '발전'이 '가로막혔다'는 것이며 주변부가 스스로의 '자연적' 과정을 따랐다면(또는 지금부터라도 따른다면) 가로막히지 않았으리라는 것이다."[47] 즉 거칠게 설명하면 종속이론은 당시 자본주의의 구조적 불평등을 거부했지만 발전이라는 상상에는 긍정적이었다. 자본주의적 발전의 전제를 거부하면서 발전 자체를 긍정하는 모순적 태도는 종속이론의 실패에 핵심적이었다. 1960년대 카르도주에 맞서 발전 자체의 거부를 주장했던 프랑크마저도 "실상 이론적 대안은 존재한 적이 없"으며 "현실세계에서 발생한 발전의 위기는…[연합 종속 발전]이나 편협한 종속이론 및 정책방안들이 유효하지 않은데다 적당하지도 않다는 점"을 고백하기에 이르렀기 때문이다.[48]

근대화 이론과 종속이론은 공통적으로 1950년대에서 60년대 초반까지 진행된 발전 경제학의 성과를 확장하는 데 중요한 계기였다. 미국의 입장에서 발전을 촉발하고 냉전적 헤게모니를 유지하려는 근대화 이론이 주류 발전 경제학을 단순화시켜 양적 성장의 모델을 제시

---

46 Cardoso & Faletto, ibid., p. 173, 176.

47 리스트, 『발전은 영원할 것이라는 환상』, pp. 182-183.

48 André Gunder Frank, *Reflections on the World Economic Crisis*, (New York: Monthly Review, 1981), p. 127.

하고자 했다면 저발전 국가의 역사적 현실에 착목한 종속이론은 발전 경제학의 비주류적 흐름을 종합하여 새로운 사회 이론을 제시하고 이를 통해 내재적 발전의 방향성을 제시하고자 했다. 하지만 아마도 이데올로기 스펙트럼의 양 극단에 존재할 이 두 입장은 발전이라는 사회기술적 상상의 지점에서는 일치를 이루고 있었다. 이들을 통해 발전 경제학의 초기 성과는 의미를 상실하게 되었지만 발전의 상상은 이들로 인해 더 강력해진 것이다.

V. 나오며

결국 발전 경제학의 진정한 죽음은 신자유주의와 함께 왔다. 그 자신이 저명한 불균형 성장론의 발전 경제학자이기도 했던 시어스는 1970년대 초반 1차 오일 쇼크와 더불어 발전 경제학을 뒷받침해 온 정치적·경제적 조건이 해체되었으며 "오늘날 경제학의 분위기는 중세 신학 학파들만큼이나 일반인의 인식에서 동떨어져 있"다고 지적한다.[49] 이러한 학문 자체의 위기는 발전 경제학 내부의 특성과 외부의 조건 변화와 긴밀히 연결되어 있었다. 경제학 내부에서는 이 글에서도 언급한 신고전주의 패러다임이 합리적 선택이론의 궁극적 승리와 함께 더욱 강화되어 발전 경제학의 입지를 좁혔다. 불균형 성장론은

---

49 Seers, "The Birth, Life and Death of Development Economics," p. 716.

경제학이라는 학제에서 벗어나 발전학을 개척했으나 이 역시 광의의 포스트-모더니즘의 도전을 맞아 구태의연한 유럽중심주의적 모더니즘으로 치부되었다. 이 변화가 소위 신자유주의의 부상과 동시에 이루어졌다는 사실 역시 우연이 아니다. 신자유주의의 도래는 발전 경제학에 핵심적이었던 경제에서 국가의 역할을 극적으로 축소하고 이를 "자유로운 시장"으로 대체했기 때문이다.[50]

하지만 발전 경제학의 죽음이 발전이라는 사회-기술적 상상의 죽음을 의미하는 것은 아니다. 분명 발전 경제학과 그 문제의식은 자본주의 경제학의 역사에서 한 중요한 국면이었다. 일반 균형 이론의 정태적이고 닫힌 세계에 갇힌 경제학을 좀 더 현실에 대한 분석과 대안의 방향으로 전환시킨 데는 이 글이 다룬 광의의 발전 경제학의 계보의 역할이 핵심적이었다. 더구나 발전 경제학은 냉전이라는 특수한 정치 상황과 신생 독립국의 등장이라는 역사적 상황에서 경제적 발전이라는 중요한 목표와 그에 이르는 방법론에 대한 믿음을 제공하였다. 발전 경제학의 죽음은 그 성공 때문인지도 모른다. 즉 발전 경제학의 "성공"은 발전이라는 상상을 충분히 설득력 있고 "과학적"인 언어로 정립하는 데 있었다. 하지만 더 이상 그러한 상상에 이르는 사회적 기술체계로서 발전 경제학이 기능하지 못하게 되었을 때, 또 발전 경제학을 가능케 해 준 국제 정치적 구조가 내파되었을 때, 그리고 아

---

50 Fidel Reyes, "The Death of Development Theory," *Journal of Post-Keyensian Economics*, 41 (2018), pp. 509-525.

마도 자본 자체가 국가의 통제를 벗어났을 때 발전 경제학의 죽음이 찾아온 것이다. 하지만 발전 경제학의 역사를 다시 추적하는 것은 박물학적 작업은 아니다. 발전 경제학의 상호 모순적이며 서로 얽힌 계보 안에는 신자유주의의 정치적 상상력이 지워 버린 다양한 "발전" 자체에 대한 존재론적 의문과 인식론적 비판의 흔적이 남아 있기 때문이다.

냉전기 소련 경제학의 대전환
: 소련 중앙수리경제연구소와 소련 경제학의 변화

The Great Transformation of Soviet Economics During the Cold War
: The USSR's Central Economic Mathematical Institute and
the Transformation of Soviet Economics

김동혁
광주과학기술원 / 인문사회과학부 부교수

I. 들어가며

1956년에서부터 1957년 사이의 기간은 1950~60년대 소련 역사 뿐만 아니라 소련 전체 역사에서 하나의 전환점으로 자주 언급된다. 1956년 2월 제20차 당 대회에서 그 유명한 흐루쇼프의 비밀연설 이후에 변화의 역동성이 가속화되었다. 수많은 정치범들의 복권을 통해 정치적 에너지가 풀렸고, 폴란드와 헝가리에서의 소요, 문화적 '해빙' 등이 뒤따랐으며, 자본주의 서방과의 접촉, 이탈리아 축제 및 핀란드 영화, 다양한 국가들로부터 들어오는 예술 전시회, 국제 청년 축제 같은 문화적 개방성의 증대와 진공청소기, 냉장고, 자동차 등 현대적 생활용품의 생산이 발전하기 시작했다.[1] 또한 1957년 초에는 흐루쇼프 지도하에 일명 인민경제회의 개혁을 통해 경제의 탈집중화와 경제 관

---

1 N. Kibita, *Soviet Economic Management under Khrushchev : the Sovnarkhoz Reform* (New York: Routledge, 2013), p. 1.

리 전반의 효율성을 제고하려는 시도가 있었다.[2]

　이런 사회적 변화 흐름 속에서 1950년대 후반 소련 경제학계 또한 거대한 변화가 진행되었다. 특히 이 시기 소련 경제학계의 변화를 특징지을 수 있는 표현이 바로 "소련 경제학의 수학적 혁명의 시대"이다. 소련 경제학계 내 독자적인 수리경제학적 흐름은 이미 1940년대부터 나타났고, 1950년대 초부터 점차 확장되기 시작했다. 넴치노프, 노보쥘로프, 칸토로비치의 개인적 연구들이 진행되고 있었고, 루리요 등 수학을 기반으로 한 경제학 및 통계학 분야의 인물들이 다양한 저술활동을 하고 있었다. 또한 1954년 정치경제학 교과서 출간 이후 소위 스탈린주의 정치경제학 논의가 일단락되었고 그와는 다른 흐름의 경제학적 논의가 서서히 진행되고 있었다. 하지만 하나의 학파나 조직적인 집단을 형성하면서 학계의 주도권을 장악하고 경제학 담론 전체를 바꾸는 작업은 1950년대 초반만 하더라도 크게 진행되지 못했었다. 오히려 리베르만의 1955년과 1956년의 제안과 그에 따른 루만체프에 대한 비판의 예에서 보듯이 새로운 학문적 흐름이나 제안을 하는 것은 여전히 어려운 일이었다. 그런데 바로 이러한 조직적 변화의 흐름이 1950년대 후반, 특히 1957년 이후 급격하게 활발해지고 많은 논쟁의 과정을 거치면서 1960년대 초반이 되면 소련 수리경제학파라고 불리는 학계의 흐름이 경제학계의 주류로 올라서게 된다.

2　Н. С. Хрущев, О дальнейшем совершенствовании организации управления промышленностью и строительством (Москва: Гос. издательство политической литературы, 1957).

1930년대 이후로도 소련 경제학계 내에는 주류 마르크스-레닌주의 정치경제학 전통 이외의 다른 흐름들이 여전히 존재했으며, 이들이 소련 경제학계뿐만 아니라 경제 관리에 영향을 주기도 했다. 여기에 스탈린의 죽음 이후 권력 지형의 변화와 소련을 포함한 사회주의권 내의 구조적 전환 등 복합적인 원인에 의해 1950년대 중반 이후 소련은 다시 한번 커다란 변화의 흐름으로 빠져들었다. 그리고 이 변화의 가장 큰 추동력이 된 것이 바로 소련 경제학계 내 경제이론의 변형 과정이다. 여기에서 가장 중요한 변화가 소련 내에 수리경제학파라고 하는 새로운 집단이 등장하고 이들의 영향력이 공고화된 것이다.

이러한 소련의 수리경제학적 전환에서 매우 중대한 변곡점이 바로 1963년 소련 중앙수리경제연구소 Центарльный экономико-математический институт의 설립과 발전이라는 사건이다. 기존의 실무적 계획 기관 산하의 연구소들이나 소련 학술원 경제연구소와 같은 전통적인 정치경제학 연구소와는 이론과 실천 측면에서 그 경향성이 매우 다른 이질적 연구 집단이 소련의 정식 경제학 연구 체계의 중심에 서게 된 것이다. 본고는 이것이 소련사 및 냉전기 지구사 전반에서 의미하는 바를 밝히고자 한다.

II. 냉전기 "주류" 소련 경제학(정치경제학)

소련에서 경제이론은 매우 특별한 지위를 가지고 있다. 특히 경제 이론과 급격한 경제 정책의 변화 사이에 매우 복잡한 관련성이 있었고 항상 중요한 정치적 쟁점이 되었으며 사회경제적 변화를 추동하는 힘이 되었다. 내전기 전시공산주의 이론이 그랬고, 1920년대 신경제 정책의 지속과 집산화를 둘러싼 대논쟁의 경우도 마찬가지였다.

소련에서 정립된 주류 경제학 이론은 마르크스-레닌주의 정치경제학으로 알려져 있으며 보통 다른 사회적 현상들까지도 포함해서 스탈린주의라고도 불린다. 어떻게 명명이 되었든 소련의 주류 경제학은 1920년대 후반에서 1930년대 사이에 정립되었고 당시의 정치사회적 목표와 관련된 논쟁 및 정치적 격변과 관련되어 있다. 보통 소련의 "주류" 정치경제학자들은 이론적으로 현대 자본주의를 비판함과 동시에 마르크스주의적인 경제 분석을 확장해서 "사회주의 정치경제학"을 창출하는 데 주력했다고 알려져 있다. 따라서 그들의 노력은 사회주의 발전의 객관적 경제 법칙의 정립이나 가치와 사회주의적 가격 책정 사이의 관계 등의 분야에 집중되어 있다.[3]

실제 경제 정책과 관련해서 살펴보면, 1924~28년 사이 대논쟁을 거쳐서 수립된 소련의 경제발전 전략은 급속한 산업화를 바탕으로 초

---

3   Michael Alexeev, Clifford Gaddy and Jim Leitzel, "Economics in the Former Soviet Union," *Journal of Economic Perspectives* 6:2 (1992), pp. 142-143.

수익성을 추구하는 것이었다. 그러나 주로 취해진 정책은 급속한 산업화를 위한 자본 형성의 문제에 치중하는 것이었고, 당 지도부는 주로 주의주의, 자의성, 행정적 방식 및 경제적 수단과 유인에 대한 명령으로의 대체를 통해 생산성 향상을 달성하려고 했다.[4] 우리가 보통 행정-명령적 경제체계라고 부르는 것이 바로 이 시기에 모습을 갖춘 것이다. 이러한 체계는 실제 경제 운용에서 많은 변화를 가져온 것이 사실이지만, 더욱 직접적이고 강력한 영향은 경제 이론과 경제학계에 미치게 되었다.

당시 정치적 분위기와 고도로 중앙집중화된 경제적 의사결정으로 인해, 1930년대와 40년대 경제 문헌에서 논의된 주제들은 고도로 중앙집중화된 경제 체계의 특정 요소들이나, 기술에 대한 아주 협소한 특정 주제들, 특정 경제 부문의 특수 문제들, 명백히 해석적인 성격의 이론적 일반화의 문제에 한정되었다. 그 반면에 체계의 작동과 관련한 근본적 문제들은 논의되기 힘들었다.[5] 일반적으로는 가치범주, 그중 특히 이윤에 대한 무시는 스탈린주의 시대 경제학의 전체적인 특성이라 할 수 있다. 정치적인 언명으로서 "공식적으로 어떠한 미시경제적 접근도 허용될 수 없으며, 거시경제적인 것을 제외한 어떠한 접근도 반사회적이기 때문에 금지되어야 했다."[6]

4　A. Katsenelinboigen, Soviet Economic Thought and Political Power in the USSR (New York: Pergamon Press Inc., 1980), pp.13-14; G. Feiwel, *The Soviet Quest for Economic Efficiency: Issues, Controversies, and Reforms* (New York and London: Praeger, 1972), pp. 57-58.

5　Feiwel, *The Soviet Quest for Economic Efficiency*, p. 57.

6　Feiwel, *The Soviet Quest for Economic Efficiency*, p. 57. 그러나 소련 경제학의 주요 문제들 중

이러한 1930년대와 40년대 소비에트 경제학계에서 가장 중심적이었던 인물들로는 예브게니 바르가E. C. Варга, 콘스탄틴 오스트로비챠노프K. B. Островитянов 등을 꼽을 수 있다. 이 중 사회주의 경제의 기본 법칙 및 국내 경제 계획 정책과 관련해서는 『정치경제학 교과서』의 주요 집필자였던 오스트로비챠노프가 핵심적인 인물이다. 그가 집필한 이 저서의 내용을 통해서 당시의 소련 주류 경제학의 경향을 살펴볼 수 있다.

오스트로비챠노프는 1940년대에 대학과 소련 학술원 산하 경제연구소를 중심으로 활동하면서 스탈린 시기 정치경제학 분야에서 최고의 권위를 누렸다. 특히, 그는 1951년 소련의 정치경제학 교과서 초안과 관련한 경제학자들의 토론을 주도했고, 1954년 『정치경제학 교과서』의 주요 집필자였다. 그는 '레닌그라드 사건'으로 니콜라이 보즈네센스키Н. А. Вознесенский가 숙청된 이후 경제 정책 부문에서 스탈린의 충실한 조언자 역할을 했다. 그의 사회주의 경제에 대한 생각은 정확하게 스탈린 시대의 정치경제학이라고 볼 수 있다. 1960년대 대표적인 수리경제학자이자 국가계획위원회 내에서 최적기능학파 중 하나를 이끌었던 카체넬린보이겐А. И. Каценелинбойген에 따르면, 1950년대 후반부터 가치 논쟁과 여타 다른 논쟁들에서 수리경제학 연구자들과 가장 크게 충돌하게 되는 크론로드Я. А. Кронрод를 학술원 준회원으로

미시경제적 문제들도 매우 많았다. 대표적으로 중앙계획당국의 자원배분 문제와 도매가격책정 문제 등이 그러한데, 이런 문제를 해결하기 위한 국가 기관들의 정책은 대부분 미시경제적 조정일 수밖에 없었다.

추천한 것도 오스트로비챠노프였고, 추천의 가장 큰 이유는 크론로드가 수리경제학자들과의 이론 논쟁에서 선봉에 있었기 때문이었다.[7]

오스트로비챠노프가 주도한 정치경제학 교과서는 소비에트 사회주의 사회의 공식적인 경제 법칙들에 대해 규정하고 있고, 1930년대와 1940년대 소련 정치경제학 분야의 공인된 주류 이론을 대표한다. 소비에트 정치경제학 교과서 편찬 논의는 1930년대부터 이미 시작되었고, 제2차 세계대전 전까지 레온티예프Л. А. Леонтьев의 주도하에 교과서와 관련한 논의가 진행되고 있었다. 전후에 이 작업은 오스트로비챠노프, 쉐필로프Д. Т. Шепилов 및 레온티예프의 공동작업하에 진행되었다. 1951년 11월부터 12월에 걸쳐 총 21회의 교과서 편찬에 대한 경제학 회의가 개최되었고, 여기에 안치쉬킨И. А. Анчишкин, 바르가, 크론로드, 넴치노프В. С. Немчинов, 노트킨А. И. Ноткин, 루먄체프А. М. Румянцев 등 약 240명에 달하는 경제학자들이 참여했다.[8] 이 토론과 그 결과에 대한 1952년 스탈린의 답변인 『소련에서 사회주의의 경제적 문제들』은 1954년 소련 정치경제학 교과서의 기본틀이 되었다.[9]

사회주의 경제 운용과 관련해서 가장 기본적인 규정은 사회주의 경제 또한 상품-화폐 경제이고 가치법칙이 작동한다는 것이다. 하지

---

7   Katsenelinboigen, *Soviet Economic Thought and Political Power in the USSR*, p. 19.

8   Э. М. Щагин, Новейшая отечественная история XX-начало XXI века, к. 2 (Москва: ВЛАДОС), 2008), p. 209.

9   Редакция, "Задачи института экономики академии наук СССР в связи с опубликованием гениального труда И. В. Сталина 《Экономические проблемы социализма в СССР》," *Вопросы экономики* 12 (1952), pp. 102-116.

만 동시에 사회주의 체제에서 가치법칙이 생산을 조절하는 역할을 할 수 없고, 오로지 계획과 균형 발전 법칙만이 사회주의적 생산을 조정한다. 또한, 사회주의하에서 기업 활동의 목적은 이윤에 있는 것이 아니라 사회주의의 기본 경제법칙과 국민경제의 계획된 발전 법칙에 있다. 가치법칙은 상품 유통과 교환(주로 소비재)의 영역에서만 제한적으로 조정 기능을 한다. 그리고 이 영역에서 가치법칙의 조정 역할은 가격을 통해 이뤄진다.[10]

가격을 정할 때, 국가는 처음에 기업이 일정량의 이윤을 창출해야 함을 생각하며 경제에서 특정 상품의 양과 그 중요성을 고려한다. 또한 국가는 특정 상품 생산을 자극하고 그것에 대한 수요를 조절하는 데 가격을 사용한다. 소비에트 국가는 항상 인민의 복지 향상을 고려해서 소비재 가격을 낮추는 정책을 취한다.[11]

상품 유통 영역에서 가치법칙의 조정 효력은 매우 제한적으로만 유지된다. 국영 및 협동 유통사에서 "자유로운 가격의 작동"은 없다. 사회주의 국가는 상품 가치로부터 일정 정도 괴리가 있는 상품 가격 책정을 한다. 국가가 그렇게 하는 것은 사회주의 기본 경제 법칙이 사회 전체의 점증하는 필요를 만족시키기 위한 고도의 기술적 기반을 갖춘 산업의 끊임없는 확장을 필요로 한다는 사실로부터 주로 기인한

---

10 K. V. Ostrovityanov ed., *Political Economy: A Textbook Issued by the Economics Institute of the Academy of Sciences of the USSR* (London: Lawrence & Wishart, London, 1957): http://www.marxists.org/subject/economy/authors/pe/pe-ch32.htm

11 Ibid.

다. 국가는 국민경제의 계획된 발전에 필요한 부문들 사이에 비례적으로 수단들을 분배하기 위해 가격 메커니즘을 사용한다.[12]

국영 부문에서 생산되고 그 내부에서 유통되는 생산수단은 본질적으로 상품이 아니지만 그것이 상품형태로 있는 한 그것들 또한 가치형태를 갖는다. 이러한 의미에서 생산수단의 가치, 생산 비용, 가격 등에 대해 말할 수 있다. 그러나 여기에서 이 범주들이 본질적으로 상품 성격이 없는 사회주의 국영 부문의 생산 관계를 감추고 있음을 명심해야 한다.[13] 이 부분에서 1952년 스탈린은 사회주의하에서 생산수단은 국민경제 내부에서는 상품의 성격을 잃고 오직 대외무역 분야에서만 상품의 특성을 보유한다고 밝혔다.[14] 이는 1950년대 후반 산업 도매가격 책정과 관련한 논쟁에서 상당한 논란이 되는 부분이다.

생산수단의 가치와 관련해서 이 교과서에서 기술한 바에 따르면, 가치법칙은 소비재를 통해서 생산수단 생산에 영향을 주고, 이 소비재는 노동력 지출을 보상하는 데 필요하다. 소비재는 상품이고, 노동자는 자신의 임금으로부터 온 화폐로 그것들을 구매함으로써만 소비재를 획득할 수 있다. 따라서 가치의 화폐형태는 생산수단의 생산에서 임금과 함께 산업생산비용에 포함되는 모든 다른 요소들을 기록하기 위해 사용되는 것임에 틀림없다.[15] 이 부분이 초기에 생산수단을

---

12 Ibid.

13 Ibid.

14 Редакция, "Задачи института экономики академии наук СССР", p. 104

15 Ostrovityanov ed., *Political Economy*.

포함한 산업 도매가격 책정을 모호하게 만든 규정이었다.

경제의 실제적 관리에 있어서 구체적으로 중요한 규정은 독립채산Хозрасчет, 수익성 및 생산원가Себестоимость와 가격에 대한 것이었다. 독립채산제 원칙은 사회주의 계획 경제하에서 기업이 수익성을 추구하도록 자극하는 기능을 하는 필수 조건이었다. 독립채산은 자원 절약과 합리적 사용을 통해 기업들의 수익성을 보장함으로써 최소 비용으로 최대 경제적 효과를 얻도록 하는 것이 목적이다. 수익성은 기업이 자신의 산출물을 팔아서 원가를 보상할 뿐만 아니라 기업의 지출을 초과하는 여분을 얻는 것을 의미한다. 수익성은 일정 기간 기업 동안의 기업 활동에 대한 경제적 효과를 측정하는 가장 중요한 지표 중 하나이다. 독립채산은 기업으로 하여금 각종 자원을 절약해서 수익성을 높이지 않으면 안 되게 하는 원칙이다. 1954년 정치경제학 교과서에 규정된 독립채산 원칙에 대한 내용을 보면, "독립채산제는 노동 시간의 절약과 기업의 내부 자원 동원을 자극해서 사회주의적 축적을 보장하며, 대중의 점증하는 수요 충족과 복지 증진을 위해 선진 기술의 도입에 기초한 사회주의적 생산의 부단한 확대를 촉진한다"고 규정되어 있다.[16] 즉, 사회주의 경제에서 독립채산제 원칙을 규정하는 것은 사회주의 기업의 수익성을 극대화하려는 노력을 자극하고 이를 통해 전체적인 생산 효율성의 증대와 인민들의 복리를 향상시키려는 목적이었다. 그러나 이를 추구하기 위한 구체적인 정책 대안을 논의

---

16 Ibid.

하는 과정에서 향후 지속적인 쟁점이 제기된다.

다음으로 기업의 고정·유동 기금 형성과 그 이용 효율성에 대한 문제도 규정되었다. 이 문제는 신규 기업 건설 및 증축, 신기술의 도입 및 구형 장비의 갱신 등 생산 기반의 형성 및 이용과 관련한 전반적인 문제였다. 이미 이 정치경제학 교과서에 고정·유동 기금의 이용 효율성 증대와 관련한 원칙들이 제시되고 있고, 특히 신기술 도입으로 인한 고정 기금 투입 정도와 새로 산출되는 생산물의 생산 원가 절감 정도의 비교를 통한 효율성 측정에 대한 문제들이 제시되고 있다.[17] 그러나 그 구체적 방식에 대한 논쟁에서 소련의 '주류 정치경제학자들' 일부와 신진 학자들 사이의 격렬한 논쟁이 벌어진다.

그리고 마지막으로 향후 첨예한 쟁점이 되는 문제가 바로 원가에 대한 규정이다. 교과서에는 생산물 원가에 대해 다음과 같이 규정되어 있다. "사회주의하에서는 상품 생산이 존재하는 만큼 여러 생산물 생산에 대한 사회적 노동 지출은 사회적 생산비로서, 그 노동 생산물의 가치를 이룬다. 사회주의 사회에서 생산물의 가치는 다음과 같은 세 부분으로 구성된다. 첫째, 소비된 생산수단의 가치, 둘째, 필요 노동에 의해 창조된 생산물 가치, 셋째, 잉여 노동에 의해 창조된 가치. 사회적 생산비의 첫 두 부분은 사회주의 기업의 생산물 원가로 표현된다."[18] 이 생산물 원가의 구체적 구성 요소는 생산에 사용된 원료,

---

17   Ibid.

18   Ibid.

자재, 연료, 전력에 대한 비용, 감가상각 공제금, 임금, 임금 부가금 및 행정 관리 비용 및 신용 상환 이자에 대한 화폐 지출이다. 기업의 임금 부가금과 대부 이자에 대한 지불은 잉여 생산물, 즉 사회를 위한 생산물 부분의 화폐적 표현이다.[19] 문제는 여기에서 개별 기업의 기금 사용료(자본 이용료 혹은 지대)가 생산원가에 포함되어야 하는가에 대한 것이었다. 향후, 논쟁 과정에서 독립채산 강화와 개별 기업의 수익성을 향상시키는 방식으로 제안된 가격책정 체계 논의에서 이 부분이 크게 문제가 된다.

주의해야 할 점은 소련의 공식 정치경제학 교과서 발간 과정에 참여한 경제학자들 중 상당수는 1930~40년대 형성된 소련의 '주류 경제학' 입장에 있는 학자들이었으나, 참여 경제학자들 중 중견 경제학자들을 포함한 많은 경제학자들의 행보가 단순한 소련의 정통 마르크스-레닌주의 정치경제학의 추구로 볼 수는 없다는 것이다. 대표적으로 레온티예프, 루만체프와 같은 중견 정치경제학자들의 경우 1950년대 후반에 시작된 수리경제학파의 문제제기에 대해 상당한 공감을 하게 되었고, 여러 개혁 제안들을 수용하게 된다.[20] 또한, 수리경제학에 대한 공식적인 비판 입장을 견지한 여러 학자들 중에 가토프스키와 같은 이들은 비판적 논조를 유지하면서도 정책 제안 중 일부를 받아들이면서 자신의 입장을 수정한다.

---

19 Ibid.

20 Katsenelinboigen, *Soviet Economic Thought and Political Power in the USSR*, pp. 19-21.

III. 소련 중앙수리경제연구소의 설립과 그 역할

　　소련 경제학의 변화 과정 및 수리경제학의 발전과 관련해서 중요한 것이 바로 수리경제연구소들의 설립이다. 이 연구소들의 설립은 1세대 소련 수리경제학자들인 넴치노프, 레오니트 칸토로비치_{Л. В. Канторович}, 빅토르 노보쥘로프_{В. В. Новожилов}를 중심으로 한 노력의 결실이었다. 모스크바의 넴치노프 그룹과 레닌그라드의 칸토로비치와 노보쥘로프 그룹이 1950년대 중반부터 수리경제 연구방법론의 도입과 확산을 위해 대학과 연구기관들을 중심으로 다양한 활동들을 했다. 그리고 이 과정에서 많은 비판과 반대에 부딪혔고, 그 논쟁과정 속에서 이들이 공동의 입장을 취하게 되었으며, 더 적극적인 활동, 즉 새로운 연구소 설립을 추진했다.

　　이 연구소들의 설립 과정을 구체적으로 살펴보려면, 우선 노보시비르스크_{Новосибирск}에 세워진 과학연구도시 아카뎀고로독_{Академгородок}에서의 진전을 보아야 한다. 소련 학술원 간부회는 1957년에 노보시비르스크 과학 센터에 경제학·통계학 연구소의 설립을 위한 조직위원회의 제안을 받아들여서 우랄 동쪽에 경제조사연구소를 세웠고, 1958년에 이 연구소를 '소련 학술원 시베리아 지부 경제 및 산업생산 조직 연구소_{Институт экономики и организации промышленного производства Сибирского отделения АН СССР: ИЭиОПП СО АН СССР}'로 개칭했다. 이와 동시에 넴치노프와 칸토로비치를 경제학에 통계학적이고 수학적인 방식 도입을 위한 독립적인 연구소 조직을 위한 준비위원으로 임명했다.[21] 그리고 이들이 1963년 노보시비르스크 아카뎀고로독에 설립되는 수리경제학 연구 단위를 주도하게 된다. 1970년대 이후 소련 경제학계를 주도하는 다다얀В. С. Дадаян, 체르냐크Ю. И. Черняк, 모딘А. А. Модин, 미할렙스키Б. Н. Михалевский, 볼콘스키В. А. Волконский, 코소프В. В. Коссов 등의 젊은 수리경제학자들이 바로 이 노보시비리스크 아카뎀고로독으로 옮겨서 칸토로비치와 공동으로 작업하면서 그들의 학문적 영향을 받게 되는 것이다.[22] 1959년에는 칸토로비치의 주도하에 소련 학술원 시베리아 지부 수학 연구소 수리경제학 분과Математик-экономический отдел Института математики СО АН СССР가 설립된다. 이 연구소 설립의 주된 목적은 경제적 과정과 현상들의 수학적 모델화를 위한 기본적인 문제들을 연구하고, 무엇보다도 새로운 경제 조사 방법의 탐구를 위한 이론적이고 실험적인 기반을 마련하는 것에 있었다.[23] 1961년이 되면 시베리아 경제·산업생산 조직 연구소의 부속 기구로서 아간베갼을 연구실장으로 한 수리경제조사 연구실이 업무를 시작하게 되었다. 시베리아 경제·산업생산 조직 연구소는 이 연구실을 통해서 직접적으로 소련 학술원 시베리아 지부 수학 연구실과 계산 센터 및 수리경제 연구를 주도하는 다른 기관들과 연구소들과의 관계를 매우 강화시켰다.[24]

21　П. В. Шеметов, *Экономические исследования в новосибирском научном центре: становление и развитие* (Новосибирск: Наука, 1978), p. 8.

22　P. Sutela, *Socialism, Planing and Optimality* (Helsinki: Finnish Society of Sciences and Letters), p. 84.

23　Шеметов, *Экономические исследования в новосибирском научном центре*, p. 25.

24　Ibid., pp. 9-10.

1963년 초부터는 새로운 기술을 갖춘 학술원 시베리아 지부 계산센터 Вычислительный центр СО АН СССР가 자체 업무를 시작하면서, 전자계산소를 통한 계산 업무와 자체 계산 센터 조직과 관련한 여러 연구소들의 업무를 크게 돕게 된다. 또한 시베리아 지부 경제연구소와 시베리아 경제·산업생산 조직 연구소와 협력하면서 광범위한 이론적 조사들, 특히 자동관리체계에 대한 이론적 연구들을 수행한다.[25]

이러한 시베리아 지부 수리경제연구 조직들의 설립과 함께 모스크바에도 학술원 체계 내에 수리경제연구실을 조직할 필요성들이 제기되고 있었다. 이러한 논의는 적어도 1959년이면 시작이 된 것으로 추측되며, 구체적인 안이 제시된 것은 1960년 하반기이다. 당시 학술원 내에서 넴치노프가 시베리아 지부와는 별도로 모스크바 학술원 내에 경제학에 통계 및 수학적 방식 적용을 위한 연구실Лаборатория по применению статистических и математических методов в экономике 설립을 강하게 주장했고, 경제학·철학·법학 분과 부서국 검토를 거쳐 학술원 간부회 명의로 실험실 설치를 의결했다.[26] 또한 모스크바주 노긴구에 실험실 부속으로 새로운 전자계산기 м-20을 갖춘 전자계산소 설립이 요청되었고 1960년 하반기에 설치되었다.[27] 이렇게 설치된 별도의 모스크바 수리경제 연구실에 대한 지원 확대 요구가 넴치노프에 의해 제기

---

25 Ibid., p. 25.

26 АРАН ф. 1959, оп. 1, д. 1, лл. 1-3.

27 АРАН ф. 1959, оп. 1, д. 1, лл. 6-9.

되었다.[28] 이 문제는 결국 수리경제학 연구 조직 전반의 확장 필요성으로 이어졌다.

1962년 8월 학술원 간부회의 지침에 따라 모스크바 수리경제 연구실에서 논의된 사항을 보면, 모스크바 수리경제 연구실을 1965년까지는 수리경제학 방법 연구소Институт экономико-математических методов로 확대 개편하고 1970년까지 수리경제학 및 경제 사이버네틱스 연구소Институт математической экономики и экономической кибернетики로 발전시킨다고 되어 있다.[29] 이런 논의가 진행 중인 가운데 아간베갼 등 수리경제학 연구실 설립의 주요 추진자들은 수리경제학 연구소들에 대한 연구지원 문제와 관련해서 좀 더 힘을 결집시켜서 더 큰 조직을 만들 것을 제안했다.[30]

1960년부터 시작된 모스크바 수리경제연구실 조직과 관련한 논의는 최종적으로 1963년 5월에 몇 개의 연구소들과 국가계획위원회 산하 연구 기관들을 모아서 중앙수리경제연구소를 설립하는 것으로 결론지어졌다. 중앙수리경제연구소는 5개의 학술분과(산하 26개의 중점 연구실), 정보방법론 분과 및 계산센터로 구성되었다. 그리고 다양한 임무 해결을 위해 연구소 내에 다양한 경력을 가진 전문가들로 구성된 복합 연구팀을 구성할 수 있도록 조직이 구성되었다.[31] 처음에는 각각

28　АРАН ф. 1849, оп. 1, д. 9, л. 99.

29　АРАН ф. 1959, оп. 1, д. 21, л. 29.

30　АРАН ф. 1849, оп. 1, д. 9, л. 138.

31　М. Раппопорт, "ЦЭМИ - научный коллектив экономистов, математиков и инженеров," *Вопросы экономики* 11 (1964), p. 158.

기초자료처리연구실을 갖춘 모스크바 본부와 레닌그라드 지부로 설립되었고 이후 경제 연구실과 수학 및 컴퓨터 연구실로 이루어진 에스토니아 탈린 지부가 만들어졌다.[32]

중앙수리경제연구소 창설에 가장 큰 역할을 했던 넴치노프는 1964년에 지병으로 사망했다. 그가 사망하기 전 그를 포함한 소련 학술원 간부회는 연구소의 후임 소장으로 니콜라이 페도렌코Н. П. Федоренко를 지명했다. 페도렌코는 원래 화학공업 분야 경제전문가로서 원래 수리경제학적 기반을 갖춘 것은 아니었으나, 학계의 조직가로서 능력이 탁월했다. 그는 1964년 이후 20년 동안 연구소 소장을 역임했으며 1972년부터 85년까지 학술원 경제학 분과 학술서기를 지냈다.[33]

설립 당시 중앙수리경제연구소는 경제 및 수학적 지식, 과학적 연구 과정에 대한 열정, 집단적 협업 능력, 그리고 새로운 중요한 과학적 문제를 해결하는 집중력을 주요 채용 기준으로 삼았다. 점차적 중앙수리경제연구소에는 상당히 많고 뛰어난 인적 자원이 집중되었다. 설립 당시 유명 경제학자 및 수학자로는 당시 소련에서 최고로 평가받던 알렉산드르 류리요А. Л. Лурье, 유리 올레이닉-오보드Ю. А. Олейник-Овод가 합류하였다. 이들은 칸토로비치가 최초 제시한 선형계획법을 이용해 모스크바의 6개 부두에서 205개 건설 현장으로의 모래 운송 최

---

32 S. Kassel, *Soviet Cybernetics Research: A Preliminary Study of Organizations and Personalities* (Santa Monica: Rand corp., 1971), p. 87.

33 P. Sutela, *Economic Thought and Economic Reform in the Soviet Union* (Cambridge and New York: Cambridge University Press, 1991), pp. 37-38.

적화 계획을 실현했다.[34]

이후 연구소에는 소규모 연구 그룹들이 형성되었으며, 이들은 페도렌코 소장과 직접 연결되어 연구소의 연구, 인사, 조직 및 사회적 활동을 주도하게 되었다. 초창기의 핵심 인사로는 카첸엘린보이겐, 오브시옌코Ю. В. Овсиенко 그리고 파이에르만Е. М. Файерман이 있었다. 이들은 여기에서 소비에트 경제의 거시경제 최적화에 관한 독창적인 연구서를 발표했으며, 이 연구에서는 "유기적 진화"라는 비전형적인 최적화 목적 함수를 도입했다. 이후 새로운 핵심 그룹이 등장했는데, 이 그룹에는 바라노프Э. Ф. Баранов, 다닐로프-다닐얀В. И. Данилов-Данильян, 그리고 자벨스키М. Г. Завельский(연구실장)가 포함되었으며, 이들은 국가 경제 균형에 대한 중요한 보고서를 작성했다.[35]

곧이어 페도렌코(연구소 소장)는 여러 명의 저명한 과학자들을 부소장으로 영입했다. 당시 소련 국가계획위원회Госплан СССР의 경제연구소에서 뛰어난 경제학자들이 대거 중앙수리경제연구소로 합류했다. 대표적으로 샤탈린С. С. Шаталин, 예르쇼프Э. Б. Ершов, 코소프 그리고 안치쉬킨А. И. Анчишкин 등이 있었다. 1960년대 후반에는 소련 학술원 경제연구소Институт экономики АН СССР에서 드미트리 리보프Д. С. Львов가 중앙수리경제연구소 합류했다.[36]

---

34 В. Н. Лившиц, С. А. Смоляк, "Развитие в ЦЭМИ теории эффективности социально-экономических решений - к столетию со дня рождения Николая Прокофьевича Федоренко", *Экономика и математические методы* 54:3 (2018), p. 60.

35 Ibid., p. 60.

36 Ibid.

특히 칸토로비치의 제자임을 매우 자랑스러워했던 샤탈린은 연구소의 실질적 지원 아래 최적 계획 이론теория оптимального планирования연구를 주관했다. 이 연구는 점차 확장되면서 경제 최적기능체계СОФЭ, система оптимального функционирования экономики 이론으로 발전하였다. 이처럼 초기의 유능한 연구자들 노력 덕분에, 중앙수리경제연구소는 설립 초기 10년 동안 뛰어난 경제학 연구진뿐만 아니라 수학적 연구 역량까지도 확립하였다. 연구소는 최적화 수학의 다양한 분야—선형, 비선형, 동적, 이산적 수학적 프로그래밍에서부터 위상수학과 함수해석학, 확률 과정 이론 및 경제 문제에 대한 응용까지—전문성을 갖춘 최고 수준의 수학자 10여 명 이상을 포함하는 강력한 연구팀을 구성했다. 특히 이 그룹의 대표적인 학자로는 골슈테인Е. Г. Гольштейн, 딘킨 Е. Б. Дынкин, 미탸긴Б. С. Митягин, 스몰랴크С. А. Смоляк 등이 있었다. [37]

이처럼 페도렌코가 이끌던 중앙수리경제연구소의 연구진들은 생산 배치 및 발전을 위한 최적화 모델을 수립했을 뿐만 아니라, 당시 사용 가능한 계산 기술을 활용하여 해당 문제를 해결하는 프로그램을 개발하는 데도 성공하였다. 이러한 모델과 프로그램은 적절한 개량을 거쳐 설계 연구소 및 산업별 연구소НИИ에서도 널리 활용되었으며, 다양한 산업 및 지역의 생산 배치와 발전 계획을 수립하는 데 중요한 역할을 했다. 더 나아가서 이러한 연구들은 소련 국가계획위원회Госплан СССР의『국민경제 발전 국가계획 수립을 위한 방법론적 지침Методичес

---

37 Ibid., pp. 60-61

кие указания к разработке государственных планов развития народного хозяйства СС
CP』에도 포함되어, 경제 계획 수립의 핵심적인 부분이 되었다.[38] 이 과정을 좀 더 살펴보면 소련 중앙수리경제연구소의 역할 확대 과정을 확인할 수 있다.

당시 대규모 경제 연구의 주도권은 소련 학술원 경제연구소 경제학부와 그 산하 연구소들에 있었는데, 1960년대 중반 이후에는 중앙경제수리연구소가 중요했다. 연구소장 페도렌코 주도로 소련 학술원 경제연구소 및 중앙수리경제연구소의 학문적 역량을 통합하여, 국가 전체 차원에서 국민경제 예측을 수립하고, 산업, 지역 및 국제적 발전 문제를 분석하는 역할을 수행할 수 있는 이론을 연구하기에 이르렀다.[39]

이 연구의 발단은 소련 공산당 중앙위원회와 각료회의의 결정에 의해 1972년 "소련 국가경제 발전을 위한 장기 및 5개년(1976~80) 계획 수립"에 관한 결정이 발표되면서였다. 이 결정에 따라 따라 소련 학술원, 국가과학기술위원회ГКНТ СССР, 각 공화국 학술원, 국가건설위원회 Госстрой СССР 및 관련 연구 기관과 부처들이 협력하여 1976~90년을 대상으로 한 과학기술 발전 종합 프로그램КП НТП과 그 사회경제적 영향을 분석한 보고서를 1972년 12월까지 소련 각료회의 및 국가계획위원회Госплан СССР에 제출하도록 지시받았다. 이후, 1979년 발표된 소련

---

38 Ibid., p. 61.

39 А. Е. Варшавский и А. П. Яркин, "Ведущая роль ЦЭМИ АН СССР в организации, управлении и разработке комплексных программ научно-технического прогресса," *Экономика и математические методы* 54:3 (2018), pp. 69-71.

공산당 중앙위원회 결정에 따라, 소련 학술원, 국가과학기술위원회, 국가건설위원회Госстрой는 과학기술 발전 종합 프로그램을 20년 단위 (5개년 계획 기반)로 수립하고, 각 5년마다 보완 및 수정하여 이를 차기 5 개년 계획 시작 최소 2년 전에 소련 각료회의 및 국가계획위원회에 제 출하도록 규정되었다.[40]

이에 따라 처음에 중앙수리경제연구소의 주도로 소련의 장기 사 회경제 발전 예측 프로젝트가 제안되었으나, 이는 프로젝트 규모가 지나치게 크며, 학술원 단위에서 감당하기 어렵다고 판단하여 추진이 중단되었다. 그러나 중앙수리경제연구소는 이후에도 장기적인 국가 경제 예측 연구를 지속적으로 준비했으며, 이는 결국 1972~88년 동안 진행된 "소련 과학기술 발전 종합 프로그램" 수립의 기초가 되었다.[41]

1976년, 소련 학술원과 국가과학기술위원회 산하에 "과학기술 및 사회경제 예측 문제 연구위원회"가 설립되어 과학기술 발전 종합 프 로그램 개발을 총괄하고 작업을 조율하는 역할을 맡았다. 위원회 구 성원에는 소련 학술원 원장 및 부원장, 지역 지부장, 의학 및 농업 학 술원 원장, 국가과학기술위원회 위원장, 교육부 의장, 국가계획위원 회, 국가건설위원회, 중앙통계국 부의장, 주요 부처 관계자 및 주요 연 구소 소장들이 포함되었다.[42]

이 위원회 연구위원회는 소련 학술원 부의장이자 전자공학 및 라

---

40 Ibid.

41 Ibid.

42 Ibid.

디오 기술 분야의 저명한 학자인 코텔니코프_{В. А. Котельников}가 위원장을 맡았다. 그의 수석 부위원장으로는 국가과학기술위원회 부위원장 티호미로프_{С. М. Тихомиров}와 소련 학술원 회원이자 중앙수리경제연구소장 소장이었던 페도렌코가 임명되었다. 특히 사회경제 부문은 페도렌코가 총괄하였으며, 연구소의 안치쉬킨은 과학기술 발전 종합 프로그램 개발에서 중심적인 역할을 수행하였다. 그 외에 연구위원회에는 중앙수리경제연구소 소속 연구자들이 대거 포함되어 각 분야별 과학연구 비서직을 맡았다.[43] 이처럼 중앙수리경제연구소는 설립 직후부터 소련의 경제 계획 과정에서 매우 중요한 역할로 발돋움했다.

IV. 소련 중앙수리경제연구소의 연구 경향과 특징

소련의 "주류" 정치경제학과는 매우 이질적이었던 소련 수리경제학파는 1950년대 후반 이후 소련 경제학계와 계획 당국에서 서서히 영향력을 확장해갔다. 특히 소련 중앙수리경제연구소의 설립과 그 이후 활동은 소련 경제학계의 변화에서 매우 중요한 계기가 되었다. 이러한 변화를 확인하기 위해서는 소련 경제학의 주요 연구 경향의 변화를 확인할 필요가 있다.

경제학 연구조직들에서 수리경제학적 변화가 나타나면서 경제 연

---

43 Ibid.

구 경향의 변화가 나타나는데 무엇보다도 경제학 잡지의 종류가 늘어 난다. 국가계획위원회나 학술원과 같은 중앙 차원에서 발행하는 전문 화된 경제학 잡지, 예를 들면 《계획경제》, 《경제문제들》과 같은 잡지 수가 1950년에 16종에서 1975년까지 53종으로 늘어났다.[44] 특히 1961 년에서 1965년 사이에 《경제학과 수학적 방식들Экономика и математичес кие методы》, 《사이버네틱스문제Проблемы кибернетики》와 같은 수리경제 학과 사이버네틱스 전문 잡지들이 등장했다.

또한, 다음 표에서 볼 수 있는 것처럼 당대의 대표적인 경제학 학 술지인 《계획경제Плановое хозяйство》와 《경제의제문제Вопросы экономики》 에서 수리경제학 및 경제 사이버네틱스와 관련된 주제가 1950년대 중 반 이후부터 등장하기 시작해서 1960년대에 상당한 증가를 보이게 된 다. 보통 이 두 학술지에서는 수리적이고 기술적인 주제의 논문들이 거의 없고 대부분 역사유물론적 이론 구조하의 마르크스주의적 이데 올로기에 근거한 추상적 논의들만이 있는 것으로 간주되었다.[45] 하지 만 다음의 표를 통해서 실제 경향을 살펴보면 1950년대 후반부터 이 두 학술지에서도 수리적 주제의 논문들이 상당수 발표되고 있었음을 알 수 있다.

44 Sutela, *Socialism, Planning and Optimality*, p. 85

45 Michael Alexeev, Clifford Gaddy and Jim Leitzel, "Economics in the Former Soviet Union," *Journal of Economic Perspectives* 6:2 (Spring, 1992), p. 141.

46 김동혁, 「수리경제학파의 성장과 소련 경제학계의 변화(1957-1965): 경제학 연구조직 및 매체 변 화를 중심으로」, 『서양사론』 125 (2015), p. 116: 분류 기준 - 주제어, 내용 중 수리경제학 내용(선형 계획법, 경제에 수학적 방법 적용, 전자계산기술의 적용), 자본투자와 신기술의 경제적 효율성 관련 내용(효율성 계수, 고정 기금 및 자본 사용의 효율성, 투자 대안 비교), 가치와 가격에 대한 내용(상

표 1 수리경제학 및 경제 사이버네틱스 관련 주제의 연도별 논문 건수[46]

연도	계획경제					경제의제문제				
	수학, 계산 기술, 사이버네틱스	자본 투자/ 신기술 도입 효율성	가치와 가격	물적 유인	학술지 연도별 총논문 건수	수학, 계산 기술, 사이버네틱스	자본 투자/ 신기술 도입 효율성	가치와 가격	물적 유인	학술지 연도별 총논문 건수
1950	0	0	1	0	43	0	1	0	0	137
1951	0	0	1	0	52	0	1	1	0	137
1952	0	0	1	0	53	5	2	5	0	141
1953	0	0	2	0	57	0	1	1	0	138
1954	0	1	0	0	57	0	0	4	2	139
1955	0	3	0	0	56	0	0	1	1	170
1956	0	7	1	0	47	0	3	9	0	179
1957	0	8	4	0	120	1	5	21	1	231
1958	0	7	8	0	121	1	10	15	1	232
1959	1	15	2	1	137	3	14	14	10	259
1960	3	24	5	0	150	4	12	17	3	248
1961	3	23	3	2	151	11	12	17	2	257
1962	4	18	11	9	170	11	20	2	7	243
1963	11	19	23	9	207	15	12	5	10	227
1964	14	11	15	11	228	20	12	8	21	238
1965	10	11	11	13	222	12	7	3	15	249

※《경제의제문제》,《계획경제》 1950~65년 전권 참조

　여기에서 드러나는 것은 우선 경제학 논문 수 자체가 1957년에 대폭 증가했다는 사실이다. 《계획경제》는 이전에 연 6회 발행되던 것이 1957년부터 월간지로 바뀌었고, 《경제의제문제》는 1957년부터 한 해 평균 250여 편의 논문이 실렸다. 이는 이 시기에 경제 이론적 논의가

품 원가 측정, 거래세 부과에 대한 내용, 이윤 계산 등) 및 기업과 노동자에 대한 물적 유인 체계에 대한 내용(기업의 수익성 향상 위한 기업 실적 기준, 노동자에 대한 물적 유인 제공 기준 등).

활발해지고 있음을 보여주는 지표라고 할 수 있다. 또한 논문 내용 중 수리경제학 및 경제개혁 내용과 관련된 논문이 1958년부터 증가하기 시작해서 1960~61년 이후에는 급격히 증가했다. 《경제의제문제》의 경우 1961년부터는 '경제학에 수학의 적용'이라는 정규 기고 부분을 만들어서 수리경제학 관련 논문을 전문적으로 게재하기 시작했다.[47]

그러나 기존 학술지들에서 진행된 수리경제 연구들은 한계가 있었다. 분명 그 경향이 확인되지만 게재 편수도 상대적으로 적었고 게재된 논문의 내용도 이론적으로 소련 수리경제학 경향이 발견되지만 아주 구체적이거나 고도로 기술적인 내용들은 드물었다. 이러한 경향에 결정적 변화를 준 것이 바로 소련 중앙수리경제연구소의 설립이다. 연구소 설립 이후 1965년 중앙수리경제연구소는 자체의 학술지 《경제학과 수학적 방법》을 창간했다. 이후 이 학술지를 통해서 그 동안 부족했던 수리경제학적 논의들이 활발하게 이어졌다. 다음 두 표는 1965년부터 1986년 약 20여 년의 기간 동안 이 학술지에 게재된 논문들에서 다루었던 주요 주제들을 종류별로 분류한 것이다.

표 2와 표 3에서 볼 수 있는 것처럼, 《경제학과 수학적 방법》의 논문들은 선형, 비선형 및 이산 프로그래밍, 게임이론을 포함한 최적화 방법에 대한 수학적 논문들의 비중이 상당했다. 이 논문들을 통해서 많은 전문가들이 수학적인 최적화 계산을 경제 전체뿐만 아니라 개별 산업, 지역, 생산 단체 및 기업 수준에서의 계획 및 관리 개선 방향을

---

47 《경제의제문제》 1961년 1월호 이후 발간본을 참고하라.

표 2 1965~75년 학술지 『경제학과 수학적 방법』의 주요 논문 주제별 내용 구조[48]

연도 저널섹션	1965	1966	1967	1968	1969	1970	1971	1972	1973	1974	1975
이론 및 방법론 문제	15	14	20	16	20	28	16	18	20	15	20
거시경제모델링	8	11	9	11	7	11	9	10	19	21	15
지역계획 및 관리	-	-	-	-	-	1	2	10	2	8	7
산업계획 및 관리	6	4	5	7	14	10	11	9	19	10	16
기업계획 및 관리방법	4	6	5	5	5	6	8	8	8	8	6
정보시스템	-	1	1	3	1	-	-	1	-	-	-
시뮬레이션 모델링	1	-	-	-	-	-	3	-	-	-	-
경제모델의 수학적 분석	2	1	5	5	4	2	8	5	-	-	5
최적화 방법	22	10	13	17	9	7	14	7	23	16	8
통계방법 및 확률이론	3	1	2	2	3	1	3	3	2	4	1
네트워크 방법 및 모델	-	-	-	-	-	-	-	-	-	3	2
과학적 토론	-	-	-	-	-	-	-	-	-	6	6
해외경험	-	1	2	-	-	-	1	1	1	2	3
실용적 경험	-	-	4	3	5	5	4	3	2	2	2
편집부원탁회의	-	-	-	-	-	-	-	-	-	1	1
과학적 자문	13	11	7	5	3	-	2	-	2	1	-
총 주요 논문수	71	60	73	74	71	71	81	75	98	97	92

연구하는 데 적용하기 시작했음을 알 수 있다. [49]

48　Э. Ф. Баранов, "Журнал 'Экономика и математические методы' в эпоху Н. П. Федоренко (1965-1985 гг.)," *Экономика и математические методы* 54:3 (2018), p. 142.

49　Ibid., p. 141.

저널섹션 \ 연도	1976	1977	1978	1979	1980	1981	1982	1983	1984	1985	1986
이론 및 방법론 문제	22	20	19	20	23	30	35	17	17	18	20
거시경제 모델링	14	16	14	15	14	9	12	21	12	14	19
지역계획 및 관리	5	6	4	8	5	3	6	4	5	6	6
산업계획 및 관리	14	14	11	11	14	8	11	14	8	11	11
기업계획 및 관리방법	4	3	8	4	4	4	8	3	1	4	2
정보시스템	2	1	3	2	2	3	1	-	2	-	-
시뮬레이션 모델링	-	-	-	-	-	-	-	-	1	3	3
경제모델의 수학적 분석	6	4	9	9	6	7	5	4	3	4	6
최적화 방법	8	13	10	6	8	6	2	5	3	7	3
통계방법 및 확률이론	5	1	3	3	11	1	3	5	2	2	1
과학적 토론	3	6	4	2	3	5	3	8	11	11	7
해외경험	1	1	1	-	1	-	2	-	1	2	2
실용적 경험	-	4	-	-	-	3	-	-	-	3	6
편집부 원탁회의											2
넴치노프 탄생 90주년 기념 학술대회									14		
총 주요 논문수	84	89	86	80	91	79	88	81	80	85	88

---

50 Ibid.

이 기간 동안 발행된 학술지 내용들 중 지속적으로 높은 비중을 차지한 것은 거시경제 모델링에 관한 논문들이었다. 여기에는 계량경제학적 거시경제 모델, "투입-산출"표(산업 연관표)를 기반으로 한 산업 간 상호작용과 관계 모델링, 다지역 산업 연관 모델, 가계의 금전적 수입과 지출 분석, 인구통계학적 모델 및 거시경제 수준에서 예측과 계획 과제를 해결하기 위한 모델 활용에 관한 다양한 연구들이 포함되었다. 또한 거의 모든 호에서 산업 및 기업 수준의 계획 및 관리에 관한 수학적 방법과 모델에 대한 논문이 정기적으로 포함되었다. 특히 산업 계획 및 관리 문제를 다룬 논문 중에서는 생산 최적 배치 모델, 채굴 산업 발전 모델, 운송 및 교통망 발전 모델, 물자 공급, 건설, 농업 발전 모델 등이 주목받았다.[51]

이 내용들 중 소련 중앙수리경제연구소에서 진행했던 주요 이론적 작업들 중에 가장 중요한 몇 가지가 있다. 그중 첫 번째는 칸토로비치, 노보쥘로프 등 초기 수리경제학자들이 제시한 수학적인 최적화 접근법의 정당성에 대한 이론적 근거 마련과 실질적 적용에 대한 연구들이었다. 이러한 연구의 필요성은 페도렌코와 샤탈린 등 연구소의 주요 인물들의 관심뿐만 아니라 사회주의 경제에 이러한 최적화 방법론을 적용하는 것에 대한 기존 "주류" 소련 경제학계의 강한 반발에 대한 대응 필요성 때문이었다.[52]

---

51 Ibid., pp. 141-142.

52 Лившиц и Смоляк, "Развитие в ЦЭМИ теории эффективности социально-эко
    номических решений," p. 62.

당시 소련의 "주류" 마르크스-레닌주의 정치경제학자들은 소련의 새로운 수리경제학적 조류가 마르크스주의 이념과 충돌한다고 비판하면서 중앙수리경제연구소 지도부는 정치경제학적 논쟁 속에서 최적화 접근법의 타당성을 신속히 방어해야 하는 상황에 놓였다. 연구소는 지도부 차원에서 적극적으로 대응하며, 이른바 "과학적" 논쟁에 직접 개입하였다. 특히 1968년 페도렌코와 샤탈린은 《경제학과 수학적 방법》에 논문을 발표하여, 연구소의 수학적 접근법을 비판하는 주장들을 논리적으로 반박하였다.[53]

두 번째는 경제 이론의 실무적 적용을 위한 효율성 이론을 개발하는 것이었다. 연구소 지도부와 연구원들은 1963~83년 동안 이를 위해서 자본 투자, 신기술 및 혁신 제안의 효율성 평가 이론과 같은 소련의 거시 경제 관리에서 가장 핵심적인 문제였던 것에 대한 수리경제학적 연구를 주도했다.[54]

특히, 소련 학술원 경제연구소에서는 이미 수십 년 동안 효율성 이론 연구 부서가 운영되고 있었으며, 이 부서는 학술원 회원 티그란 하차투로프Т. С. Хачатуров가 이끌고 있었다. 그의 주도 아래 대규모 학술 위원회가 조직되어 자본 투자 및 신기술의 효율성의 평가 방법을 연구하고, 세미나를 정기적으로 개최하며, 실무 관계자들을 지도해왔다. 이 방법론은 여러 가지 장점과 단점을 가지고 있었지만, 그중에서

---

53 Ibid.

54 Ibid., p. 63.

도 국가 경제 전체적 관점에서 자본 투자 효율성을 평가하도록 하는 접근법, 절대 및 상대적 경제 효율성 평가 기준, 다양한 시점에서 발생하는 비용을 통합적으로 평가하려는 시도 등이 중요한 공헌으로 평가되었다.[55]

그러나 하차투로프 연구팀의 표준적인 방법론에는 몇 가지 중대한 한계점이 존재했으며, 이는 1960년대 후반 중앙수리경제연구소의 주요 연구원이던 루리요에 의해 명확하게 지적되었다. 그가 지적한 부분은 다음과 같다. 하차투로프의 표준 방법에서는 산업별로 효율성 기준을 차등적으로 적용하는 것을 권장했으나, 이러한 차등화가 경제적으로 정당화되기 어려운 수학적 오류가 있었다. 또한 특정 산업의 중요도를 기준으로 효율성 기준을 결정하는 접근이 채택되었으나, 루리요가 보기에 이는 과학적 근거가 부족하고, 실무적으로도 적절하지 않았다. 그 외에 절대 및 상대적 경제 효율성 평가 기준의 개념이 명확하게 정의되지 않았고 적용 기준도 불분명했다. 그 외에 효율성 평가에서 적용되는 수학적 모델과 공식들이 체계적이지 않으며, 이론적 논거가 충분하지 않았다.[56]

중앙수리경제연구소의 루리요 연구팀은 이처럼 기존 방법론의 구조적 문제를 밝히고, 보다 객관적인 수학적 모델링 접근법을 발전시키는 데 중요한 기여를 했다. 이를 통해서 1970년대에 기존의 효율성

---

55 Ibid.

56 Ibid.

평가 방법을 수정하여 경제적 과정의 동적 변화와 비선형성을 반영할 수 있는 새로운 평가 방법론이 개발되었다.[57]

　이처럼 소련 중앙수리경제연구소는 1950년대 후반 이후 본격화된 소련의 수리경제학적 전환의 결과물이자 이후 소련 수리경제학 발전의 중심축이었다. 특히 이들의 이론적 기반에는 당시 소련의 주류 경제학자들이 격렬하게 비판했던 요소들이 포함되어 있다. 그들의 수학적 방법론은 단순히 수학을 경제학에 적용하는 문제를 넘어서서 소련 경제학의 이론 국면에서 일종의 전환점인 것만은 분명하다. 그렇다고 이들을 비판하는 '천박한 부르주아 자본주의 경제학'이라는 수사가 정당한 것이라고 볼 수는 없다. 이들은 분명히 20세기 경제학에서 신고전파적 전환이라는 이론적 변형과 연관을 가지고 있지만, 이들이 생각한 것은 자본주의가 아닌 사회주의 계획 경제하에서 가치결정과 효율적 대안의 선택, 그리고 자발적인 경제활동의 참여와 실적 증진을 위한 물적 유인 제공 문제였다. 소련 경제 관리와 관련한 논쟁이 미시경제학적일 수밖에 없는 것은 바로 이러한 문제와 관련이 있다. 사후적 조정이 아닌 사전 계획으로 모든 중요한 경제적 결정을 진행해야 하는 소련의 경제 관리 체계에서 당시 수리경제학파가 과학적 대안으로 찾은 것은 바로 이러한 미시적 기초의 형성이었다.

---

[57]　Ibid.

V. 나오며

1950년대 후반은 소련 경제학계의 대전환기였다. 흐루쇼프 시대의 정치적 개방과 더불어 소련 경제학계에서는 "수학적 혁명"이라 불리는 새로운 흐름이 나타났다. 이는 1940년대부터 시작된 수리경제학적 접근이 1957년을 기점으로 급속히 발전하며 1960년대 초 소련 경제학계의 주류로 자리 잡는 과정이었다. 이 시기의 중심적 사건은 1963년 소련 중앙수리경제연구소의 설립으로, 이는 소련 경제학계의 전통적 마르크스-레닌주의적 정치경제학과는 이질적인 새로운 연구 방향을 제시했다.

소련의 전통 경제학은 가치법칙과 사회주의적 생산 법칙 간의 관계를 탐구하며 정치적 목표를 중시했다. 그러나 계획경제 체제에서 효율성과 실질적 경제 운영의 문제는 늘 도전 과제였다. 스탈린주의 경제학은 중앙집중적이고 명령적 접근을 강조하며 미시경제적 문제를 간과했으나, 이는 계획 실현의 걸림돌로 작용했다.

수리경제학은 효율성 극대화와 경제 최적화를 목표로 수학적 모델링을 도입한 새로운 접근이었다. 칸토로비치와 넴치노프 등의 선구자들이 이끄는 수리경제학파는 초기부터 기존 경제학계의 반발과 논쟁 속에서 성장했으며, 경제 계획과 관리에서 최적화 이론을 적극적으로 활용했다. 특히, 중앙수리경제연구소는 경제 최적화 모델 개발과 전자계산기 활용을 통해 소련 경제 계획의 실질적 도구를 제공했다.

중앙수리경제연구소는 거시경제 모델링, 산업 및 지역 계획, 기업

관리 최적화 등 다양한 분야에서 연구를 진행했다. 특히, 이들이 개발한 최적화 모델과 효율성 평가 방법은 소련 국가계획위원회의 정책 지침에 포함되며 실질적 성과를 거두었다. 이들의 연구는 단순히 기술적 도구를 넘어서 소련 경제학의 이론적 지평을 넓히는 데 기여했다.

수리경제학은 소련 경제학의 이론적 한계를 극복하려는 시도였으며, 기존의 중앙집권적 경제 관리에서 효율성과 유연성을 증대시키는 데 중요한 역할을 했다. 중앙수리경제연구소는 이러한 변화의 중심에서 과학적이고 체계적인 방법론을 제공하며, 소련 경제학의 새로운 장을 열었다.

전후 자유주의 국제 질서에서 미국의 헤게모니

: 통화 · 금융패권의 확립과 재구성을 중심으로

American Hegemony in the Liberal International Order since World War II: Focusing on the Shaping and Reshaping of Its Currency and Financial Powers

장진호

광주과학기술원 / 인문사회과학부 교수

I. 들어가며: 자유주의 국제 질서와 미국의 헤게모니

현재 세계는 제2차 세계대전의 종식 무렵 성립되어 지속된 냉전의 시기를 거쳐, 1980년대 말~1990년대 초부터 동구권과 소련의 사회주의 체제 붕괴로 촉발된 탈냉전 시기를 경과한 이후, 특히 2017년 미국의 트럼프 1기 집권기부터 현재까지 고조되고 있는 미중 갈등 및 2022년 러시아의 침략으로 시작된 우크라이나 전쟁을 지켜보며 본격화된 신냉전 혹은 강대국 간 충돌을 우려하는 상황에 직면하고 있다.[1] 본고

---

[1] 현재 상황을 '신냉전'으로 규정할 것인지 아닌지에 대해서는 다양한 입장이 있을 수 있다. 미중 갈등과 관련하여 현 상황을 신냉전으로 보는 입장으로는 마이클 베클리·할 브랜즈, 『중국은 어떻게 실패하는가: 미중 패권 대결 최악의 시간이 온다』(부키, 2023); 이상환, "미국-중국 간 통화 패권 경쟁과 국제정치경제질서 전망," 『정치·정보연구』 24:3, 2021, pp. 25-50을 참고하라. 반면 백승욱은 현재의 세계 정세를 제2차 세계대전 이후 미소 대립으로 특징지어진 냉전기의 재현인 '신냉전'으로 보기보다, 제1차 세계대전 직전 강대국들의 대립이 본격화되기 시작하는 상황과 유사하거나 더 비관적인 '얄타 체제의 동요/해체기'로 파악하고 있다. 백승욱, 『연결된 위기: 우크라이나 전쟁에서 한반도 핵위기까지, 얄타체제의 해체는 무엇을 의미하는가』(생각의 힘, 2023). 1945년 2월 얄타에서 합의된 강대국 간 전후 질서인 '얄타 체제'는 유엔 안전보장이사회를 통해 진영 대립을 떠나 '강대국 간 전쟁을 규제한' 질서를 가리킨다. 따라서 진영 간 대립으로 특징지어지던 냉전기에 현실적으로는 강대국 사이에서 전쟁이 억제되었고 유럽 주변이나 외부에서 전쟁이 벌어진

에서는 2차 세계대전 후 냉전을 거치며 성립된 미국 헤게모니에 기반해 형성된 자유주의 국제 질서가 위기를 맞이하고 있는 현재 상황에서, 다음과 같은 내용들을 살펴보고자 한다.[2] 먼저, 제2차 세계대전 이후 미국 헤게모니의 수립, 그리고 자유주의 국제 질서의 진화를 살펴보고자 한다. 둘째, 전후 냉전 초기에서 1970년대에 이르는 시기에 새

반면, 러시아가 '영토적 온전성(territorial integrity)'을 지향하며 미국과 서유럽 등 나토(NATO)가 지원하는 우크라이나와의 수년에 걸친 전쟁 당사자로 등장한 지금은 새로운 냉전기라기보다 제1차 세계대전 직전 강대국 간 무력 충돌이 일어나던 시기를 오히려 상기시키기 때문이다. 그는 자유주의의 위기와 파시즘의 부상이라는 측면에서도 현 국제정치 상황과 제1차 세계대전 직전 상황과의 유사점을 발견할 수 있다고 보지만, 당시의 혼란을 극복한 포드주의나 사회주의 등의 전망이 이제는 부재하다는 점에서 현재 더 비관적인 상황을 발견한다.

2   '국제 질서'란 주권 국가들의 "상호작용에 적용되는 공유된(shared) 원칙과 제도의 조직"으로 정의되며, 국제 질서의 수립은 강대국 전쟁의 결과물이다. 강선주, "미국 주도의 자유주의 국제 질서: 과거, 현재, 그리고 미래", 『국제정치논총』 60:2 (2020), pp. 301-330. '자유주의 국제 질서'의 이론화를 주도해 온 아이켄베리에 따르면, '자유주의 국제 질서'는 20세기 이래 '미국 패권'의 예외적 특징들 — 규칙 기반, 개방성, 상호주의, 합의 등 미국 내부의 자유주의적 정체성에서 비롯된 — 과 불가분의 관계에 있고, 그 질서의 위기와 쇠퇴는 임시적이며, 대공황의 극복과 냉전의 승리에서 볼 수 있듯이 본연적인 회복력(resilience)을 갖는다. 이처럼 미국 패권에 기반을 둔 전후 서구 질서의 확장인 자유주의적 패권 질서(liberal hegemonic order) 혹은 국제 질서는 주권국가들 간의 '무정부성'을 관리하는데, ① 집단 안보체제(NATO 등), ② 상호호혜적 패권(다자주의적이고 타국의 동의/정당성에 기반한 패권), ③ 반(半)-주권 유사 강대국(강대국 욕망이 미국 패권에 규율되는 독일과 일본 등), ④ 개방 경제(성장과 풍요의 정상 상태화) ⑤ 특정한 시민 정체성(정치적 민주주의, 시장경제, 관용, 자유 등)과 같은 다섯 가지의 구조적 특징을 보인다(구조적 자유주의). 이러한 전후 '자유주의 국제 질서'와 관련해서, 과연 전후에 그러한 것이 존재했느냐와 관련해 의문시하는 '신화론', 그것의 현 위기 상황에 주목하는 '위기론', 그리고 그것이 충분히 자유주의적이지 않고 제국주의적/인종주의적/서구중심적/엘리트중심적 한계를 지닌다는 '한계론'이 제기되기도 한다. 이혜정·전혜주, "미국 패권은 예외적인가?: 아이켄베리의 자유주의 국제 질서 이론 비판", 『한국과 국제정치』 34:4 (2018), pp. 1-31. 현실주의 국제정치학자 미어셰이머는, 미국 외교정책이 수사적으로 자유주의를, 실천적으로 현실주의를 종종 취해왔음을 지적하기도 한다. 존 J. 미어셰이머, 『강대국 국제정치의 비극: 미중 패권경쟁의 시대』(김앤김북스, 개정판, 2017), p. 66. 반면, 미국에서 트럼프와 바이든이 집권한 현재 국제 질서의 현실을 "패권 부재/불가능의 패권 궐위시대", 국제 무질서로 보는 시각으로는 이혜정, "혼종 위기의 세계와 미국(迷國)", 『창작과 비평』 52:1 (2024), pp. 56-69를 참고하라.

로운 자유주의 국제 질서를 낳은 미국 헤게모니의 구축과 유지에 있어서 필수적인 통화패권이 확립된 과정을, '브레턴우즈 체제의 형성과 수정(혹은 종식)', 즉 달러의 국제 기축통화 결정 및 국제통화체제의 진화를 통해 살펴보고자 한다. 셋째, 미국의 쇠퇴기로 보이기도 했던 냉전 말기인 1970년대와 1980년대에 중동 전쟁과 오일쇼크 등에서 비롯된 '석유달러의 환류Petrodollar recycling' 체제의 형성을 통한 미국 통화 및 금융패권 재확립과 그 결과를 살펴보고자 한다. 마지막으로는, 1980년대 후반 이후 탈냉전기에 자유주의 국제 질서의 변화와 더불어 구 사회주의권의 체제 이행 및 세계적 금융위기를 거치며 부상한 '신자유주의 금융 세계화'의 확산이 미국의 통화 및 금융패권을 어떻게 갱신하며 작동하게 되었는지 살펴보고자 한다.

국제정치에서 '패권'이라고 번역되기도 하는 헤게모니는 국제 질서에서 한 국가의 다른 국가들에 대한 우위와 권력을 가리키는데, 헤게모니 국가는 국제 질서의 형성과 유지, 변화의 가장 주동적인 행위자이기도 하다.[3] 근대 자본주의의 역사에서 이러한 헤게모니를 행사

---

3   따라서 헤게모니를 어떤 '공공재'처럼 인식하는 시각이 1970년대 이후 국제정치학에서 발전되어 오기도 했다. 이는 일종의 '패권안정론(hegemonic stability theory)'으로 이론화된 시각으로서, 경제사학자 킨들버거(1973)의 저작 『대공황의 세계, 1929-1939』가 그 효시로 간주되기도 한다. 대공황기에 19세기의 패권국 영국은 경제가 쇠퇴하여 리더십을 발휘할 수 없었고 신흥 패권국 미국은 리더십을 발휘할 의도가 없어, 대공황이 세계적으로 확산되고 국제경제질서가 불안정하게 되었다는 것이 요지이다. 이에 따르면, 헤게모니는 국제 질서의 안정에 공공재와 같은 역할(가령 안보와 시장)을 제공함으로써 기여한다. 따라서, 헤게모니의 쇠퇴는 국제 질서의 불안정과 동일시되기도 하는데, 이런 측면에서 이는 패권을 정당화하는 논리로 비판받기도 한다. 다음을 참고하라. 강선주, Ibid.; 백창재, "패권과 국제정치경제 질서: 패권안정론의 비판적 평가", 『국제 · 지역연구』 12:1 (2003), pp. 1-20.

해 온 주도국들은 정치적·군사적·경제적·문화적인 영향력과 관련해 이행을 해온 모습을 보인다.[4]

미국의 경우 20세기에 들어와 헤게모니 국가로서 근대 국제 질서에서 가장 큰 권력을 행사하는 지도력을 갖게 되었으며 이는 제2차 세계대전을 경과하면서 확립된 것으로 알려져 있다.[5] 20세기 중반 이후 미국 헤게모니의 부상 및 확립과 관련해, 이전 헤게모니 국가인 영국과의 관계 속에서 역사적인 헤게모니 이행의 양상을 먼저 살펴볼 수 있다. 이는 경제규모, 통상, 통화 패권의 측면에서 각각 살펴볼 수 있는데, 미국이 영국을 추월한 시기는 먼저, 경제규모의 측면에서 19세기 말, 그리고 통상 부문에서는 20세기 초로 알려져 있다. 반면 통화 패권은 20세기 중반 이후인 브레턴우즈 체제 출범 이후에 미국으로 넘어갔다고 할 수 있다. 통화 패권의 이전이 상대적으로 늦은 이유는 통상 패권에 비해 통화 패권에 있어서 보다 정치적이고 안보적인 고려(동맹, 제도, 가치 등)가 강조되기 때문이다. 통화 패권 다툼은 국제 질서 세력전

4　세계체계론자인 조반니 아리기의 경우, 근대 자본주의의 시작을 산업혁명보다 거슬러 올라가 네덜란드 패권(17~18세기), 영국 패권(19세기), 그리고 미국 패권(20세기)으로 세계체계에서 헤게모니 국가가 이행해 온 것으로 파악하는 반면, 영국의 역사학자인 에릭 홉스봄의 경우 진정한 의미에서 근대 자본주의에서의 헤게모니 국가로는 영국과 미국의 두 경우만 인정하는 모습을 보인다. 조반니 아리기, 『장기 20세기: 화폐, 권력, 그리고 우리 시대의 기원』(그린비, 개정판, 2014); Eric Hobsbawm with Antonio Polito, *On the Edge of the New Century*, Trans. by Allan Camron (New York: New Press, 2000).

5　통상 국제정치학의 현실주의 전통에서 국민국가들의 영토주권에 기반하는 근대 국제 질서는 유럽의 30년 전쟁 이후 체결된 17세기 베스트팔렌 평화조약(1648)에서 기인하는 것으로 알려져 있다. 헨리 키신저, 『헨리 키신저의 세계 질서』(민음사, 2016), p. 11. 물론 이러한 근대 국제 질서의 기점에 대해 의문이 없는 것은 아니다.

이의 종착점이자 새로운 질서의 출발점이 되는 경향이 있다.[6]

아이켄베리에 따르면 이러한 미국 주도의 자유주의적 패권 질서는 3단계의 진화과정을 거친 것으로 파악되기도 한다.[7] 첫 번째는 제1차 세계대전과 제2차 세계대전 사이 전간기(1919~39)의 혼란을 전후에 반복하지 않는 것을 국가이익으로 염두에 두었지만, 새로운 국제 질서를 위한 제도구축을 심각하게 고려하지 않은 초기 단계이다. 두 번째는, 전후 소련과의 냉전 시작을 계기로 민주주의와 시장경제를 공유하는 미국과 서유럽 국가들 간의 상호작용을 협의와 합의에 기반해 국제 질서로서 제도화하게 된 단계이다. 이 기간 중 미국은 NATO 및 IMF와 GATT 등 브레턴우즈 협정에 기반한 제도들을 구축하며 안보와 시장을 제공하고 서유럽 국가들의 특권적 리더십 인정 및 협조를 얻어 냉전 체제경쟁에서 승리하게 되었다. 마지막 세 번째는, 소련 해체 이후 탈냉전기에 대서양 양안에 국한된 자유주의 국제 질서가 세계적으로 확산되었고 중국 등 비서구/비자유주의 국가들도 이 질서에 참여하며 혜택을 입게 된 단계이다.

하지만 이러한 미국 헤게모니 아래의 자유주의적 국제 질서 혹은 자유주의적 패권 질서는 탈냉전 초기(주로 1990년대)를 경과하며, 2000년대 초중반 이후 현재까지 앞에서 언급한 바대로 패권국 미국 자체

---

[6] 이상환, "미국-중국 간 통화 패권 경쟁과 국제정치경제질서 전망"; 이왕휘, "세계금융위기 이후 미중 통화금융 패권 경쟁과 통화전쟁: 통화금융책략의 관점"(EAI 워킹페이퍼, 2017).

[7] 강선주, "미국 주도의 자유주의 국제 질서", p. 308.

의 위기와 함께 새롭고 더 커다란 도전에 직면하고 있는 상황이다.[8]

II. 냉전기 미국 헤게모니와 금융
: 브레튼우즈 체제의 성립과 붕괴

제2차 세계대전 이후 성립된 미국의 헤게모니와 자유주의 국제 질서 혹은 패권 질서는, 전쟁에서 연합군에 속한 나라들을 파시즘과 군국주의에 대항해 승리로 이끈 미국의 군사적 능력과 이것을 뒷받침해 준 경제적이고 산업적인 능력, 그리고 자유와 민주주의에 호소한 이

---

8 물론 냉전기를 포함하는 이전의 시기부터 미국 헤게모니에 대한 다양한 쇠퇴론과 위기론이 제기되어 온 바 있다. 가령 20세기 중반 이후 냉전기인 1970~80년대에 '미국 쇠퇴론'이 처음 부상하였는데, 이 배경에는 1971년 '닉슨 쇼크'로 알려진 달러의 금 태환 정지와 브레턴우즈 체제의 종식, 미국의 베트남전 철수(1973~75), 이란혁명과 미 대사관 인질 사건(1979~81), 쌍둥이 적자와 인플레이션 위기, 독일/일본/신흥공업국의 경쟁력 회복과 경제적 부상에 따른 미국 산업 경쟁력 쇠퇴 등 일련의 사태가 있었다. 이 시기 미국 헤게모니 쇠퇴론의 입장에 선 국제정치학자로는 길핀(Gilpin)과 코헤인(Koehane), 그리고 미국 헤게모니의 이행론과 관련해서는 세계체계론의 월러스틴(Wallerstein), 아리기(Arrighi) 등을 들 수 있다. 이규철, "미국의 구조적 통화권력과 미중 무역 불균형의 정치경제," 『국제정치연구』 20:1 (2017), p. 56. 이후 1990년대 탈냉전기 냉전 승리국이자 유일 초강대국으로서 미국의 부활이 후쿠야마식 '역사 종언론', 그리고 미국식 신자유주의 시장경제 체제의 '글로벌 스탠다드'와의 동일시라는 형태로 공표되었지만, 2008년 미국발 글로벌 금융위기와 대불황, 거대 중국의 도전, 트럼피즘(Trumpism)의 부상 등의 사태들은 '미국 쇠퇴론'을 재점화하고 있다. 이에 따라 혹자는 1990년대의 탈냉전 초기와 구별하여 이후의 상황을 '탈-탈냉전 세계(post-post-Cold War world)'로 명명하기도 한다. Tomas H. Henriksen, "Confronting the Post-Post-Cold War World" (Hoover Institute, 2001). (https://www.hoover.org/research/confronting- post-post-cold-war-world). 특히 트럼프의 등장과 함께 미국 내 자유주의가 직면한 새로운 위기와 관련해서는 다음을 참고하라. G. 존 아이켄베리, 『민주주의가 안전한 세상: 세계 질서의 위기와 자유주의적 국제주의』(경희대학교출판문화원, 2021), p. 30; 이혜정·전혜주, "미국 패권은 예외적인가?", pp. 20-22.

넘적이고 정치적인 리더십에 기반한 것이었다.

하지만 두 차례의 세계대전이 단지 강대국들의 민족주의적 식민지 쟁탈 경쟁의 열광에서 촉발된 것만이 아니라, 19세기 말~20세기 초 '고도금융high finance' 혹은 대량거래 금융활동으로 일컬어지는 자본의 자유로운 초국경적 투자 활동이 가져온 개별국가 내부의 경제불안정 심화와 사회적 해체, 이에 반응한 국가 간/경제블럭 간 경쟁적 보호주의와 무역전쟁의 물결 및 국제통화체제로서의 금본위제의 붕괴(1931)와 무관하지 않았다는 역사의 교훈은, 1944년 미국 주도하에 44개국에서 온 130명의 대표들이 미국 뉴햄프셔주 브레턴우즈에 모여 새로운 전후 국제경제질서의 구상을 합의하도록 하였다. 이렇게 전후 브레턴우즈 체제Bretton Woods System는 탄생하게 되었다. [9]

이 합의에서 중요한 내용은 국제 기축통화key currency로서 미국의 달러화가 결정되고, 35 미국달러를 금 1온스와 태환해 주는 국제통화

---

[9] 에릭 헬라이너, 『누가 금융세계화를 만들었나: 국가와 세계 금융의 정치경제』(후마니타스, 2010). 토지·화폐·노동을 포함하여 모든 것들을 상품으로 만들어 버리는 19세기 자유방임적 자본주의/경제적 자유주의의 원리와 정책들에서 발생하는 '악마의 맷돌', 즉 사회성이 탈각된 (disembedded) '자기조정적 시장(self-regulating market)'과 이에 저항하는 '사회의 자기방어(self-protection of society)'라는 이중 운동을 핵심 주제로 하는 칼 폴라니의 『거대한 전환』은 저자가 제2차 세계대전의 참상을 목도하던 와중인 1944년에 출간되었다. 국역본의 서지 사항은 다음과 같다. 칼 폴라니, 『거대한 전환: 우리 시대의 정치·경제적 기원』(길, 2009). 경제적 자유주의에 반응하고 저항하는 '사회의 자기방어'에는 노동조합과 보호관세 등도 있지만, 결국 제2차 세계대전으로 나아간 반동적 형태로서 인민/노동자들을 '민족/국가의 외부에 적대적인 공동체'로 흡수함으로써 (경제적 자유주의에서 만개한) 고립적 개체성과 상품성을 넘어서고 제한하는 파시즘을 포함한다. 전후 브레턴우즈 체제는 경제적 자유주의를 다시 복구하면서도, 초국경적 자본 이동의 통제나 국가별로 사정에 따른 시장 보호주의 조치들을 GATT와 같은 형태로 용인함으로써 '제한적이고 절제된 자유주의' 혹은 '배태적 자유주의(embedded liberalism)'의 형태로 출발하였다. John Gerard Ruggie, *Constructing the World Polity: Essays on International Institutionalization* (London: Routledge, 1998).

체제로서의 '금환본위제'가 채택된 일이었다. [10] 당시 합의에서 미국 대표인 재무부 차관 화이트는 달러의 기축통화화를 제시하였고, 이에 대해 영국 대표단의 케인즈는 방코Bancor라는 새로운 통화를 기축통화로 할 것을 제시했지만 결국 미국안으로 결정되었다. 국제통화체제에서 영국 파운드 스털링화에서 미국 달러화로 헤게모니의 이행이 이루어지는 순간이었다. 미국 정부는 각국 정부의 달러에 대한 금태환 요구에 응해 보유한 금을 내어주어야 했다. 반면, 미국은 이 체제 아래에서 중앙은행Fed이 갖고 있는 금 보유고 이상의 달러 발행이 제약을 받게 되었다. 그리고 각국의 통화는 달러와 고정된 환율로 거래가 이루어지게 함으로써 간접적으로 금의 일정 가치에 맞게 통화가치가 고정되었고, 마찬가지로 이 한계 속에서 통화발행이 결정되었다. 이는 국제 경제의 안정성을 훼손하면서 국가 간 경쟁적 통화증발과 가치하락을 통해 자국의 무역경쟁력을 제고하려 했던 1930년대 대공황기의 교훈에서 나온 조치였다.

또한 브레턴우즈 협정에서는 고정환율제를 지원하고 각국의 경제정책을 자문하며 특별인출권SDR을 발행하고 국제수지 적자국의 외환위기에 대응하기 위한 기관으로서 국제통화기금IMF의 설립을 결정하

10　'기축통화'란 국제적 결제나 금융거래의 중심이 되는 통화를 가리킨다. 이전의 통화 패권국이던 영국을 비롯해 제2차 세계대전의 모든 승전국 중에서 전후 군사력이나 경제 규모에서 압도적인 미국의 우위는 달러화의 기축통화 결정을 가능하게 한 것이었다. 기축통화는 신뢰성(confidence), 유동성(liquidity), 국제적인 거래 네트워크(transactional networks)라는 세 가지 요건을 필요로 한다. 이규철, "미국 달러 패권의 메커니즘과 중국의 대응전략," 『한국동북아논총』 26:4 (2021), p. 57.

게 되었고, 나중에 개발도상국을 위한 중심적인 국제 발전금융 기관이 되지만 초기에 먼저 전쟁으로 파괴된 유럽과 일본의 재건을 지원하게 될 국제부흥개발은행IBRD 설립을 결정하였다.[11]

하지만, 브레턴우즈 체제 초기인 1950년대 초중반까지 유럽 내 재건을 위한 달러 수요가 공급을 초과했던 상황에서 1950년대 후반부터 점차 유럽 국가들의 산업적 경쟁력이 회복되고 수출이 늘면서 유럽 국가들은 외환보유고로 축적된 달러가 늘어나는 상황이 되었다. 반면, 이 기간 대유럽 수출이 줄고 유럽 제품과 일본 등의 상품 수입이 늘어난 미국은 무역수지가 악화되며 달러의 대외공급 과잉과 유럽 국가들의 달러 과잉보유를 유발하였다. 이와 더불어, 1960년대 후반부터 미국은 베트남 전쟁의 전비 지출 및 해외투자 증대로 달러의 대외 과잉 공급 상황을 악화시켰고, 각국 중앙은행들은 미국 내 금보유고와 관련된 달러의 신뢰성에 대해 의문을 갖게 되었다.[12] 1965년 프랑스의 드골 정부는 미국 달러에 대한 신뢰에 의문을 제기하며 자국 보유 달러를 금으로 교환하였으며 여러 국가들이 미국에 금태환을 요구해 미 연방준비은행의 금 보유고로부터 대량의 금 유출이 일어나자, 미국 정부는 마침내 1971년 8월 15일 소위 '닉슨 쇼크Nixon shock'로 불

---

11 IBRD는 1947년에 최초의 대출을 프랑스(재건 지원, 2억 5천만 달러)에 승인하였다. 그 무렵부터 프랑스를 포함한 유럽 국가들이 이 기관의 주요 대출 대상이었는데, 곧 미국의 마셜 플랜(1948)이 유럽 경제 회복을 지원하면서, 이 기관은 1950년대부터 개발도상국의 경제 성장 및 빈곤 감소 지원으로 역할을 확대하게 되었다. 1975년부터는 이 기관과 1960년에 창설된 국제개발협회(IDA)를 합쳐서 비공식적으로 '세계은행(World Bank)'이라는 명칭이 통용되기 시작했다.

12 이미 1960년대 초부터 미국 달러가 외국으로 나간 양이 미국 내 보유 금보유량을 훨씬 초과하기 시작했다. 이상환, "미국-중국 간 통화 패권 경쟁과 국제정치경제질서 전망", p. 30.

리는 달러의 금태환 중지를 일방적으로 선언하게 되었다. 이는 미국 달러화의 가치에 대해 증폭되어 오던 국제적 의구심을 확증한 사건이기도 했지만, 다른 한편 금이라는 달러 가치의 보증수단 없이도 혹은 오히려 금의 구속에서 자유롭게 국제 기축통화로서 달러는 국제 질서에서 미국의 헤게모니에 의해 보증된다는 자신감의 발로이기도 했다.[13] 이 사태는 또한 헤게모니 국가의 '통화권력currency power', 즉 달러 패권이 보다 명시적으로 드러나는 계기이기도 했다.[14]

---

13 화폐의 오랜 역사에서 볼 때 "1971년 미국이 보유한 브레턴우즈 국제통화체제의 금본위제를 폐기하면서 귀금속 화폐의 마지막 흔적이 사라지게 된다. 그 뒤로는 [...] 오히려 믿을 수 있는 순수 신용화폐를 창출하는 중앙은행 본연의 역할 덕에 (중앙은행의-인용자) 권력과 독자성이 더욱 확대되었다." 제프리 잉햄, 『돈의 본성』(삼천리, 2011), p. 278. '닉슨 쇼크' 이후 달러는 전후 초기 기축통화로서의 국제적 수용을 위한 '금이라는 가면과 족쇄'에서 벗어나, 이제 사실상 미국의 통화 및 금융패권의 도구로서 더 자유로운 기능을 수행할 준비가 된 셈이었다. 김승우, "금본위제, 민족주의, 그리고 초기 신자유주의 국제통화체제론: F.A. 하이에크의 〈통화 민족주의와 국제적 안정〉", 『史叢』103: (2021), pp. 143-175를 참고하라. "(닉슨 쇼크 이후 - 인용자) 금본위제는 이제 거의 반 세기 동안 작동하지 않는 체제가 되었으며, 브레턴우즈 통화체제에서 한 역할은 거의 완전히 상징적인 것에 불과했다". 잉햄, Ibid., p. 280. 브레턴우즈 체제의 금본위제의 외양은 걷히고, (지폐) 달러 본위제(Dollar Standard)의 시대가 개막되었다.

14 "미국의 구조적 통화 패권은 브레튼우즈 체제의 붕괴와 함께 공고화하였다." 이규철, "미국의 구조적 통화권력과 미 중 무역불균형의 정치경제", p. 60. 이는 미국이 금 태환 의무에 의해 다른 나라들과 함께 묶여 있었던 정책 자율성의 제약에서 자유로워졌기 때문이다. '통화 권력'이란 국가가 거시경제 불균형에서 비롯되는 압력으로부터 비교적 자유롭게 (국내경제 조정을 연기하거나 조정 부담을 다른 국가들에게 전가함으로써) 원래의 핵심정책목표를 추구할 수 있는 힘으로 정의된다. 따라서 이는 헤게모니 국가의 '정책적 자율성'과 관련되어 있다. Benjamin J. Cohen, *Currency Power: Understanding Monetary Rivalry* (Princeton & Oxford: Princeton University Press, 2015). 이러한 통화권력은 국제정치학자 스트레인지가 정의한 바 있는 헤게모니 국가의 '구조적 권력(structural power)'이 통화라는 측면과 수단에서 발현된 것이라고 볼 수 있다. 스트레인지는 국제질서에서 패권국이 가질 수 있는 힘을 '관계적 권력'과 '구조적 권력'으로 구분하고, 전자는 "B가 무언가를 하도록 강제하는 A의 힘", 후자는 "국제 행위자들이 행동하는 맥락을 구성할 수 있는 힘"으로 정의한 바 있다. Susan Strange, *States and Markets* (London: Continuum, 1988), p. 25. 이는 코헨의 통화 권력에 대한 논의에서 제시된바 국제 질서에서 헤게모니 국가가 갖는 다른 행위자들에 대한 '영향력(influence)'과 외부 제약으로부터의 '자율성(autonomy)'의 구분과도 유사하다.

1973년에는 세계의 주요 통화 발행국들이 달러에 대한 고정환율제를 포기하고, 외환시장에서 자국통화의 환율이 결정되지만 통화당국이 일정 부분 개입을 할 수 있는 관리된 변동환율제를 채택하다가, 1976년 자메이카의 수도 킹스턴에서 개최된 IMF에서 협약을 체결하여 각국 스스로 원하는 환율제도를 채택할 수 있도록 함으로써 브레턴우즈 체제의 고정환율제 합의를 포기한 변동환율제의 제도화에 도달하게 되었다.[15]

III. 미국 통화·금융패권의 재형성
   : '석유달러 환류'와 제3세계 부채위기

브레턴우즈 체제의 붕괴는 달러에 대한 신뢰의 훼손과 더불어 이전의 국제통화질서가 사라지고 새로운 질서가 나타나지 않는 과도기적 상황을 초래한 가운데, 헤게모니 국가 미국은 달러패권의 재확립

---

[15] 킹스턴 협의에서 주요 선진국들은 대부분 변동환율제를 택하였다. 또한 IMF 회원국들의 금 확보 의무를 폐지함으로써, 금은 더 이상 국제통화시스템의 중심으로 사용하지 않게 되었다. 반면 금을 대체할 국제결제 및 외환보유고에 이용되는 새로운 국제준비자산으로서 1944년 브레턴우즈 협약에서 케인즈가 제시한 기축통화 '방코'에서 영향을 받은 특별인출권(SDR)의 역할 강화를 이때 결정하였다. 변동환율제는 이후 국제외환시장의 규모를 크게 성장시켰는데, 이는 최근 국제외환시장에서 실제 무역결제를 위한 환거래의 규모는 매우 작은 일부에 그친 반면 초국경적인 금융투자와 맞물린 투기적 환거래(헤지펀드, 은행, 기업, 개인투자자의 차익거래 및 금융 거래 등)의 비중이 95%가 넘을 정도로 압도적이게 하는 결과를 가져왔다. BIS (Bank for International Settlements), "Triennial Central Bank Survey of foreign exchange and Over-the-counter (OTC) derivatives markets in 2022" (2022). (https://www.bis.org/statistics/rpfx22.htm).

을 위한 계기를 마련해야 했다. 물론 이러한 목표를 위한 의도적인 구상만이 아니라, 국제정세의 우발적인 역사적 사태들의 흐름은 이와 함께 상호작용하며 국제통화·금융질서의 재안착과 달러패권, 즉 미국의 통화권력의 재확립을 가져오게 되었다. 1970년대 중반 '석유달러 환류Petrodollar recycling 기제의 확립'은 이의 중요한 계기가 되었다.

이스라엘과 이집트, 시리아 등 주변 중동국가들 간의 전쟁인 중동전쟁, 특히 3차와 4차 중동전쟁(1967년, 1973년)은 1960년에 이란, 이라크, 쿠웨이트, 사우디 아라비아, 베네수엘라 등이 주도하여 결성된 석유수출국들의 협의체인 석유수출국기구OPEC의 세계석유시장에 대한 영향력이 급격하게 커지는 계기가 되었다. 1973년 10월 OPEC 내 아랍산유국들은 석유가격을 국제정치적 무기로 활용하여, 친이스라엘 국가들로 간주된 미국·서유럽·일본 등 서방 주요 산업국가들에 대해 석유수출 금지조치를 단행하였고, 석유수출가격을 배럴당 3달러에서 12달러로 대폭 인상하였다.[16] 이는 1973~4년 1차 오일쇼크를 전 세계에 가져왔고, 미국을 포함한 주요 산업국가들은 심각한 인플레이션과 경제불황을 겪게 되었다. 또한 1979년 이란혁명은 이란의 석유생산이 급감하게 하였고, 이는 다시 OPEC의 석유수출가격 급등을 불러와 서

---

16 대부분의 제3세계 국가들이 이 당시 천연자원 가격의 하락으로 대출이나 원조에 의존하게 된 반면, 예외적으로 산유국들은 석유 수출에서 나오는 수익을 이용해 빈곤을 억제할 수 있었고, 미국과 서유럽, 일본 등 선진 자본주의 국가들의 경제 성장은 모두 중동 산유국 석유 매장지 확보가 관건이었다. 이런 OPEC 국가들의 석유 수출가격 대폭 인상은 사우디아라비아가 주도하였고, 초기 미국 닉슨 행정부는 석유 산지를 군사적으로 점령하는 방안도 검토하였으나 냉전기 사우디가 미국과 가까운 주요 반공 국가였다는 측면에서 이 안은 포기되었다. 오드 아르네 베스타, 『냉전의 지구사: 미국과 소련 그리고 제3세계』(에코리브르, 2020), p. 262.

방국가들은 2차 오일쇼크를 겪게 되었다.

반면 아랍의 석유수출국가들은 인상된 석유수출가격 덕분에 대규모의 석유달러를 벌어들이게 되었다. 미국은 먼저 정부 주도하에 정책적으로 OPEC 석유수출국들이 벌어들인 이런 석유달러를 자국의 재무부 채권 구입 및 미국과 유럽 등 서방 금융기관들에 예치하거나 미국 내 금융시장에 투자하도록 유도하였고, 안전하고 수익성이 높은 투자처에 대한 선호와 더불어 OPEC 국가들이 서방 구입처들로부터 벌어들인 석유달러는 다시 미국과 서방의 이러한 투자처로 환류되어, 이는 '쌍둥이 적자'로 알려진 1970년대 이후 미국의 재정·무역수지의 적자 보전과 중남미와 아프리카 등 개발도상국들과 신흥공업국들의 개발 차관 등으로 대출되었다.[17] 이러한 '석유달러 환류' 기제는, 아랍 석유 수출국들에 있어서 주요한 투자수익의 원천이 된 반면, 미국

---

17 산유국들로부터 당시 무역수지 적자국들로 환류된 석유달러 규모는 거의 5천억 달러에 이른다. 이로써 당시 석유 수출가 급등에서 초래된 지구적 차원의 수지 불균형은 안정을 되찾을 수 있었다. David Spiro, *The Hidden Hand of American Hegemony: Petrodollar Recycling and International Markets* (Ithaca: Cornell University Press, 1999)를 참고하라. 하지만, OPEC 석유수출국들과 미국을 위시한 서방 금융기관들이 '석유달러 환류'와 개도국 재투자를 통해 높은 수익을 공유해온 반면, 미국 내 인플레이션 억제를 의도로 한 1979년 미국 연방준비은행의 갑작스런 기준금리 대폭 인상, 즉 당시 연준 의장의 이름을 딴 '볼커 쇼크(Volcker shock)'는 특히 이들 금융기관들의 차관을 대규모로 제공받았으나 수출시장에서 교역조건상 경쟁력을 갖춘 물품이 부족한 중남미 국가들에 있어서 상환되어야 하는 차관 이자의 큰 폭의 상승을 불러왔고, 1980년대 중남미의 소위 '잃어버린 10년'의 원인이 되었다. 자세한 논의는 Leonard Seabrooke, *US Power and International Finance: The Victory of Dividends* (Basingstoke and New York: Palgrave, 2001)을 참고하라. 심지어 이 시기 원조나 차관 등으로 세계의 부국 지역을 지칭하는 북반구(the North)에서 빈국 지역인 남반구(the South)로 흘러 들어간 자금의 규모보다 더 많은 액수의 자금이 남반구 국가들에 대한 개발 차관의 불어난 이자나 투자 수익 등의 형태로 반대 방향, 즉 남반구에서 북반구로 이전되었다는 분석도 제기되었다. Richard Minns, *The Cold War in Welfare: Stock Markets versus Pensions* (London: Verso, 2001)을 참고하라.

등 서방은행 및 금융기관에 있어서도 개발도상국에 대한 대출과 투자를 위한 자금을 공급받아 차관의 대출이자 등으로 큰 수익을 얻게 하는 기제가 되었다.[18] 또한 세계적으로 필수적인 수요가 크게 존재하는 주요 에너지 자원인 석유가 달러로 거래가 됨으로써 마찬가지로 달러에 대한 전 세계적 수요와 국제기축통화로서의 지위가 유지되는 동시에, 미국 국채 구입 등을 위해 미국으로 환류된 석유달러는 미국 국채의 이자를 안정시킴으로써 미국 내 재정적자의 보전에 기여하게 되었다. 추가로, 미국 금융기관 및 투자자들의 높은 해외투자 수익률 및 이로 인한 자본수지 흑자와 맞물려, 1970년대부터 심화되기 시작한 미국의 무역 적자를 상쇄하는 기제로 작용하였다.[19] 이처럼 미국 내 제

---

18 1970년대 중반 석유달러 환류에 있어서 (다자주의적 해법을 우회한) 헤게모니 국가로서 미국 정부의 일방주의적 개입의 결정적 역할에 대한 분석으로는 Spiro, *The Hidden Hand of American Hegemony*를 참고하라. 스피로에 따르면, 1970년대 중반 증대하는 미국 정부의 재정적자와 이로 인한 국가채무에 대한 이자 부담은 이에 대한 해결책을 필요로 하였는데, 미국이 소비를 줄이고 저축을 증대시키거나, 아니면 OPEC 산유국의 석유 수출 대금이 미국에 대규모로 환류되어 투자되면 이 곤란한 상황을 면할 수 있다는 구상 가운데 후자가 현실적인 해법으로 선택되었다. 여기서 미 재무부와 OPEC의 핵심국가 사우디아라비아 간의 직접적인 거래로서, 사우디 중앙은행의 미 재무부 채권 구입과 OPEC 산유국들의 석유 가격 달러 표시 지속이 합의되었다.

19 앞에서 기축통화의 세 가지 요건 중 국제적인 '거래 네트워크'를 지적한 바 있는데, 이는 달러의 신뢰성과 유동성보다 더 중요하지만 잘 주목받지 못하는 부분으로 지적된다. 현재 국제 기축통화인 달러와 관련해, 이는 자금 거래의 주요 행위자들인 초국적 은행 등의 금융 기관들이 거래상의 편의를 위해 달러에 부여한 특성이기도 하다. 잘 드러나지 않지만, 해외투자 수익률에 있어서 국제적 불균형은 무역수지로 나타나는 국제적 불균형을 상쇄하는 경향이 있다. "1990년대 이래로 미국 투자자의 해외투자 수익률은 대략 10%인 반면, 해외 투자자의 미국 투자 수익률은 6.2%에 불과했다. 이는 미국의 해외투자가 FDI와 주식에 집중(대략 61%)된 반면 해외의 미국 투자 65% 이상이 (미국의-인용자) 국채와 기관채에 집중되었기 때문이다." 이규철, "미국 달러 패권의 메커니즘과 중국의 대응전략", p. 60. 다음 연구는 이를 '금융 세계화의 비대칭성'이라고 지적하기도 한다. 미국의 금융시스템은 마치 '은행'이나 '벤처자본가'처럼 신흥경제로부터 잉여자금(준비자산)을 빌린 후에 이를 신흥경제의 생산자본(주식)에 투자함으로써 높은 투자소득을 획득한다. 윤종희, '금융 세계화의 비대칭적 구조와 '금융적 종속': 한국과 미국을 중심으로', 『경제와 사회』 122

조업의 경쟁력이 쇠퇴하고 쌍둥이 적자가 증가하기 시작한 시기에, 석유달러 환류 기제를 통해 새롭게 확립된 미국 달러화의 통화패권은 미국의 금융패권을 유지하고 강화시켜 미국 산업 경쟁력의 상대적 쇠퇴에도 불구하고 이를 상쇄하고, 20세기 중후반 냉전기 자유주의 국제 질서에서 미국의 헤게모니 국가로서의 지위를 굳건하게 하는 핵심 요인으로 작용하였다고 할 수 있다.

IV. 나오며: 탈냉전기 미국 헤게모니와 금융세계화

1989~91년 냉전의 종식은, 이전까지 '석유달러 환류' 체제를 통해 재확립된 국제 기축통화로서의 미국 달러의 통화권력과 이를 계기로 막대한 달러 자금을 흡수하여 투자된 개도국 차관 수익 등을 통해 몸집을 키운 미국 금융기관들의 활동을 통해 다시 한번 미국 헤게모니의 재구축을 위한 기회를 제공하였다. 이는 한편으로, 구사회주의 동구권과 소련의 붕괴 및 자본주의로의 체제 이행 과정에서, 그리고 다른 한편으로는 중남미와 동아시아 등의 '신흥시장emerging markets'으로 간주된 지역에서 발발한 외환금융위기와 이후의 구조조정 과정에 개입함으로써 가능하게 되었는데, 이는 '금융 세계화financial globalization'의 명분하에 진행되는 지구적 신자유주의적 질서 구축이라는 거대한 변

(2019), p. 237.

화를 가져오게 되었다.

먼저, 1989년 베를린 장벽의 붕괴를 위시하여 동구권 사회주의 진영 국가들의 정권들이 붕괴하고 체제 이행에 직면하였으며, 소련에서는 1991년 고르바초프의 개방정책에 불만과 의구심을 갖는 보수세력인 군부쿠데타의 실패 이후 구소련에 속한 개별국가들이 독립국가가 됨으로써 전세계적으로 냉전의 종식과 탈냉전기의 도래가 본격화하게 되었다. 동구권과 구소련에서 새로 독립한 이들 국가들은 제프리 삭스, 안드레이 슐라이퍼 등 미국 경제학자와 정책가들의 지도에 따라 민영화와 시장개방, 기업지배구조 개혁 등 소위 '충격요법shock theraphy'을 자국 경제의 구조조정 방식으로 급격하게 적용하며 이전까지의 현실 사회주의 체제에서 운영되어 오던 경제 제도와 조직, 운영방식을 개편하고 서구의 투자 자본을 빨아들이는 동시에 다수의 자국 내 자산 소유권 및 투자 수익 등이 미국 등 서방으로 이전되었다.[20]

동시에 동아시아에서는 1997년 외환 금융위기를 통해 자국의 금융시장이 지구적 금융자본에 전격 개방되었다. 많은 토착기업이 금융위기로 소유권이 뒤바뀌는 가운데 이를 위한 기업인수합병 중개에서 나오는 막대한 수수료 수익과 서비스 자문료 등이 영미권 투자은행과 법률/서비스 기업 등에 귀속되었고, 위기를 경과하며 지역 내 기업들의 소유주로서 서구 기관투자자들이 중심이 된 외국자본의 비중이 급

---

20 Hilary Appel & Mitchell A. Orenstein, *From Triumph to Crisis: Neoliberal Economic Reform in Postcommunist Countries* (Cambridge: Cambridge University Press, 2018).

속히 증가해 배당과 시세차익, 이자수익, 렌트 등이 글로벌 기관투자자들에게 이전되었다. 여기서 미국 재무부는 월가 금융기관들 및 IMF 등과 같은 국제금융기관과 공조하여 외환보유고 고갈 위기를 맞은 국가들에게 구제금융을 지원해주는 동시에, 지역 내 국가경제 내부의 금융시장과 제도 및 운영 방식을 냉전 종식 후 동구권과 소련에서 진행한 "충격요법"과 유사한 방식으로 '구조개혁'의 명목하에 급격하게 개조하였다.[21] 이는 또한 1980년대의 '잃어버린 10년'을 극복하고 부채의 덫에서 탈출하도록 1990년대 초 무렵부터 중남미 국가들에게 IMF와 세계은행 등 국제금융기관들에서 제시한 정책처방인 '워싱턴 컨센서스'와 유사한 내용들이기도 하였다.[22] 이때 영미식 자본주의를 가리키는 자본시장 중심의 기업자본 조달방식, 그리고 주주가치 중심의 기업지배구조 및 경영, 해고가 용이한 유연한 노동시장 등은 '글로벌 스탠더드'로 선망되고 홍보되었다.

이러한 외환금융위기와 그 이후의 구조조정 사태를 직간접적으로 목도하며 자극을 받은 동아시아 국가들을 위시한 다수의 국가들은, 잠재적인 위기의 대응에 충분한 달러화 외환보유를 위기 발생과 타율적 구조조정을 피할 수 있는 '생존과 주권의 문제'로 받아들이게 되었고, 산업 경쟁력 제고 및 자국 통화 가치의 조정을 통해 대미 무역에

---

21 Robert Wade & F. Veneroso, "The Asian Crisis: The High Debt Model Vs. The Wall Street-Treasury-IMF Complex", *New Left Review* 228 (1998), pp. 3-23.

22 John Williamson, "What Washington Means by Policy Reform", in ed. by John Williamson, *Latin American Adjustment: How Much Has Happened?* (Washington, DC: Institute for International Economics, 1990), pp. 5-20.

있어서 지속적인 흑자를 내며 경쟁적으로 달러 외환보유고를 축적하게 되었다.[23] 반면 미국은 줄어들지 않는 무역수지와 재정수지 적자에도 불구하고 대미 무역수지 흑자국들(이번에는 산유국들보다는 중국, 일본, 대만, 한국 등 동아시아의 제조업 상품 수출국들)의 외환보유고를 미국 재무부 채권 구입 및 자국 금융시장에 투자하게 함으로써, 석유달러 환류 시와 마찬가지로 자국 내 재정적자를 보전하고 자금조달 비용을 낮추는 동시에 미국 금융투자기관들의 수익을 위한 투자원으로 활용하는 상황에 이르고 있다. 또한 환류된 달러는 금융시장 등 자산가치의 부양에 기여함으로써 미국 내 '자산효과wealth effects'를 가져와 안정화된 금리 가운데 대중의 소비를 유지시키는 기제로 작동하고 있다.

이에 대해서는 두 가지 상반된 평가가 존재하는데, 한편으로 미국의 이와 같은 장기화된 쌍둥이 적자의 누증은 지속가능하지 않은 것이며 미국의 산업적 생산 능력의 쇠퇴를 보여주는 것이기에 미국의 경제·산업적이고 군사적인 패권을 확고히 하기 위해서는 무역적자의 시정 및 방만한 재정지출의 조정이 필요하다는 시각이다. 이러한 시각은 2025년 1월 출범하자마자 정부효율부DOGE를 신설하여 정부부처와 산하기관들의 재정지출 검사를 본격화하고, 중국과 멕시코, 캐나다 등을 대상으로 먼저 관세전쟁의 포문을 연 트럼프 2기 정권의 대외정책 기조로서 점차 분명해지고 있다.

---

23 세계의 공식 외환보유고의 통화 구성에서 미국 달러는 1973년에서 2013년 사이 줄곧 60% 이상을 차지하며 미국 경제의 부침이나 국력 쇠퇴론과 무관하게 국제 기축통화로서의 지위를 유지해 왔다. 이규철, "미국의 구조적 통화권력과 미 중 무역불균형의 정치경제", p. 60.

　다른 한편으로는 미국이 무역수지 흑자국의 외환보유고인 잉여달러를 자국으로 환류시켜 자국 경제를 안정화하고 채무에 기반한 과잉소비를 유지시키는 것 자체가 미국의 쇠퇴나 약점이 아니라 헤게모니 국가로서의 힘과 강점을 보여준다는 시각이 있다.[24] 그것은 국제 기축통화로서 달러에 대한 지속적인 수요 유지를 나타내는 동시에, 안전하고 수익성 있는 투자처로 미국의 금융시장과 기관들이 존재한다는 것인데, 특히 후자의 경우 1980년대 일본의 경우나 1997년 동아시아 금융위기 이후 중국 등 동아시아 무역수지 흑자국들에 의한 막대한 규모인 달러화 외환보유고의 환류는, 1970년대 중동 산유국들에 의한 석유달러의 환류에 이어 미국 헤게모니의 저력이 갱신된 모습을 보여주며, 국제정치적으로도 동맹관계나 협력관계로 대상국가들을 묶어두는 효과도 보인다는 것이다. 무역수지 흑자국들은 거대한 미국의 상품 소비시장에 대한 지속적인 수출과 의존이 자국의 경제적 생존과

24　이는 헤게모니 국가의 패권과 국력의 기반인 경제력을 보는 시각에 있어서, 수출상품의 높은 시장점유율이나 무역수지 흑자 등으로 나타나는 국제경쟁력과 같은 '생산 능력'을 중심으로 볼 것이냐, 아니면 무역수지 흑자 유지나 거시경제 조정 압력과 같은 외부 경제 압력에서 비교적 자유롭게 국가 정책목표(구제금융이나 전비 지출 등의 적자 재정지출)를 추구할 수 있게 하는 '소비 능력'을 중심으로 볼 것이냐에 따라 판단이 달라지는 부분이기도 하다. 이규철, "미국의 구조적 통화 권력과 미중 무역불균형의 정치경제", p. 57를 참고하라. 후자는 전술한 코헨의 개념인 '통화 권력'과도 관계가 있으며, 이에 초점을 맞추는 시각은 미국 헤게모니 쇠퇴론을 이런 측면을 들어 반박하기도 한다. 하지만 최근 부상한 트럼피즘의 경제 기조는, '경제적 생산 능력/국제경쟁력이 쇠퇴하는 가운데 헤게모니 국가의 정책자율성/재정지출/소비능력과 관련된 통화권력·금융패권이 과연 언제까지 지속 가능한가'라는 질문과 관련된 딜레마를 드러내주는 부분이 있다. 역사적 자본주의 세계 체계에서 헤게모니 국가가 순차적으로 경험해 온 체계적 축적 주기들(systemic cycles of accumulation)의 '확장' 국면과 '위기' 국면을 각각 나타내는 ① '(상품 생산과 연관된) 물질적 팽창 주기'와 ② '금융적 팽창주기', 그리고 체계적 혼동(systemic chaos)과 전쟁 등의 격변을 경과하는 헤게모니의 이행과 관련해서는 아리기, 앞 책 (2014) 논의를 참고하라.

안정에 필요한 달러의 확보를 위해 필수적이기도 하다. 일부 연구자들은 이러한 제조업 대미 무역수지 흑자국들의 달러 외환보유고가 미국의 재무부 증권이나 금융시장으로 환류되어 양자의 이익을 충족시키는 시스템을 '수정된 revised 브레턴우즈 체제'로 명명하기도 한다.[25]

이처럼 같은 것으로 보이는 현상, 즉 미국의 쌍둥이 적자와 '글로벌 불균형'으로 자주 회자되는 미국의 무역수지 적자와 대미 제조업 수출국들의 무역수지 흑자 및 달러 외환보유고 증가는 그렇다면 미국 쇠퇴의 증표인가 아니면 미국의 지속되는 헤게모니의 방증傍證인가? 이에 대해서는 국제 질서에 있어서 미국의 구조적 우위와 취약성이 공존하고 있는 모습으로도 볼 수 있다. 1970년대 금태환 중지, 산업 경쟁력 약화, 베트남전 철수, 오일쇼크, 쌍둥이 적자 등 헤게모니의 위기를 한편으로 '금태환이라는 고삐'가 풀린 기축통화 발권력, 다른 한편으로 (자국 국채 및 금융기관/금융시장의 경쟁력/안전성과 같은 금융의 우위를 활용한) 석유달러 및 무역수지 흑자국 외환보유고 달러의 환류, '금융세

---

25 최근 논의되는 '수정된/신 브레턴우즈 체제' 혹은 '브레턴우즈 II'는 제2차 세계대전 직후 미국의 달러가 전후 파괴된 유럽이나 일본 혹은 개발도상국으로 흘러 들어간 브레턴우즈 체제와 달리, 이와 같이 신흥공업국이나 무역 흑자국들의 달러가 다시 미국으로 환류되는 체제를 가리킨다. 무역 흑자국들은 한편으로 미국 상품 수출시장 경쟁 및 국채 수요경쟁을 통해 미국 내 소비시장 상품 가격 인플레이션을 진정시키는 동시에, 다른 한편 국채 이자를 안정화시켜 (2008년 미국의 경제 위기 시 과감한 금융완화와 구제금융 지원 등) 국내 경제 안정화 정책 및 (2003년 이라크 전쟁이나 2022년 이후 전쟁 중인 우크라이나의 지원 등) 대외전쟁 수행/지원과 같은 적극적 재정정책을 가능하게 하는 효과를 가져온다. 이와 관련해서는 이규철, "미국 달러 패권의 메커니즘과 중국의 대응전략"을 참고하라. 외견상 양자(미국과 수지 흑자국들)가 상호호혜적이지만 정책 자율성 및 투자 수익이라는 측면에서는 고착화된 비대칭성이 뚜렷한 체제이기에, 이러한 미국의 통화·금융패권에 반발하는 중국과 같은 비서방/비동맹 무역수지 흑자국의 불만, 그리고 미국 헤게모니로 뒷받침되는 자유주의 국제 질서에서의 이탈 가능성은 점차 커지고 있다.

계화'로 지칭되는 지구적 신자유주의화를 통한 금융수익 극대화와 같은 '통화·금융패권'을 통해 극복하고 헤게모니를 재확립한 미국은, 자국 내 쌍둥이 적자 누적이 '잉여달러 환류'로 상쇄될 수 있는 임계점을 초과하거나 잉여달러 환류국들의 미국 헤게모니에 대한 신뢰가 교란되고 달러에 대한 통제력을 상실할 때 패권의 위기에 처할 수 있다는 지적이다.[26] 미국 경제의 금융화와 금융세계화는 2007~08년 미국발 글로벌 금융위기를 촉발하였고 이는 미국 헤게모니의 지속가능성과 견고함에 의문을 불러일으키기도 하였다.[27] 미국에 대한 외국의 투자가 재무부 국채에 집중된 점은 단지 경제금융 관계를 넘어 지정학

---

[26] "심층적 가치 체계로부터 자립화된 가공적 과잉자본을 끊임없이 창출함으로써 스스로 축적의 장애물을 만들어온 신용 체계의 정점에는 미국의 달러 헤게모니와 이를 통해 정당화 되어온 가공화된 달러 가치가 자리 잡고 있다." 김정주, "세계경제 위기와 달러 헤게모니: '마법에 걸린 세계'의 종언과 제국의 위기", 『마르크스주의 연구』 5:4 (2008), p. 75.

[27] 미국발 글로벌 금융위기 이후 중국은 '차관 식민주의'적인 일대일로 추진(2013)과 아시아인프라개발은행(AIIB)의 출범(2015), 달러 외환 보유고 투자의 전략적 다원화, '중국제조 2025' 계획(2015), 그리고 동아시아와 남중국해에서 보다 적극적인 현상 변경자로서의 행보 등을 통해 국제 금융·산업·기술 및 군사적 차원에서 미국 헤게모니에 대한 도전자로서 이전보다 더 가시적인 움직임을 보이며, 미국 헤게모니에 기반해 형성되고 진화한 자유주의 국제 질서에 점차 균열을 내는 모습을 보여주고 있다. 통화 패권과 관련해서는 자국 통화인 위안화의 국제화(역내 국가들 간 위안화 스왑 협정 체결이나 무역결제 시 위안화 이용 압력 등), 위안화의 주요 자원 국제 무역 시 결제통화 협정 확대(이란 석유수출대금 결제 등과 같은 협력국과의 무역 결제 통화화), IMF의 특별인출권(SDR) 바스킷에 위안화 포함, 달러 중심 국제통화체제에 균열을 내는 국제 기축통화 다극화(브라질·러시아·인도·중국·남아프리카공화국 등을 중심국들로 포함하는 브릭스(BRICS) 국가들과의 협력을 통한 대안 국제기축통화 고안 등)와 같은 방식들을 통해 미국의 달러 패권에 도전하고 있다. Zongyuan Zoe Liu & Mihaela Papa, *Can BRICS De-dollarize the Global Financial System?* (Cambridge: Cambridge University Press, 2022). 중국을 특히 경제면에서 미국 주도 자유주의 국제 질서의 주요 구성자로 보던 이전까지의 시각에 대해서는 다음을 참고하라. 데이비드 하비, 『신자유주의: 간략한 역사』(한울, 2007); 홍호펑, 『차이나 붐: 왜 중국은 세계를 지배할 수 없는가』(글항아리, 2021). 하지만 홍호펑은 최근 변화하고 있는 지정학적 상황을 반영하여 미중 갈등을 점차 가시화되는 '자본 간/제국 간 경쟁' 상황으로 판단하고 있다. 홍호펑, 『제국의 충돌: '차이나아메리카'에서 '신냉전'으로』(글항아리, 2022).

적 리스크의 가능성을 제기하기도 한다.[28] 제2차 세계대전 직후 형성되어 현재까지 이어지고 있는 자유주의 국제 질서와 이를 뒷받침하는 미국의 헤게모니는, 점차 거세지는 글로벌 불균형과 시장 불안정성의 파고 속에서 국제 기축통화인 달러의 패권과 미국 금융시장/기관의 경쟁력에 기대어, '상호호혜적 잉여달러의 환류와 높은 수익성'이라는 주문을 계속 외우며 과연 그 영광을 언제까지 지속할 수 있을 것인가?

---

28 공민석, "미국 헤게모니의 변화와 2007~08년 금융위기: 미국의 통화·금융권력을 중심으로", 『한국정치학회보』 52:4 (2018), pp. 131-156.

도바타 세이이치(東畑精一)의 전후 아시아개발론
: 배상에서 개발원조로

Tobata Seiichi's Vision for the Development of Postwar Asia
: From Reparations to Development Assistance

엄소정
광주과학기술원 / 융합교육 및 융합연구센터 연구원

I. 들어가며[*]

아시아개발론은 패전 직후 일본의 주요 화두일 수 없었다. 그것은 전후 내부 경제 파탄의 수습 필요성이 모든 현안을 압도했던 현실에 더해, 점령 당국 SCAP의 제국 해체 정책, 즉 일본으로부터 아시아를 분리하는 정책 때문이었다.[1] 하지만 1947년 냉전의 기류로 인해 일어난 일명 역코스라는 점령정책의 전환으로 일본의 대아시아 무역 논의를 포함한 아시아개발론은 일본의 학계, 언론계, 관계 등에서 주목을 받기 시작했다. 아시아 공산화를 방지하기 위해 일본과 아시아 간 무역을

---

*　본고는 『동북아역사논총』 86 (2024)에 게재된 바 있음을 밝힌다. 관련 서지 사항은 다음과 같다. 엄소정, 「도바타 세이이치(東畑精一)의 전후 아시아개발론: 배상에서 개발원조로」, 『동북아역사논총』 86 (2024), pp. 323-358.

1　점령 직후 SCAP의 일본 경제 지침은 1930년 또는 1934년 수준으로 일본의 경제 수준을 규제하는 것이었고, 공업 및 산업 시설의 무력화와 대아시아 무역 금지를 골자로 했다. 佐藤仁, 「戦後日本の対外経済協力と国内事情: 原料確保をめぐる国内政策と対外政策の連続と断絶」, 『アジア経済』 53:4 (2012), p. 96. 점령 당국의 제국 해체 정책, 특히 강제 인양 정책에 따른 일본과 아시아 국가 관계 변화 및 아시아 지역 재편성 문제는 淺野豊美(編)著, 『戦後日本の賠償問題と東アジア地域再編: 請求權と歷史認識問題の起源』(慈学社出版, 2013) 참조.

재개하고 각 나라의 경제를 재건해야 한다는 인식이 확산됨에 따라, 전전과 전쟁 중에 활발했던 아시아 개발연구가 다시 본격화된 것이다.[2]

아시아경제 개발은 냉전기 동안 서방과 동방 양 진영 모두의 관심사였지만, 일본의 경우는 그 개발 논의가 배상이라는 큰 시대적 과제 속에서 진행되었다는 점에서 특별했다. 미국 등 서방 진영은 아시아 경제 재건에 일본과 아시아 나라들 사이의 배상 문제가 선결문제임을 파악하고 1952년 샌프란시스코 강화조약을 통해 일본의 지위를 독립국으로 회복시킨 후 1970년대까지 적극적으로 일본의 대아시아 배상 협정 체결을 지원했다.[3] 이때 미국과 일본 모두 배상 방식을 당시 일본의 경제력을 고려한 현물 및 역무배상으로 정하는 데 동의했다. 이로써 일본은 배상을 통해 대아시아 '원료수입-가공-완제품 수출'의 3각 무역 구도를 형성하고 국내 공업생산 증진과 아시아경제권 구축을 도모할 수 있게 되었다. 당시 원료 수입은 '자원개발'로, 무역 관계는 '경제협력'이라는 언어로 대체되었다.[4]

2　植田捷雄,「はしがき」,『アジア研究』11:1 (1964), p. 2.

3　전후 일본의 맥락에서 아시아란 동남아시아를 뜻했다. 아시아 배상 협정은 두 가지 형태로 이루어졌다. 버마(현 미얀마), 필리핀, 인도네시아, 베트남과는 배상 협정이, 라오스, 캄보디아, 타이, 한국, 말레이시아, 싱가포르, 미크로네시아는 준배상 협정이 맺어졌다. 준배상은 샌프란시스코 강화조약 체결국으로 구상권을 포기했거나 강화조약 체결국은 아니지만 구식민지였던 이유로 청구권을 가진 국가들을 대상으로 한 일종의 '도의상'의 배상을 뜻하는 경제협력이었다. 배상 협정은 버마(1954), 필리핀(1956), 인도네시아(1958), 남베트남(1959), 준배상 협정은 타이(1955), 말레이시아(1957), 라오스(1958), 캄보디아(1959), 한국(1965), 싱가포르(1966), 미크로네시아(1979)와 체결되었다. 미국과 영국 등 주요 연합국은 대일강화조약 준비 과정에서 대만과 인도는 1952년 체결된 개별적인 강화조약에서 일본에 대한 배상청구권을 포기했다. 임채성, 「전후 일본경제와 동아시아 경제권의 재편(1951-65년)」, 『국제지역연구』 11:1 (2007), 2-3장; 竹原憲雄, 「戦後賠償・経済協力と政府開発援助 (1)」, 『桃山学院大学経済経営論集』 42:4 (2001), 2장.

4　임채성, 같은 논문; 佐藤仁, 「戦後日本の対外経済協力」; 竹原憲雄, 같은 논문. 한편, 배상형식을 경

이 과정, 즉 일련의 배상 협정을 체결하는 과정에서 일본에서는 배상을 아시아 개발-경제원조-경제협력과 동일시하는 흥미로운 사고틀이 생겨날 수 있었다. 1950년대 당시 저명한 국제경제학자 야마모토 노보루山本登를 비롯한 아시아 문제 연구자들은 "현재 배상의 형식은 제1차 세계대전 때의 처벌주의가 아닌 개발, 원조, 경제협력의 형식으로 변했으며 배상이 배상의 의무가 있는 나라의 경제를 위해서도 기능하도록 하는 것이 '대세'가 되었다"는 분석을 내놓았다.[5] 배상이 아시아 개발, 원조, 경제협력을 뜻하는 인식의 대전환이 일어난 것이다.[6]

전후 일본의 아시아 개발에 대한 기존 연구는 최근까지 크게 두 가지 방면에서 진행되었다. 우선 국제정치사, 경제사, 외교사 부문에서 배상외교, 배상 협정, 경제협력, 정부개발원조ODA, 동아시아경제권, 동아시아지역재편에 관심을 두고 구체적 협정 과정과 수행 내용 및 결과를 확인하는 흐름이 있었다. 또 다른 연구 군은 지성사, 사상사 부문에서 전후 아시아 개발에 대한 학문적 담론에 초점을 맞추어 연구자, 개발컨설턴트, 연구기관, 연구잡지 및 학회를 조사했다. 전자를 통해서는 전후 일본 아시아 개발원조가 일어나게 된 원인이 미국의 외압 또는 일본의 내압 어느 한쪽의 문제가 아닌, 냉전기 미국, 일본, 아

제협력, 경제기술협력 식으로 정한 것은 무배상원칙에 다름없었다는 평가를 받는다. 原朗, 「賠償·終戦処理」, 大蔵省財政史室編, 『昭和財政史: 終戦から講話まで 第1巻 総説 / 賠償·終戦処理』(東洋経済新報社, 1984).

5   山本登, 「アジア政経学会記事: 賠償と経済協力」, 『アジア研究』 3:2 (1957), p. 120.

6   사토 진에 따르면, 1950년대 일본에서는 "관례적으로 경제협력 개념이 해외 투자, 연불 수출입, 배상, 기술 협력 등을 모두 포함한 포괄적인 개념"이었고, 1950년대부터 1960년대 문헌 대부분에서 "경제협력과 원조 개념은 서로 호환되어 이용되었다". 佐藤仁, 「戦後日本の対外経済協力」 p. 109, 주1.

시아 각 나라의 이해관계 때문임이 밝혀졌다.[7] 한편, 후자의 연구 군은 전자의 연구군이 전후 일본 아시아 개발원조의 역사를 전후 미군정 시기 이후의 변화로만 국한하여 설명하는 방식에 이의를 제기하고, 개발론 자체 논리를 탐구함으로써 전후 일본의 아시아개발론이 사실은 식민·전쟁기의 제국개발론에 기원을 둔다는 사실을 드러냈다.[8]

---

7 中村隆英,「日米経済協力関係の形成」, 近代日本研究会編,『年報·近代日本研究Ⅳ 太平洋戦争: 開戦から講話まで』(山川出版社, 1982); 小林英夫,『戦後日本資本主義と「東アジア経済圏」』(御茶の水書房, 1983); 原朗,「戦争賠償問題とアジア」,『アジアの冷戦と脱植民地化』(岩波書店, 1993); 西川博史,「東アジア経済圏と日本の貿易」,『日本経済と東アジア: 戦時と戦後の経済史』(ミネルヴァ書房, 1995); 竹原憲雄,「戦後賠償·経済協力 (1)」; 中野聡,「賠償と経済協力 日本·東南アジア関係の再形成」, 池端雪浦編,『岩波講座東南アジア史』8巻 (岩波書店, 2002); 宮下明聡,「日本の援助政策とアメリカ―外圧反応型国家論の一考察―」,『レヴァイアサン』34 (2004); Carol Lancaster, *Foreign Aid: Diplomacy, Development, Domestic Politics* (Chicago: The University of Chicago Press, 2007); 이원덕,「일본의 전후처리 외교 연구: 대 아시아 전후 배상정책의 구조와 함의」,『日本學研究』22 (2007); 임채성,「전후 일본경제」; 金雄基,「日本の役務賠償による賠償外交とアジア市場への再進出」,『일본학보』82 (2010).

8 이에 대해서는 전후 일본의 핵심 아시아 연구소인 아시아경제연구소의 계보를 만철조사부에서 찾는 末廣昭,「アジア調査の系譜 ― 満鉄調査部からアジア経済研究所へ ―」, 末廣昭編,『帝国日本の学知 第6巻 地域研究としてのアジア』(岩波書店, 2005)과 박준형,『제국 일본의 동아시아 공간 재편과 만철조사부: 권력·공간·학문의 삼중주』(사회평론아카데미, 2022); 1950년대~60년대 일본 외무성과 자민당 대외 경제협력 특별위원회 및 정부 자문 지리학자 조직인 자원론연구회의 아키 고이치(安芸皎―)가 발언한 아시아 경제협력에 관한 언설 연구인 佐藤仁,「戦後日本の対外経済協力」; 전쟁기 도쿄상과대(현 릿쿄대) 식민정책학자로서 동아경제연구소 일원이자 해군성 및 남방군 휘하 인도네시아 등지에서 현지조사팀 일원이자 관료였고, 전후에는 아시아경제연구소의 설립을 제언하는 등 민족주의 문제에 천착한 아시아개발론으로 각광을 받은 아시아경제, 국제정치 전문가 이타가키 요이치(板垣與―)의 전쟁기·전후 아시아 개발 사상과 행적을 연구한 辛島理人,『帝国日本のアジア研究: 総力戦 制·経済リアリズム·民主社会主義』(明石書店, 2015); 식민·전쟁기에는 식민정책학자였고 전후에는 국제경제, 개발경제학자였던 게이오대학 야마모토 노보루의 아시아개발론에 대한 연구로는 박양신,「근대 일본 식민정책학의 전후(戦後)-아시아 연구의 관전사(貫戦史)」,『日本學』53 (2021); 공학자이자 전후 일본 최대 건설 개발 컨설팅 회사 닛폰코에이(日本工営)의 설립자 구보타 유타카(久保田豊)의 '종합개발(総合開発)' 모형의 성립과 전개를 그의 식민·전쟁기 조선에서의 경험에서부터 전후 아시아 배상 개발원조 사업까지 연결해 연구한 Aaron S. Moore,「Interrogating 'Comprehensive Development': The Colonial-Wartime Background to Japan's Development Cooperation」,『国際開発研究』30:1 (2021) 참조하라.

그러나 이 연구들에서는 전후 일본 아시아개발론의 독특한 특징인 배상의 개발, 원조, 경제협력으로의 논점 전환은 별다른 주목을 받지 못했다. 단지 배상 협상 과정과 체결된 협정을 수행하는 과정에서 저절로 이루어진 하나의 현상으로 간주될 뿐이었다. 전후 일본 아시아개발론의 특징인 배상론이 개발론으로 전환된 것과 그 안에서 배상, 개발, 원조, 경제협력의 네 가지 요소 간의 의미상 경계가 모호해지는 현상이 일어나게 된 고리는 아직 설명된 적이 없다. 그 설명을 위해서는 배상의 실행과 관련해 생산되고 확대된 전문가들의 아시아개발론에 대한 더욱 상세하고 체계적인 이해가 필요하다.

이 글에서는 도바타 세이이치東畑精一의 사상을 집중적으로 고찰함으로써 전후 일본의 아시아개발론의 핵심 논리와 특징을 드러내고, 이를 통해 배상에서 개발원조로 인식론적 전환이 이루어지는 지적인 흐름을 파악해보고자 한다. 도바타는 1940년대 초반 도쿄제국대학 농업경제학 교수이자 식민정책학 교수로서 대동아공영권의 경제 버전인 광역경제를 이론화하고 전후에는 아시아경제연구소アジア経済研究所, Institute of Developing Economies의 초대 소장을 맡아 아시아 경제개발 구상을 담당했던 전쟁기와 전후를 관통하는 일본의 유력한 아시아 개발 전문가였다.

특히 아시아경제연구소는 배상 협정 체결이 일단락되면서 그 실행을 위한 자문을 얻을 목적으로 1958년부터 일본 정·관·재계 인사들이 설립을 준비하여 1960년 정부 산하로 부설한 학술 기관이자 일종의 싱크탱크였다. 이 연구소는 설립 이후 아시아 개발에 대한 담론

생성의 핵심 장이 되었는데, 배상, 개발, 원조, 경제협력을 하나의 동일어로 사용하면서 아시아경제권과 경제권 내 일본의 역할 및 위상, 아시아 경제발전에 대해 기본적인 논의의 틀을 마련하고 이를 일본 정·관·재·학계와 대중에게 제공하며 나아가 국외에 설파하는 기능을 했다.[9]

이 글에서는 도바타의 아시아경제연구소 시절인 1960년대부터 1970년대까지의 저작, 강연 및 회고록을 바탕으로 그의 전후 아시아개발론을 상세히 분석한다. 나아가 그의 이론이 단순한 경제개발론을 넘어서 일본 정부와 사회가 갖는 역사 인식에까지 미친 영향을 점검한다. 우선 도바타의 학문적 이력과 그가 전쟁기에 발전시킨 제국개발론인 광역경제의 핵심 내용을 살핀 후, 이 전쟁기 사상이 전후 아시아개발론에서 어떻게 전개되었는지를 추적한다. 전후 사상에 대한 분석은 크게 4개 부분으로 구성된다. 가장 먼저 배상, 개발, 원조, 경제협력에 대한 도바타의 관계 설정을 확인한 후, 그 내용을 자조론, 진보론, 일본영도론으로 나누어 정리한다. 마지막 결론 부분에서는 이러한 도바타의 전후 아시아개발론이 현재에 주는 역사적 의의를 전후 역사 인식의 측면에서 논한다.

9　아시아경제연구소 설립 시 당시 수상 기시 노부스케가 도바타에게 주문한 것은 '개발도상국 전문가' 양성과 '권위 있는 공개 도서관' 마련 두 가지였다. 辛島理人, 「アジ研図書館はなぜ、どのように誕生したのか」(アジ研図書館を使い倒す　第29回), 『アジ研ワールド・トレンド』236号(日本貿易振興機構アジア経済研究所 IDE-JETRO, 2015), pp. 46-47.

II. 도바타 세이이치의 학문적 이력과 전쟁기 제국개발론

도바타 세이이치는 전쟁기와 전후를 아우르는 일본 내 최고의 아시아 경제개발 전문가 중 하나였다.[10] 그는 전쟁기에는 식민정책학자로서, 전후에는 아시아경제연구소 소장으로서 아시아 개발에 매진했다. 그는 1923년 도쿄제국대학 농학부 교수가 되어 일본, 조선, 중국의 농정을 연구했고, 1939년 경제학부의 야나이하라 다다오矢内原忠雄가 사임한 후에는 식민정책학 과정을 겸임했다. 태평양전쟁 발발 이후 그는 당시 주창되던 대동아공영권을 광역경제라는 경제블록의 개념을 가지고 이론화하였고 1943년에는 정부 산하로 만들어진 무라다 쇼조村田省蔵의 필리핀 현지 조사팀에 합류하여 점령 직후의 필리핀 농업경제에 대해 보고서 등을 작성하며 동남아시아로 연구영역을 확장했다.

---

10 그동안 도바타의 사상에 대해서는 전후 경제사상과 전쟁기 식민사상이 이분된 채 연구돼왔다. 전후 일본의 농정 개혁, 경제부흥, 고도성장과 도바타 경제사상의 관련성에 주목한 연구로는 김웅기, 「『世界(세카이)』 창간호로 보는 패전 직후 일본 지식인의 경제부흥과 '제국' 인식」, 『일본근대학연구』 78 (2022); 篠崎尚夫, 『東畑精一の経済思想: 協同組合, 企業者, そして地域』(日本経済評論社, 2008); 美濃口武雄, 「東畑精一と日本の農業」, 池尾愛子編, 『日本の経済学と経済学者―戦後の研究環境と政策形成』(日本評論, 1999); Kiichirō Yagi, "Japanese Theory of Industrialization/Modernization between Liberalism and Developmentalism," in ed. by Werner Pascha, *Systematic Change in the Japanese and German Economies: Convergence and Differentiation as a Dual Challenge* (London: Routledge Curzon, 2004); Mark Metzler, *Capital as Will and Imagination: Schumpeter's Guide to the Postwar Japanese Miracle* (Ithaca: Cornell University Press, 2013)가 있다. 도바타의 전쟁기 사상에 관한 연구로는 그의 필리핀조사위원회 활동에 주목한 盛田良治, 「日本社会科学と植民地アジア」, 大阪大学博士論文 (2001); 그의 광역경제론을 대동아공영권 구축에 대한 추수적 형태로 파악한 박양신, 「'대동아공영권'의 건설과 식민정책학」, 『일본연구』 28 (2017); 그의 식민사상의 논리 구조를 경제사상과 연결해서 탐구한 엄소정, 「도바타 세이이치(東畑精一)와 제국일본의 식민정책학」, 『일본역사연구』 49 (2019)가 있다. 이 장에서는 엄소정의 연구를 중점적으로 참고하겠다.

전후 그는 순수 학자로서의 삶에서 한층 반_半관료적 삶으로 옮겨 갔다. 1946년 요시다 시게루 내각 출범 시 농림상 자리를 제일 처음 제안받기도 했으나 고사했다. 대신 그는 농업기본법안을 만들고 주요 정부 산하 연구소의 소장직과 각종 협의회 및 회의의 회장 또는 고문직을 맡았다. 또한 정부 대표로 여러 국제회의에 참석했으며 특히 배상 협정 체결에 깊이 관여했다. 구체적으로 보면, 1946년 일본농업 재건을 목표로 설립된 농업종합연구소農業総合研究所에 초대 소장으로 역임하던 중[11] 1954년 필리핀 배상 전권단의 단원이 되었다. 1956년 농업총합연구소를 사임한 이후, 1958년 제2차 요시다 내각에서 외무성 고문에 임명되어 특명전권 이동대사로서 중근동 및 동남아시아 나라를 순방하고 배상 경제협력 협정 체결 및 실행에 관여했다. 1959년 도쿄대에서 정년퇴임한 직후 1960년 아시아경제연구소의 초대 소장으로 임명되어 8년 동안 재직하면서 일본 및 아시아 정부와 기업에 아시아 개발 문제를 자문하고 일본 정부개발원조ODA의 기본 방침에 대한 얼개를 제공했다. 그는 아시아 농정과 개발에 대한 기여를 국내외로 인정받아 일본에서는 천황 문화 헌장을, 필리핀 정부로부터는 막사이사이상을 수상했다. 현재 그는 일본에서 "농정의 신"으로도 불린다.[12]

---

11 도바타는 농업종합연구소에 해외부를 수립하여 중국, 소련, 동남아시아 연구를 진행했다. 이는 "창립 당시 아시아 연구가 금기시되던 때였음을 생각할 때 과감한 기획"이었다. 이때 해외부에 있던 연구자들 중 다키카와 쓰토무(滝川勉), 후카자와 하치로(深澤八郎), 사이토 가즈오(斉藤一夫)는 14년 뒤 아시아경제연구소가 창설될 때 도바타를 따라 자리를 옮겼다. 이처럼 농업종합연구소의 해외부 연구는 아시아경제연구소의 도상국 농업 연구의 모태가 되었다. 加用信文·久我通武·深澤八郎·滝川勉·小島麗逸·木村哲三郎,「(座談会) 途上国研究者への道標-東畑精一を偲ぶ」,『アジア経済』25:5-6, (1984), p. 52.

12 故東畑精一先生合同葬実行委員会編,『東畑精一先生の足跡』(故東畑精一先生合同葬実行委員会,

도바타의 전쟁기 아시아개발론은 소위 광역경제라는 제국개발론으로 요약된다. 광역경제론은 '대동아공영권' 정책을 경제사상 면에서 뒷받침하기 위한 것으로, 나치 독일의 광역경제広域経済, Großraumwirtschaft 개념을 일본제국 경제개발 구상에 적용한 것이었다. 도바타는 오타와협정 이후의 세계적 블록경제화 추세에 대하여 일본제국을 '경제후발국형 코먼웰스Commonwealth', 즉 일명 '가지지 못한 자'들의 경제공동체로 규정하고 그 특징을 '아시아 경제후발국들이 전쟁기 자원경쟁에서 살아남기 위해 일본의 지도하에 각자 국민경제를 건설하고 상호 협력하는, 착취 없는 경제발전의 공동체'라고 주장했다.[13]

도바타가 '착취 없는 개발'로 이상화했던 광역경제론[14]은 이론적 구성으로 보면 요제프 슘페터Joseph Schumpeter, 프리드리히 리스트 Friedrich List, 애덤 스미스Adam Smith를 결합한 결과였다. 그는 우선 스미스의 식민 비판에 영감을 받아 제국을 '구성 민족들이 각기 평등하고 독립된 정체로서 각자 최선의 이익을 위해 상호부조의 원칙을 따라 경제활동을 하는 공동체'로 이상화한 후, 여기에 슘페터의 경제 발전이론, 특히 '창조'와 '기업가' 개념을 적용하여 제국 내 '국가들'이 전쟁 위기 속에서 생존을 위해 '지략과 에너지를 가진 기업가'인 일본의

1984); 盛田良治, 「日本社会科学と植民地アジア」, 大阪大学博士論文 (2001).

13 엄소정, 「제국 일본의 식민정책학」, pp. 121-125.

14 '착취 없는 개발'은 니토베 이나조에서 야나이하라 다다오, 그리고 도바타 세이이치로 이어지는 도쿄제국대학 식민정책학 과정에서 일관되게 주장하던 이상적 제국의 모습이었다. 물론 이 이상향은 착취와 개발이 명확히 이분될 수 없다는 그 근본적 한계상 결코 실현될 수 없는 것이었고, 따라서 이들의 논의는 제국의 폭력을 정당화하는 수단이 될 뿐이었다. Ibid., pp. 108-109.

전략적 지도를 받아 급속도의 경제개발을 해나간다고 주장했다. 그는 마지막으로 보호 무역론자 리스트의 '민족 체제' 또는 '국민경제' 개념을 추가했고, '제국 내 구성 국가들은 중핵국[15] 일본의 지도를 받아 각자의 산업단계에 맞는 발전계획을 수행하여 단작 작물 경영과 같은 어느 한쪽에 치우친 방식이 아닌 각자 1차부터 고차산업까지 고르게 발전시키는 일종의 완결된 경제자립 상태에 도달한다'고 주장했다. 그러나 결과적으로 그의 이런 국민경제 개념은 본국 일본의 아시아에 대한 착취를 정당화하는 논리적 장치가 될 뿐이었다. '중핵국' 일본은 아시아에 금전적 지원이나 투자 없이 단계론만 강조하여 도리어 단작 작물 경영을 한층 강화하였고 그 과정에서 발생하는 생필품 부족 현상을 경제자립, 자조라는 허울 속에 철저히 도외시했던 것이다.[16]

도바타의 전쟁기 제국개발론은 전후에 '제국'이 '아시아'로 바뀔 뿐 그대로 계승되어 그의 전후 아시아개발론의 근간이 된다. 경제후발국, 고속 성장, 위기 속 경제발전, 국민경제, 자립, 상호부조 경제공동체, 기업가정신을 가진 지도자라는 전쟁기 개념들이 전후 아시아개발론에도 그대로 펼쳐진다.

---

15 도바타의 광역경제론 내 중핵국 개념은 발달된 나라로 에너지 넘치는 일종의 '기업가'이지만, 자기방어가 가능한 국방 국가가 되는 데 필요한 물자는 세계시장에서 찾아야만 하는 '가난한' 나라로서 소위 '가지지 못한 자'를 의미했다. 또한 유사시 지역 경제를 구성하고 통일된 경제 정책을 펼쳐, 지역 내 자기뿐만 아니라 다른 '나라'들(식민지 또는 점령지의 유화된 말)이 전시에 필요한 물자를 구할 수 있도록 앞장서 지도하는 나라였다. 이상에서 광역경제는 일본제국 내 모든 '나라'가 '중핵국' 일본의 지도 아래 전시 경제 운용을 위해 상호 협력하는, 일종의 '가지지 못한 자'들의 '경제공동체'로 정의되었다. Ibid., p. 123.

16 Ibid., p. 125.

III. 전후 아시아개발론

1. 배상, 개발, 원조, 경제협력

1960년부터 1962년까지 도바타는 『문예춘추』, 『아사히신문』, 『산케이신문』 등 일본의 유수 언론들에 아시아개발에 관한 글을 연재했다. 당시는 일본이 대아시아 배상 협정 체결을 완료하고 시행단계에 접어든 때였으므로 아시아경제연구소의 초대 소장이 된 그의 기고문들은 시의성이 있었다. 이들은 연재 종료 이듬해인 1963년 『아시아의 여러 문제』라는 제목으로 취합되어 출판되었다.[17]

이 책은 도바타의 전후 아시아개발론의 요약본이라 할 만하다. '아시아는 하나가 아니다, 아시아 나라들과의 경제협력, 아시아의 인구 증가, 구 식민지 독립과 특색, 아시아의 성장, 잇따르는 신흥국 쿠데타, 사회투자로서의 교육, 전환점에 이른 후진국 경제개발 문제'라는 장의 제목들이 말해주듯, 『아시아의 여러 문제』는 당시 아시아의 지리, 그리고 정치와 사회 문제까지 포함하는 포괄적인 저술이었지만 그 핵심은 아시아의 경제협력과 경제개발 문제에 집중되어 있었다. 즉, 대아시아 경제협력과 개발의 성공을 위해 아시아의 기본 조건과 상황을 알자는 것이 글의 전반적인 내용이었다.

이러한 기조 속에 '배상'에 대한 내용은 책 전체에 걸쳐 단 한 번, 정

17　東畑精一, 『アジア諸国の諸問題』 IDE 教育選書 63 (民主教育協会, 1963). 민주 교육 협회(IDE)는 정부개발원조(ODA) 산하의 기관으로서, '교육을 통한 민주주의 고양'을 기치로 삼고 전문가의 연구를 교육종사자와 대중에게 알기 쉽게 전파하는 것을 목표로 했다.

부 기반의 경제협력을 설명하는 데에서 다음과 같이 언급되었다.

> (일본은) 금일까지 여러 방법을 통해 아시아 나라들의 경제발전에 협력해왔다. 정부 기반의 협력 및 원조를 보면, 우선 배상 지불이 있다. 이를 거듭할수록 일본과 상대국 간 경제적 관계가 한층 밀접해졌다. 배상은 단순한 지불에 그치는 것이 아니라, 시장 개발적인 의미에서 일종의 **'투자'**적 성격을 지닌다. 또한 본격적 의미에서의 경제협력인 합작사업이나 개발사업이 이루어졌다. 설령 민간의 일이라 해도 재정 금융 조치에서 보면 이들은 정부 기반의 일로 볼 수 있다. 기술센터 설치 등이 그러하다. 이 밖에 콜롬보 플랜에 의한 원조 협력, 채권국 회의, DAG(저개발국 원조 그룹) 등을 통한 경제협력을 생각해봐도 상당히 다방면에 걸쳐 (일본은) 아시아 국가들과 경제협력을 해왔다. 그리고 이는 앞으로 한층 증가할 것이다. 장래 일본의 아시아 역내 무역—실제로 그 3분의 1은 일본 무역이다—을 생각한다면, 일본 입장을 위해서라도 아시아 나라들이 경제적으로 크게 성장해야 할 것이다. (강조는 원저자)[18]

위에서 보듯, 도바타는 배상, 개발, 원조, 경제협력의 네 개념 간 위상과 상호 관계를 간단하지만 분명하게 정하고 있다. 그는 정부 기반 경제협력의 종류를 원조 식의 정부 기반 경제협력인 '배상'과 본격적 정부 기반 경제협력인 '개발', 두 가지로 나누어 보았다. 그러나 곧이어 배상이 일본 무역을 위한 시장 '개발'용 "투자"라고 특별히 강조하는

18　Ibid., pp. 22-23.

등 배상을 개발로 치환하는 모습을 보인다. 즉, 그는 배상, 개발, 원조, 경제협력을 상호 구성력과 규정력이 있는 유사한 개념으로 지정하며, 배상은 원조인데 사실은 투자성 개발인 경제협력이라고 주장한 것이다. 이처럼 도바타는 배상을 과오나 손실에 대한 대가가 아니라, 순수 경제 행위의 하나로 재규정했다. 이러한 개념 전환은 그의 전후 아시아개발론의 논리적 구조 분석을 통해 알 수 있다.

2. 자조론

배상, 개발, 원조, 경제협력을 개념적으로 일원화한 후, 도바타는 본격적으로 '일본식 아시아 개발원조'에 대한 상을 그려나갔다.[19] 그는 아시아의 특색을 다음과 같이 정의했다.

아시아 국가를 규정하는 특징은 무엇일까. 물론 예외는 있겠지만, 대개 3개의 요인을 들 수 있다. 첫째, 말할 필요도 없이 신흥의 독립국이라는 점일 것이다. 독립해서 10년 또는 15년된 나라들이다. 이를 경제적 후진국이라고 말해도 좋다. 둘째, 그 대다수가 제2차 세계대전 때까지 식민지였다는 점이다. 식민지였다는 유산은 신흥국의 곳곳에 깊이 배어 있다. 셋째, 신흥독립국에 선진국들로부터 경제, 군사 등 '**원조**'의 손길이 내밀어져 기술협력이 들어오고 있고, 또한 국제무대에

---

19 그러나 이러한 배상, 개발, 원조, 경제협력의 일원화를 전제한 '일본식 아시아 개발원조'는 주변 국가들로부터는 거센 비판의 대상이 된다. 일례로 1960년대 경제협력개발기구(OECD)의 개발원조위원회(DAC)는 일본의 '원조'가 "투자나 배상(무역) 등과 같이 대상국의 개발을 주목적으로 하지 않는 활동이 포함되어 있는 것"을 문제시하면서 그 '상업주의'식 행태를 강하게 비판했다. 佐藤仁, 『戰後日本の対外経済協力』, p. 99.

서 발언할 기회도 많아지고 있다는 점이다. 일본이 근대 국가로 세계 대열에 들었던 때와는 정세에 크게 차이가 있다.[20] (강조는 원저자)

도바타는 전후 아시아를 신흥독립국이자 경제적 후진국, 또는 제2차 세계대전까지는 식민지, 전후에는 피원조국으로 정의했다. 그리고 전후 아시아를 정치적으로는 독립했지만, 경제적으로는 후진국이며, 식민지 유산이 남아 있어서 아직 경제나 국제정치 면에서 '원조'를 받는 상태에 있다고 규정했다. 그는 이 피원조성이야말로 아시아가 일본과 구분되는 지점이고[21] 나아가 아시아를 '식민지 시대 때와 유사한 종속상태에 처하게' 할 위험 요소라고 지적했다.[22]

아시아가 이런 위험에서 벗어나기 위해서는 원조援助 아닌 자조自助의 방식으로 국조国造(근대국가건설)를 이루어야 한다고 도바타는 주장한다. 그에 따르면 자조적 국조란 아시아가 자국 내 '기업가'를 양성하고 이들을 통해 경제발전을 이루는 것이다. 그는 다음과 같이 말했다.

---

20   東畑精一, 『アジア諸国の諸問題』, p. 1.

21   Ibid., p. 15.

22   이러한 위험성을 지적하기 위해 도바타는 영국 정치인이면서 외무 장관 및 인도 총독을 역임하는 조지 커존(George N. Curzon)의 1894년 발언을 빌렸다. 청일전쟁 직전 커존이 쓴 *Problems of the Far East: Japan-Korea-Chinal* (London: Longmans, Green, and co., 1894)를 인용하면서, 도바타는 "(당시 커존은 조선에 대해, 저마다의 이해관계를 가진 열강 사이에서) '독립국이자 종속국임을 주장하는(a country which itself claims to the both independent and dependent)' '변칙적(anomalous) 상황'에 있다고 표현했는데, 만약 (그가) 현재 냉전기 원조 경쟁 속 아시아를 본다면, 'politically independent and economically dependent한 상황이라고 형용할 것'"이라고 유추하면서, 오늘날 선진국이나 후진국 모두 이러한 변칙적 상황이 재발하지 않기 위해 진력할 것을 주장했다. 東畑精一, 「後進国援助の一つの感想」, 『海外技術協力』 217(아시아경제연구소 해외기술협력 사업단 창립 10주년 기념호) (1972), p. 15.

후진국이 자력으로 경제이륙의 대업을 이룩하기는 물론 쉬운 일이 아니기도 하고 ··· 현대는 후진국 원조 정책이 세계의 상식이 되어 있기도 하다. 외국 원조를 바라는 것을 무턱대고 비난할 필요도 없고, 또 오로지 자력이어야만 할 일도 아니다. 단지 문제는, 경제이륙의 주체적 조건인 그 담당자를 자국 내에 갖는가, 키울 수 있는가에 있다. 그것이 없다면 원조는 살아 있는 것이 되기 어렵다. 여기에서 자력 배양의 필요가 생긴다.

이러한 주체성의 육성은 넓게 국민적 지반 위에 수행되는 일로서, 이를 위해서는 구시대의 사회를 그대로 온존해서는 안 된다. 후진국이 식민지를 벗어나 독립국이 된 일은 큰 정치혁명이었다. 그러나 그와 동시에 사회혁명이 수반되지 않는다면, 국민적 지반 위에 경제운용을 담당할 투사를 기르기가 어려울 것이다.

여기에서 '자력으로 경제이륙의 대업을 이룩하기', '자력 배양'은 다름 아닌 '경제이륙의 주체적 조건인 그 담당자', '주체성', '경제운용을 담당할 투사'를 키우는 일을 뜻하는 것임을 알 수 있다. 그렇다면 이 담당자, 투사는 누구인가? 슘페터식 경제발전 이론을 견지하는 도바타에게 이들은 '에너지'와 '기력'을 지닌 경제주체, 즉 '기업가'를 의미했다.[23] 그는 아무리 원조를 받아도 현지에 기업가가 없다면 혁신을 통

---

23 도바타는 경제발전의 동력 또는 결정 요인을 경제주체, 즉 '기업가' 정신에서 찾았다. 따라서 그에게 중요한 것은 조사 지역민의 경제 의식으로, 경제 구조는 이 경제 의식에 영향을 주는 하나의 조건일 뿐이었다. 이러한 도바타의 관점이 드러나는 대표 저작으로는, 전쟁기 필리핀 관련 연구인 「比島人の経済意識(一)(二)」, 『国家学会雑誌』 58:4, 8 (1944), 전후에는 『日本資本主義の形成者: さまざまの經濟主體』(岩波書店, 1964)가 있다. 도바타의 제자이자 아시아경제연구소 동료인 후카자와 하치로(深澤八)에 따르면, 도바타가 「비도인의 경제의식」을 쓰게 된 주요한 문제의식은 "왜 후진국에는 기업가가 없는가", "왜 후진국에 자본주의가 발생하지 않는가"였다. 加用信文, 久

한 창조 또는 경제발전은 기대할 수가 없다고 본 것이다.

따라서 도바타의 핵심 문제는 이제 아시아가 어떻게 자국 내에 기업가를 양성할 수 있을 것인가의 문제로 모아졌다. 그에 따르면, 이는 '구시대의 사회를 벗어나' '국민적 지반'을 만드는 데에서 시작되어야 했다.[24] 그는 아시아가 광범위한 내정개혁을 철저하게 시행해 전근대적 구습을 타파해야 한다고 역설했다. 이를테면 옛 토호 세력을 척결하는 정치개혁이나 지주제를 혁파하는 농지개혁, 카스트제도, 가부장제도 같은 차별적 사회제도나 이슬람교, 힌두교, 불교와 같은 종교 문화 제도처럼 산업화를 억지하는 옛 관습들에 대한 개혁, 마지막으로 문맹을 타파하는 교육개혁 등을 해야 한다고 주장했다.[25] 그는 이와 같은 내정개혁을 '사회혁명'이라고 표현하면서 그 예로 놀랍게도 공산주의 진영 내 중국 인민공사의 대약진 운동을 들었다.[26] 이 노년의 아시아개발론자에게는 냉전기 이데올로기 차이보다 급진적이고 발본적인 내정개혁을 통한 자조적 경제발전이 한층 중요한 것이었다. 그는 심지어 원조국과 피원조국 모두 아시아의 내정개혁에 '원조 전부를 쏟아부어도 좋다'고까지 표현했다.[27]

도바타는 '성운星雲'론을 통해서도 자조적 국조의 중요성을 드러내

我通武, 深澤八郎, 滝川勉, 小島麗逸, 木村哲三郎, 「(座談会)」, p. 49.

24 東畑精一, 『アジア諸国の諸問題』, p. 16.

25 Ibid., pp. 7~10.

26 "(중국은 현재) 자력갱생의 길을 걷는 기개를 보이고 ··· 자력을 담당하는 주체와 국민적 에너지의 환기에 집중하고 있다"고 긍정적으로 평가했다. 東畑精一, 「後進国援助の一つの感想」, pp. 15-16.

27 Ibid., p. 16.

고자 했다. 그는 아시아를 성운에 빗대면서, 균질적인 하나의 덩어리가 아닌 각자가 자연, 정치, 사회, 경제, 인적 조건상 극명한 차이를 가진 비균질적인 집합이라고 했다. 그는 '아시아는 하나가 아니다'라고 선언하면서 전쟁기에 유행했던 아시아주의에 대해 대척점에 서 있음을 피력했다.[28] 구체적으로 그는 아시아를 '거대국가'와 '다도국가'로 대별하고 별도의 정책을 제시했다. 중국과 인도는 거대국가로 내륙 개발정책을, 인도네시아나 필리핀 등은 다도국가로 수천 개의 섬 사이의 교류망 형성 정책이 우선시된다는 것이다.[29] 이 외에 쌀 품종 면에서도 남베트남, 버마, 방글라데시는 천수답이 아니기에 모내기가 불필요하여 일본 모내기법을 적용할 수 없고, 치수 면에서도 인도 갠지스강이나 중국의 강은 불가능하여 일본식 관개 기술을 가르쳐도 소용이 없다고 지적했다.[30] 민족 간 종교나 경제 개념 차이 역시 아시아 경제개발 정책에서 반드시 유념해야 할 부분이라고 강조했다.[31] 산업 부문에 대해서는 독립 초기 아시아 나라들이 농업국임에도 고도의 공업화를 무리하게 추진했기 때문에 경제개발 계획에 실패했다고 비판하고, 우선 자기 단계에 맞는 농업과 경공업을 개발한 후 고차의 산업으로 이동해가야 한다고 주장했다.[32] 이는 각 나라가 저마다의 조건과

---

28 東畑精一·小倉武一, 「アジアを語る」 『アジア経済』 17:1-2 (1976), pp. 160-161.

29 東畑精一, 「巨大国家と多島国家」, 『中央公論』 89:12 (1974), pp. 56-57.

30 東畑精一·小倉武一, 「アジアを語る」, pp. 161-163.

31 Ibid., pp. 152~156; 東畑精一, 『アジア諸国の諸問題』, pp. 19, 42.

32 東畑精一, Ibid., pp. 4, 14, 40-41.

상황, 자기의 발전 단계에 맞게 산업을 개발 육성함으로써 1차 산업부터 고차산업까지 고르게 발달한 사업구조를 가지게 된다는 그의 전쟁기 광역경제론과 유사한 주장이었다.

이상과 같이 도바타는 아시아를 저마다의 개성을 지닌 나라들의 집합으로 보고, 자기의 특성에 맞는 경제개발을 자조적인 방법으로 이루기를 호소했다. 자조적 방법으로는 자체적인 혁신 세력, 즉 기업가를 양성하기 위한 철저한 내정개혁을 강조했다. 그렇다면 여기서 일본의 역할은 무엇인가? 도바타는 일본의 원조가 아시아의 자조적 국조 형성에 기여해야 한다고 주장했다. 그에 따르면, 일본은 서방과는 달리 아시아를 '종속상태'로 이끌지 않는다는 것이다. 이 차이의 근원을 도바타는 '현지주의'에서 찾았다. '현지주의'란 그가 아시아경제연구소의 기본 방침으로 삼은 연구기조로서, '아시아를 일본식 사고틀로 판단하지 않고 직접 그 나라에 가서 그 나라 언어를 사용하고 그 나라에 발을 딛고 살면서 현지 이익 중심의 연구'를 하는 것이었다.[33] 그는 현지주의에 기반한 일본식 원조가 다른 선진국에 비해 단연 우수하리라고 생각했다. 일례로 그는 미국 케네디 정부의 평화봉사단 정책에 대하여 그것이 일견 현지주의를 지향하는 것처럼 보일 수도 있으나 실상은 '추한 미국인'의 전형성, 즉 '미국식 원조의 혐오스러움'을 없애려는 노력이라며 미국 원조는 대부분 아시아 현지 사정과 특수성을 모르는 고압적이고 일방적이며 단발성이었다고 다시금 상기시켰다.[34]

---

33 加用信文·久我通武·深澤八郎·滝川勉·小島麗逸·木村哲三郎, 「(座談会)」, p. 64.

34 東畑精一, 『アジア諸国の諸問題』, pp. 16~17. '추한 미국인'은 당시 미국 베스트셀러 정치풍자 소

그는 오직 일본만 아시아의 자조적 국조를 위한다고 생각했다.[35]

3. 진보론

도바타가 일본을 아시아의 자조적 국조를 돕는 최적의 조언자로 상정[36]한 데에는 일본은 이미 자조적 국조를 달성한 바 있다는 일종의 진보론적 생각이 자리하고 있었다.

도바타는 전후 아시아 신흥국가와 메이지 일본의 비교를 즐겼다. 똑같은 '국조' 상황에서 메이지 일본은 자조적 국조에 성공했고, 전후 아시아는 미숙하게도 그렇지 못하다는 것이다. 상술하자면, 도바타는

설이었던 William J. Lederer and Eugene Burdick, *The Ugly American* (New York: Norton, 1958)에서 비롯된 말로서, 해외 원조에 나선 미국인들이 현지에서 보이는 태도가 자기중심적임을 비판하는 말이다.

35 '미국을 넘어선다', 또는 넘어서야 한다는 생각은 도바타의 전쟁기에 대한 회고에서도 드러난다. 그는 필리핀 조사단 시절 미국의 필리핀 조사 보고서에 뒤지지 않는 보고서를 만들겠다는 일념으로 최선을 다해 집필했음을 이야기했다. 東畑精一·中村尚司解說·末廣明, 「戦争期の回想 -『私の履歴書』補遺」, 『アジア経済』 25:5-6 (1984), p. 26.

36 도바타의 바람과는 달리, 정작 일본은 아시아 나라들로부터 인정받지 못했다. 1960년대 일본의 개발원조, 경제협력 방식은 국제사회에서 '상업주의'로 크게 비판받았다. 도바타는 이러한 일본의 국익만을 앞세운다는 지적을 의식했는지, 일본 원조 방향에 관해 '제3의 왜구론'을 펼치기도 했다. 이는 근세부터 근대까지 일본은 외국 진출 시 '왜구', 즉 약탈자의 이미지를 벗어나지 못했다는 주장으로, 전후 원조 시에는 그 이미지를 벗어나자는 호소였다. 그는 제1의 왜구를 임진왜란기, 제2의 왜구를 제국일본기, 제3의 왜구를 전후 원조기로 규정하고, 제2기까지는 외국 또는 식민지에 무언가 유산을 남기는 바가 전혀 없었는데, 제3기는 현지 이익 중심의 개발을 통해 일본이 도와준 데 대해 피원조국에게 인정받고 일본의 도움을 길이 남길 수 있게 하자고 주장했다. 그는 이러한 유산을 남긴 예로 영국의 식민주의를 들며, 영국이 식민지 시기 동안 인도의 자체 발전을 위해 자체 인재 양성에 힘썼기 때문에, 독립 후 인도에는 영국식 유산인 문관제도 및 영국의 옛 지배를 상징하는 기념비들이 남아 있다고 소개했다. 東畑精一, 『アジア諸国の諸問題』, p. 36. 물론 인도의 탈식민 독립화 과정이 영국 측의 '세심한 준비' 덕분에 폭력 없이 순조로웠다는 도바타의 주장은 이후 세대에 반박되고 있다. 와다 하루키 외 지음, 한철호 외 옮김, 『동아시아근현대통사』(책과함께, 2014), pp. 330~332.

전후 아시아가 1868년의 일본처럼 새로운 나라를 건설하는 상황으로, 배외주의의 발흥, 반정부세력에 대한 국가의 대대적인 진압, 구체제와 신체제의 조우, 전근대적 구지배 세력과 근대적 마인드의 신개혁 세력의 충돌, 신개혁 세력의 종국적 승리, 적극적인 공업화와 산업화를 겪고 있다고 했다.[37] 하지만 그는 메이지 일본은 외국 자본에 의존하지 않고 자조적으로 근대 국가를 세운 반면, 전후 아시아는 외국 원조를 받고 있다고 강조했다. 이런 그의 비교에 따르면, 메이지 일본은 전후 아시아가 좇을 모범 사례가 된다.

그렇다면 도바타는 '현재' 아시아의 자조적 국조를 논하면서 왜 '과거' 메이지 일본을 언급한 것일까? 분명한 것은 그가 아시아에 메이지 일본의 노하우를 전수하려 했던 것은 아니라는 점이다. 도바타는 흥미롭게도 메이지 일본은 원조 없이 국조를 이뤘다 선언할 뿐, '어떻게' 자조적 국조에 성공할 수 있었는지 그 구체적 방법에 관해서는 논하는 바가 없다. 그 이유는 아마도 메이지기의 국조 방법이 그가 주장해 온 국조 방법에 부합하지 않았기 때문일 것이다. 앞서 보았듯이 그는 아시아의 자조적 국조를 위한 방법으로 '철저한 내정개혁'을 통한 '기업가 육성'을 역설했다. 그런데 정작 메이지 일본은 여기에 적합한 사례가 아니었다. 예를 들어, 메이지 일본은 지주제가 혁파된 것이 아니라 오히려 강화되었고, 원조를 받은 일은 없었지만 대신 제국주의 전

---

37 東畑精一, Ibid., pp. 2-4, 41, 46.

쟁 결과인 배상금으로 공업화·산업화의 자본을 마련했다.[38] 즉, 메이지 일본의 경우는 그가 전후 아시아에 제시한 내정개혁의 내용에 맞지 않을 뿐더러 제국주의 전쟁 같은 경우는 아시아가 따라 할 리 없는 '자조'의 방법이었다.

이와 같은 메이지 일본과 전후 아시아에 대한 도바타의 비역사적이고 자의적인 단순 비교는 일부 아시아 인사로부터 분노를 사기도 했다. 도바타는 1958년 배상 협정 논의를 위해 아시아를 순방하던 중 인도 총리 네루를 만난 자리에서, 전후 아시아는 메이지 일본의 경우처럼 원조에 기대지 않고 자력으로 국가를 만들 노력을 해야 한다고 '직언'한 적이 있는데, 이때 네루가 매우 '언짢아'하면서 담화가 한동안 끊겼다. 이 일에 대해 도바타는 회고하기를, 당시 외교적 결례를 범한 것 같기는 하지만 그래도 역사적 '사실'을 말해야 했기에 어쩔 수 없었다며 여전히 자신의 판단을 옹호했다. 심지어 한 걸음 더 나아가, 역사가인 네루조차도 이렇게 '사실'에 부정적인 반응을 보였다는 것은 당시 아시아가 얼마나 대외원조를 당연시하고 있었는지를 여실히 보여주는 사례라고까지 했다.[39] 실제로 그는 일본 내에서 아시아 개발을 논하는 자리라면 어김없이 이 네루와의 일화를 언급하며 '원조에 기대

---

38 청일전쟁 후 받은 배상금으로 철도와 전신전화망을 확충하고, 일본 최초의 제철소인 이와타 제철소(신일본제철의 전신)가 세워져 그때까지 90퍼센트 이상의 철을 수입에 의존하던 일본이 그 수입량을 크게 줄일 수 있었음은 주지의 사실이다. 피터 두우스 지음, 『일본근대사』(지식산업사, 1989), pp. 155~156.

39 東畑精一, 『アジア諸国の諸問題』, p. 16; 東畑精一, 「後進国援助の一つの感想」, p. 15. 이 일에 대해 도바타는 1960년대 초에는 "지금도 반성하고 있다"며 본인의 외교적 무신경을 탓하는 반면, 1970년대는 과감하게 네루의 태도를 문제시하는 뉘앙스를 풍기고 있다.

는 아시아의 문제'의 심각성을 주장했다. 하지만 정작 네루의 입장에서는 같은 사안을 전혀 다르게 바라봤을 것이다. 네루에게는 일본의 대아시아 원조 문제란 일본의 제국주의적 폭력 행위에 대해 아시아가 배상을 받는 정당한 권리의 문제로, 이를 자조 의지가 결핍된 후진 문명의 문제 정도로 치부하는 도바타의 인식이 오히려 본질을 크게 호도하는 것이라고 판단했을 것이다.

요컨대, 도바타는 '원조 없는 자조적 국조'라는 목표를 향한 발전 도상에서 1868년 메이지 일본과 1945년 전후 아시아가 시간적인 선후 관계에 있다고 상정했다. 이러한 발상은 전후 아시아에 메이지 일본의 성공방식을 알려주어 이들의 자조적 국조를 돕기 위해서라기보다는, 일본 원조의 정당성을 확보하려는 이유가 더 컸던 것으로 보인다. 당시는 일본 국내에서조차 일본을 중진국으로 간주하는 때로서,[40] 일본이 후진국 아시아를 상대로 원조한다는 것은 추가적인 설명이 필요한 일이었다. 그러나 메이지 일본이 전후 아시아보다 '원조 없는 국조'라는 기준을 먼저 달성했었다는 도바타의 발상은 이 일종의 자격 문제를 단번에 해결할 수 있었다. 이제 일본은 아시아 나라들이 국조 시에 맞닥뜨리는 위기를 이미 겪은 바 있는, 더욱이 이를 극복해 '자조적 국조'에 '성공'한 나라로서, 약 70년 먼저 경험한 이 업적에 기초하여 현재의 아시아 나라를 누구보다도 빠르게 해당 목표로 이끌 존재로 제시될 수 있었다.

40　佐藤仁, 「戦後日本の対外経済協力」, 2장.

이러한 진보론적 시각은 도바타의 아시아개발론 전체를 흐르는 일관된 논조였다. 그는 당대 아시아 경제개발계획 추진과 산업화가 '과도한 민족주의', '조급한 민주화', '성급한 공업화'라는 문제점을 갖는다고 주장했다.[41] 그는 단언하기를, 아시아 나라는 외국인이나 외국 자본을 지나치게 배격하거나 문맹이 절대다수인 상황에서 보통 선거를 하는 등 '조급하고, 준비 없이, 일거에, 일의 순서가 전도된 식으로 뛰어드는' 행태를 보이며, 농업국인데도 선진국들의 고도 공업화를 단번에 이루려고 자기의 조건, 일의 단계, 순서를 무시한 채 '모두 뛰기'하고 있다고 비판했다. "중학생이 일거에 대학생이 될 수는 없는 일이다"라는 비유를 통해 단계론적 진보관을 명시적으로 드러내기도 했다.[42] 즉, 아시아는 자기 발전 단계와 수준에 맞지 않는 단순 속도전으로 산업화를 추진하고 있다는 것이었다. 도바타의 눈에는 아시아가 자국의 경제발전 단계와 수준을 알려주고 다음 단계들로 효과적으로 이끌어 올려줄 누군가를 기다리는, 일종의 '역사의 대기실'에 있는 상태로 보였다.[43]

---

41 東畑精一, 『アジア諸国の諸問題』, pp. 2-4.

42 Ibid., pp. 4, 10-12, 40-41.

43 '상상 속 역사의 대기실(the imaginary waiting room of history)' 개념은 Dipesh Chakrabarty, *Provincializing Europe: Postcolonial Thought and Historical Difference* (Princeton: Princeton University Press, 2000), pp. 8-10를 참고하라.

4. 일본 지도론

이렇게 도바타의 진보론은 자연스럽게 일본 지도론으로 연결되었다. 아시아가 혼자 힘으로는 자조적 국조에 다다를 수 없다는 판단 아래, 그는 이를 아시아 순방 중에 만난 한 아프가니스탄 정부 인사의 말을 빌려 확증하고자 했다.

> (일본은) 신흥국의 경제계획 그 자체가 자생적인 발전을 할 수 있도록 원조를 해야 할 것이다. 일찍이 아프가니스탄 기획원 총재 대리가 내게 했던 말, "우리나라에 가장 부족한 것은, 경제원조가 아니라 경제기획 입안자"라던 말은 아직도 내 머릿속에 깊이 박혀 있다.[44]

위의 인용에서 보듯, 도바타는 대아시아 원조에서 일본의 역할이 반드시 '경제 기획 입안자'여야 한다고 생각했다. 그는 일본이 아시아에 물질적 제공자로서 금전적 자본을 공급하기보다는 인적자본, 즉 지식, 기술, 교육을 제공하고 아시아 각국의 경제계획 수립을 돕는 자가 되어야 한다고 주장했다. 구체적으로 그는 바람직한 일본 원조의 형태로 인적 능력, 이를테면 경영, 기술, 기획력, 조언 등의 제공과 아시아 나라와의 공동출자나 능력 합동으로 하는 합작合弁/合辦 등을 꼽았다. 당시 EEC 성립 이후 회자되던 아시아 공동체나 공동시장의 가능성에 대해서는 시기상조라고 못 박고, 그보다는 아시아 나라들과 장

---

44 東畑精一, 『アジア諸国の諸問題』, p. 17.

기 계획을 통합하는 수준을 목표로 해야 한다고 주장했다.[45] 아시아 경제권 형성보다 아시아 각국의 경제성장을 통한 전체적인 지역 성장에 그가 더 큰 관심을 두었기 때문이다. 그는 전반적인 국제분업보다는 각 개별 국가의 상황과 경제발전단계를 고려한 발전 지원, 그리고 일본과 아시아 개별 국가 간의 일대일식 장기 경제계획의 통합을 꿈꿨다.[46] 이는 당시 유행하던 미국식 근대화론보다 덜 획일적으로 보일 수도 있었다.[47]

도바타가 일본을 '경제 기획 입안자'로 상정한 데에는 일본 자신이 전후 경제 재건 중으로 미국만큼 부유하지 않은 현실적인 이유가 있

---

[45] Ibid., pp. 19~20. 시기상조라고 말한 데에는 물론 빈약한 일본 재정의 현실도 있었지만, 일본에 대해 아시아 나라들의 부정적 시각이 있었기 때문이기도 했다. 1955년 반둥회의에서 일본은 한 마디도 제대로 발언하지 못할 정도의 위치였는데, 아시아 나라들은 제국 일본에 대한 기억으로 인해 일본과 경제권을 형성하는 데 회의적이었다. Jessamyn Abel, *The International Minimum: Creativity and Contradiction in Japan's Global Engagement, 1933-1964* (Honolulu: University of Hawai'i Press, 2015), Ch. 8.

[46] 東畑精一, 『アジア諸国の諸問題』, pp. 20, 25-27.

[47] 예를 들어 월트 로스토(Walt Rostow)류의 미국의 근대화론의 경우, 모든 국가가 미국식의 근대화 경로를 따라야 한다고 단선적인 근대화 경로를 주장하는 데 반해, 도바타는 아시아 모두가 일본 식으로 해야 한다고 주장하지 않았다. 다만 '자조적 국조'라는 그가 상정한 근대 국가 건설의 이상 향을 일본이 아시아 나라들보다 미리 달성했다고 전제하고, 이를 바탕으로 일본을 아시아 나라를 이끄는 지도자격으로 위치시켰다. 도바타의 근대화론은 이타가키 요이치와 같이 기본적으로 아시아 개발에서 아시아의 특수성, 특히 아시아의 내셔널리즘에 대한 고려를 강조했다. 이타가키는 전시 중에 동남아시아 개발 현지 조사팀으로 파견되어, 인도네시아 경제개발을 연구할 때 민족주의를 발전의 주요 조건으로 삼았다. 전후 그는 아시아에 여전히 뿌리내리고 있는 '식민지주의적 자본주의'로부터 오는 정체를 타파해야 하며 이를 위해 경제 내셔널리즘에 근거한 국유화 정책, 토지개혁, 공업화 등을 추진할 것을 주장했다. 이타가키 저작과 생애에 대한 연구는, 辛島理人, 『帝国日本のアジア研究』; 이타가키의 후진국의 경제발전 및 민족주의 연구에 대한 도바타의 전면 적인 신뢰는 東畑精一, Ibid., p. 7.

었지만,[48] 그보다 더 중요하게는 그가 전쟁기 때부터 세워온 아시아개발이론의 내적 논리 때문이기도 했다. 도바타의 전후 '경제 기획 입안자'론은 그의 전쟁기 광역경제 주장에서의 '중핵국' 논리를 그대로 가져온 것이었다. 전쟁기 중핵국론 역시 일본을 물적 제공자가 아닌 경제계획 입안자 또는 지도자로 규정했던 것으로, '지역별 지도 시스템을 통한 개발'을 주장하는 것이었다. 그것은 중핵국 일본이 제국 내 '나라'들에게 각각의 수준과 단계에 맞는 경제개발계획 수립을 지원하여, 이들 각자가 본국에 의존하는 일 없이 균형적 산업 발전을 이루고 개별 국민경제를 발전시킨다는 구상이었다.[49]

또한 전후 경제 기획 입안자론은 일본과 아시아 국가 간에 명백한 위계 관계를 설정한다는 점에서 중핵국론의 계승이자 확장이었다. 전쟁기부터 전후까지 그의 개발 논리 속에서 일본은 항상 경제개발 기획자, 계획자, 지도자였고, 아시아는 일본을 따르는 피지도국이었다. 그가 전후에 말하는 일본과 아시아의 파트너 관계, 즉 서로의 경제계획을 일대일로 조정하고 통합하는 관계는 사실 아시아를 일본과 대등한 위치로 본 것이 전혀 아니었다. 그에게 아시아 정부는 일본을 돕는 일종의 조력자이고, 지도자는 한결같이 일본이었다.

이러한 성격은 도바타의 아시아 정부에 대한 묘사를 들여다보면

---

48 東畑精一, Ibid., p. 19.

49 이러한 광역경제 시스템은 식민지나 점령지에 경제개발에 필요한 자본을 지원하는 일은 없었고 오히려 자원만 공수할 뿐이었다. 결국 도바타가 "분할통치를 통한 착취적 형태"라고 강하게 비판했던 서양제국주의 세력의 단작경영 체제와 다를 바 없었다. 엄소정, 「제국 일본의 식민정책학」 p. 125.

분명해진다. 그는 경제계획 입안 파트너로서 아시아의 쿠데타 정부를 특히 높이 평가했다. 그는 이들을 '식민 본국에서 근대적인 교양을 몸에 익힌'[50] 자라고 소개한 후, '(현재) 전근대적 유산을 타파하는 신개혁 세력'으로 '합리적인 경제개발계획을 세우고 이를 안정적으로 실행하며 경제성장을 이끄는 자'라고 설명했다. 즉, 그에게 아시아의 쿠데타 정부 지도자들은 슘페터식 '기업가'들, 즉 경제발전을 이끄는 이들이었고, 이들의 '창조성'은 바로 식민지 시기 식민 본국으로부터 온 것이었다. 결국 일본과 파트너십을 이루는 아시아 신흥국 정부는 이미 '일본'(또는 식민 본국 일반)의 특징을 지닌 존재로서, 일본 그 자체, 대리자 또는 하수인격으로 상정된 존재였다. 이처럼 도바타는 전후에도 아시아 각국 정부의 자율적 지도력을 인정하기보다 일본만이 유일한 지도자라는 식의 논리를 구사했고 이는 전쟁기 중핵국 논리와 다름없는 것이었다.[51]

이러한 논리 속에서 아시아 쿠데타 정부들의 개발독재 역시 도바타에게는 긍정 평가의 대상이 되었다. 이들의 반정부세력 탄압은 도바타가 봤을 때 경제발전을 위한 여건을 만드는 작업이었다. 전쟁기 도바타는 슘페터식 경제발전 논리를 정리하면서 경제발전, 즉 '창조'는 기업가의 '혁신'으로 일어나는데, 이 혁신이 일어날 수 있으려면 소

---

50 東畑精一, 『アジア諸国の諸問題』, p. 6.

51 도바타는 전쟁기 광역경제 논의에서 제국 일본만 기업가이고 일본제국 내 식민지, 점령지 민족들은 기업가, 즉 중핵국 또는 지도국이 될 수 없다고 한 바 있다. 엄소정, 「제국 일본의 식민정책학」, p. 118.

위 '여건 정책Datenpolitik'이 필요하다고 했다. 여건 정책의 예로는 '자연 치안'과 '사회 치안'을 들었고, 전자는 백신처럼 열대 풍토병을 저지하는 공중 보건 위생 정책 등 자연을 안정시키는 정책, 후자는 사상통제, 언론통제, 문화정책, 군사정책과 같이 사회를 '안정'시키는 질서 유지 정책이라고 제시했다. 이상의 논리로 전후 아시아 쿠데타 정부의 독재는 도바타에게 일종의 '사회 치안'의 성공으로 비친 것이다.[52]

요컨대, 도바타의 전후 아시아개발론은 전쟁기 광역경제론의 '지도자 일본' 개념을 확장한 것으로, 광역경제에서는 일본이 제국 전체를 관장하는 유일한 지도자였다면, 전후 세계에서는 아시아에 신흥독립국 쿠데타 정부라는 '식민 본국의 교양, 문화의 담지자'인 일종의 일본 대리자를 두고 이들과 함께 아시아의 경제개발을 이뤄간다는 주장이었다.

Ⅳ. 나오며

냉전기 일본 사회는 대아시아 배상 협정 과정을 거치며 배상을 개발, 원조, 경제협력과 동일시하는 현상을 겪었다. 배상에 대한 논의는 개발에 대한 논의로 전환되었고, 여기에는 도바타와 같은 아시아 개발론자들의 역할이 컸다. 도바타는 배상을 투자로 치환하여 개발, 원

---

52 엄소정, 「제국 일본의 식민정책학」, p. 117.

조, 경제협력의 한 종류로 재규정했다. 그리고 그는 아시아 신흥국의 경제개발 목표를 '원조 없는 자조'를 통한 '근대 국가 만들기'로 상정하고, 이 목표를 이미 일본은 메이지 시기에 달성한 바 있다고 주장하면서 아시아 국가들에 대한 자국의 지도적인 역할을 정당화했다. 그의 전후 아시아개발론은 개별 국민경제를 인정하면서 상대적으로 국제 분업을 덜 강조하는 입장이었지만, 논리 면에서 그가 전쟁기에 펼쳤던 대동아공영권 주장의 재판이었다. '가지지 못한 자'들의 자조를 향한 자율적 경제공동체, 국민경제 설립, 경제계획 입안자이자 지도자인 일본이라는 구상들은 대동아공영권의 경제버전인 광역경제 논의와 다를 바 없는 것이었다.

사실 도바타는 전후 아시아 개발이 전쟁기 아시아 개발의 연장이자 완성형이라고까지 생각하고 있었다. 그는 일본의 개발원조가 나아갈 바를 다음과 같이 이야기했다.

식민, 식민지 경영에는 ··· 두 가지 측면이 있다. 하나는 말할 것도 없이 지배·착취·억압이고, 다른 하나는 종주국 대 피지배국의 관계가 아닌, 한층 인류적인 입장에 서는 것이다. 개척이랄까, 개척자 정신이랄까, 후진국민의 교육 같은 것은 후자의 범주에 속하지만, 전자는 바로 그 평판 나쁜 **'식민지주의'**다. 식민지 영유의 수백 년간, 아프리카 분할의 일 세기 동안 세력을 떨친 것은 오히려 식민지주의였다. 신흥의 후진 독립국의 상당수는 이 주의에 시달린 후에, 성급하고 과도한 민주화, 공업화, 민족주의로 쏠리고 있다. 오늘날의 세계 선진국들은 과거의 오랜 식민지주의 덕분에 자신의 부를 이루어 나라를 구축했지만, 국면은 일대 전환하여 과거 소행의 뒤처리며 그 쓴 과실을 먹지 않을 수 없게 되었다. 앞으로 몇십 년, 후진국 문제는 세계의 고민이지 않을 수 없다. 그러므로 오늘날의 후진국 개발정책은 새로운 치장을 한 구식민지주의의 변형이어서는 안 될 것이다.[53] (강조는 원저자)

여기서 도바타는 제국주의 시대의 '식민, 식민지 경영'은 착취와 개발이라는 두 가지 성격을 가졌지만, 전후의 후진국 원조는 오직 개발의 성격만 갖는다고 주장하고 있다. 즉, 전쟁기 개발 논리가 전후의 바뀐 상황 속에서는 착취 없는 개발의 논리로 온전히 기능할 수 있다는 전제가 섞인 말이었다. 이 주장을 그 자신의 경우에 적용한다면, 광역경제는 식민지주의가 팽배한 전쟁기에는 착취를 동반하기도 했지만, 전후에는 그러한 '나쁜' 면 없이 드디어 본래의 취지인 개발만, 즉 '인류적'인 개척, 개척자 정신을 구현하는 방향으로만 전개될 것이라는 전망이었다.

결국 도바타의 전후 아시아개발론은 대동아공영권의 논리를 그대로 적용하여 연장한 것이었고, 특히 그 지도론으로 인해 전쟁 책임과 배상 문제를 희석화하는 효과를 가져왔다. 그의 사상적 궤적 속에서는 일본과 아시아의 관계가 오직 순수 경제 관계로 치환되었고, 일본은 식민·전쟁기와 전후라는 근현대 전체 시기를 걸쳐 아시아에 '개발'이라는 근대적 '발전'을 가져다준 시혜적 존재이거나 그들의 전범典範으로 제시되었다. 또한 식민·전쟁기와 전후는 아시아 지역 개발의 완

---

53 東畑精一,『アジア諸国の諸問題』, pp. 36-37.

성을 향해 가는 긴 여정의 한 지점들로 간주되었고, 식민·전쟁기 개발 과정에서 있었던 착취는 발전단계상 미숙한 상태에서 벌어진 일시적인, 하나의 과도기적인 것이 될 뿐이었다. 따라서 이러한 논리 속에서는 식민과 전쟁이 사죄하고 배상할 일이 아닌 개발의 완성을 향해가는 일련의 꾸준한 전진이 되는 것이었다.

전후 일본 사회 속 식민지근대화론의 서사는 이와 같은 냉전기 배상 협정을 둘러싸고 전개된 전후 일본의 아시아개발론에 그 기원을 두고 있다. 전후 아시아개발론은 전쟁기 제국개발론의 논리를 그대로 가져와 쓰는 가운데 전쟁기를 '배상할 일 없는 개발의 시대'로만 그리게 되었다. 이처럼 배상이 개발원조로 전환된 논리 구조 속에서는 식민지 배상 문제가 적절한 위치를 찾기는 어려웠다.[54]

---

[54] 역사인식문제의 기원을 따질 때, 아사노 도요미(淺野豊美) 등은 일본 사회 내 식민지 배상 책임에 대한 거부감이 일었던 1940년대 말 인양과 역청구권 문제로 불거진 감정 문제를 중요시한다. 하지만 필자는 그러한 감정을 '논리적'으로 정당화하여 한층 광범위하고 지속력 있게 만든 것에 더욱 주목하며, 이는 1950년대, 1960년대 배상 협정기 동안 만들어진 아시아개발론자들의 언설들, 즉 전쟁기와 전후를 개발을 향한 단선적 여정에 위치시킨 서술이었다고 본다. 일례로 아마키 나오토(天木直人) 일본 외무성 인사는 한 인터뷰에서 한일협정 당시 일본 측 분위기를 전하며 다음과 같이 말했다. "1969년 외무성에 들어가 한국 경제원조 업무를 맡았을 때, 당시 '원조'가 아니라 한국에 대한 '배상'이라고 해야 맞(았)다. 되짚어 보면 그때부터 외무성은 침략에 대한 사죄를 하지 않았다." 즉 외무성은 배상을 원조로 부른 시기, 즉 배상 협정을 거치며 이전 식민지 나라들에 사죄할 일이 없다는 역사 인식을 정립하게 되었다는 증언이다. 필자는 이 현상을 패전 직후의 배상에 대한 감정적 거부감이 배상협정기 아시아개발론자들의 언설 속에서 '논리적인' 정당화 근거를 찾아 강화되고 고착된 것이라고 분석하겠다. 淺野豊美(編)著, 『戰後日本の賠償問題』, 서론; 박형준, 「일본인들, 귀무덤의 역사 알면 한국에 사죄할 것」, 『동아일보』, 2021.10.26., https://www.donga.com/news/People/article/all/20211026/109906992/1 (2024년 12월 1일 검색)

극동을 통해 본 1930년대 소련의 도시건설계획

The Urban Construction Plan of the 1930s Soviet Union
Seen through the Far East

권경택

광주과학기술원 / 융합교육 및 융합연구센터 연구원

I. 들어가며[*]

"레닌그라드의 건축가들은 콤소몰스크-나-아무레에서 성장하고 단련됐다." 1977년 극동지역 신문 『극동의 콤소몰스크Дальневосточный Комсомольск』에는 콤소몰스크-나-아무레(이하 콤소몰스크) 도시 설립 45주년을 기념하는 소련 건축가 니콜라이 빌리예프-프로토포포프Николай Быльев-Протопопов의 회고 기사가 실렸다.[1] 20대 중반의 나이에 별다른 경력도 없이 아무르조선소 건설책임자로 1932년 극동에 파견된 그는 그곳에서 콤소몰스크의 첫 번째 도시건설계획안 제작 과정에 참여하면서 소련 사회의 진급자Выдвиженец로 성장했다.

그가 건축가로 활동했던 1930년대 전반기는 소련의 건축 및 도시

---

[*] 본고는 『도시연구: 역사·사회·문화』 36 (2024)에 게재된 바 있음을 밝힌다. 관련 서지 사항은 다음과 같다. 권경택, 「극동을 통해 본 1930년대 소련의 도시건설계획」, 『도시연구: 역사·사회·문화』 36 (2024), pp. 59-88.

[1] 《Дальневосточный Комсомольск》. 6 Июля 1977 г.

계획 역사에서 구성주의가 몰락하고 스탈린 양식Сталинский ампир이라 불리는 신고전주의가 대두된 전환의 시기로 알려져 있다. 사조의 변화에 관하여 학자들은 다양한 견해를 제시하고 있다. 대표적으로 러시아학자 S. O. 한-마고메도프С. О. Хан-Магомедов는 미적 측면의 변화에만 주목하여 현상을 설명하고 있다. 그는 공간의 기능성과 효율성에 기반하여 수평적 형태의 건축물을 강조한 구성주의와 화려한 외관 장식과 웅장하고 수직적 형태의 건축물을 추구한 신고전주의를 비교하며 전자를 후자의 안티테제로 규정한다.[2] 이에 반해 휴즈 D. 허드슨 Huge D. Hudson은 러시아국립문학예술문서보관소Российский государстве нный архив литературы и искусства의 자료에 기반하여 스탈린의 문화혁명으로 촉발된 세대 간의 정치적 갈등에서 사조 변화의 원인을 찾고 있다. 그에 따르면 소련에서 교육을 받고 자란 젊은 공산주의 건축가들은 전러시아프롤레타리아건축가동맹Всероссийское общество пролетарских архитекторов을 결성한 후 제정 러시아에서 교육을 받은 중년의 구성주의자들의 작품을 비난하면서 건축 사조의 변화를 주도했다. 하지만 이는 어디까지나 구세대 건축가들을 요직에서 몰아내기 위한 목적에서 추진됐다. 젊은 세대는 러시아국립기술대학BXYTEMAC에서 구세대 구성주의자들의 가르침을 받았을 뿐만 아니라 졸업 후 현장에서 활동하면서 그들과 우호적인 관계를 유지했다.[3] 변화의 원인이 무엇이든

---

2   С. О. Хан-Магомедов, *Георгий Вегман* (М.: Русский аванград, 2009); __, *Михайл Охитович* (Москва: Русский аванград, 2009).

3   Hugh D. Hudson, *Blueprints and Blood: The Stalinization of Soviet Architecture, 1917-1937*

현대건축가연합Объединение современных архитекторов이 소비에트건축가연합Союз советских архитекторов에 흡수된 1932년을 기점으로 구성주의자들은 소련 건축 및 도시계획 분야에서 영향력을 상실했다는 이들의 주장에 대해 다닐로 우도비치-셀브Danilo Udovicki-Selb의 최근 연구는 근본적인 의문을 제기하고 있다. 모이세이 긴즈부르그Моисей Гинзбург와 같은 저명한 구성주의자들이 1932년 이후에도 꾸준하게 활동한 모습에 주목한 그는 대숙청이 본격화되는 1937년까지 구성주의자들이 여전히 해당 분야에서 중추적인 역할을 담당했다고 주장한다.[4]

건축 사조가 급격하게 변했다고 알려진 1932년에 건설되기 시작한 소련 극동 도시 콤소몰스크의 초기 도시건설계획안을 분석하면서 본고는 구성주의에서 신고전주의로의 이행은 완만한 속도로 진행됐으며 궁극적으로 신고전주의에 바탕을 둔 도시건설계획이 수립됐으나 극동의 지정학적 요인에 의해 실현되지 못했음을 보여줄 것이다. 1929년 중동철도 사건을 기점으로 만주 및 극동지역에서 급증하기 시작한 일본의 군사 및 경제적 침략에 대비하기 위해 소련 지도부는 이 지역의 공업화 및 군사화에 박차를 가했고 콤소몰스크는 이러한 목표를 수행하기 위해 건설된 도시였다. 따라서 신도시의 역할은 전초기지로서의 소련 동부 변경을 방어하는 데 있었으며 사회주의의 우월성을 보여주기 위한 신고전주의 스타일의 도시건설은 소련 지도부의 주

(Princeton: Princeton University Press, 1994).

4 Danilo Udovicki-Selb, *Soviet Architectural Avant-Gardes: Architecture and Stalin's Revolution from Above, 1928-1938* (London: Bloomsbury Visual Arts, 2020).

된 관심사가 아니었다.

II. 도시건설계획의 주체
: 조선소건설-설계트러스트(Верфьстройпроект)

1930년대 초 소련의 도시계획을 주도적으로 이끈 기구는 도시설계국립연구소Гипрогор였다. 제1차 5개년계획이 시작된 이래 이 기구의 주요 임무는 기존 도시를 재건하고 신설될 중공업단지의 노동자 거주지Посёлки를 건설하는 일이었다. 이 시기 연구소의 기초조사부는 50개, 계획부는 또 다른 57개 도시의 (재)건설 작업에 직간접적으로 관여하고 있었다.[5] 하지만 도시설계국립연구소는 콤소몰스크 건설 계획에 참여하지 않았다. 조선소건설-설계트러스트, 극동산업건설Дальпромстрой, 그리고 국립비행기설계연구소Гипроавиа라는 세 기구가 아무르조선소(199호 공장)와 비행기공장(126호 공장)을 짓는 임무를 맡으면서 각자의 공장을 중심으로 하는 도시건설계획을 준비했다. 각 기구의 명칭이 보여주는 것처럼 그들의 전문분야는 도시건설계획이 아닌 산업시설 건설이었다. 이러한 점은 소련 당국이 아무르강 일대에 사회주의 도시를 건설하는 일보다는 군사 및 경제적 목적의 전초기지 건설

---

5   И. А. Казусь, *Советская архитектура 1920-х годов: организация проектирования* (Москва: Прогресс-Традиция, 2009), p. 155.

에 관심이 있었음을 보여준다. 극동에서 나날이 증가하는 일본의 군사 및 경제적 위협에 대비하기 위해 지역의 공업화와 군사화는 불가피했으며 이를 신속하게 달성하기 위해 소련 지도부가 산업시설 건설 전문기구들에게 중책을 맡긴 것은 자연스러운 결과였다.

하지만 이 기구들은 자신들의 공장을 중심으로 도시건설계획을 추진했기에 종합적인 차원에서의 계획은 콤소몰스크 건설 초기에는 존재하지 않았다. 즉, 126호 공장 건설을 담당한 국립비행기설계연구소는 오늘날 콤소몰스크의 두 행정구역 중 하나가 될 드좀기Дзёмги를, 199호 공장 건설을 책임진 조선소건설-설계트러스트와 극동산업건설은 또 다른 행정구역이 될 페름스코예Пермское를 중심으로 도시건설계획안을 준비했고 다른 조직이 담당한 지역을 계획에 포함시키지 않았다.[6]

아무르조선소 건설과 관련하여 극동산업건설이 부지의 지질 및 지형조사와 같은 기초작업에 집중했다면 1932년 1월 중공업인민위원 세르고 오르조니키제Серго Орджоникидзе의 명령에 의해 설립된 조선소건설-설계트러스트는 도시 부지 확정, 조선소시설 설계도 제작과 같은 실질적인 업무를 담당했다. 이 조직은 출범과 동시에 발트해 및 흑해에서 조선소건설 사업을 이끌면서 소련의 중공업화 과정에서 중추

---

6 Российский государсвтенный военный архив (러시아국립군사문서보관소, 이하 РГВА로 약칭), ф. 9, оп. 29, д. 170, л. 81; *Верфьстройпроект: 1931-1933* (Ленинград: НКТП СССР, 1933), pp. 18-19.

적인 역할을 수행했다.[7] 두 지역은 제정 러시아 시기부터 전통적으로 러시아 해군의 핵심지역이었던 반면 1860년대 이래 러시아가 본격적으로 진출하기 시작한 극동지역에서는 제1차 5개년계획 이전까지 극동조선소Дальзавод를 제외하고는 대규모 선박 건조 시설이 존재하지 않았다. 이러한 상황 속에서 조선소건설-설계트러스트는 극동의 공업화 성패를 좌우할 아무르조선소 건설이라는 중책을 맡았다.

이 기구는 소련 전역에 걸쳐 조선소와 같은 산업시설을 중심으로 노동자 거주지, 더 나아가 사회주의 도시계획도 고안했다. 그들이 제작한 도시계획안은 1932년을 기점으로 구성주의 스타일의 도시계획이 급속하게 사라졌다는 학계의 오래된 믿음에 의문을 제기하고 있다. 1933년 조직이 출판한 산업시설 및 도시계획에 관한 앨범에는 D. T. 코브체프Д. Т. Ковчев와 S. L. 페르무트С. Л. Пермут라는 두 젊은 건축가들이 디자인한 로스토프주州 노보체르카스크Новочеркасск 사회주의 도시계획안이 실렸다. 그들의 작업은 탈중심주의와 기능에 따른 도시구획이라는 측면에서 여전히 구성주의적 요소를 포함하고 있었다. 예를 들어 구성주의 잡지『현대건축Современная архитектура』의 편집인이자 러시아소비에트연방사회주의공화국 재무인민위원 N. A. 밀류틴Н. А. Милютин이 고안한 선형도시계획을 도시에 적용시키려는 시도가 있었다. 선형도시는 기능에 따라 도시를 산업, 녹지, 거주 및 공원, 그리고 집

---

7   조선소건설-설계트러스트는 1933년까지 레닌그라드에서 세 개, 세바스토폴에서 하나, 그리고 콤소몰스크에서 하나의 조선소건설을 책임졌다. *Верфьстройпроект: 1931-1933*, p. 5.

단농장이라는 일자형 형태의 개별 지구로 나누는 것이 핵심이다.[8] 그 결과, 노보체르카스크 사회주의 도시계획은 단일한 중심지의 형성을 원천 봉쇄할 수 있었고 각 지구는 도로 교통 네트워크를 기반으로 유기적으로 연결됐다.

이처럼 구성주의 스타일을 유지하고 있던 조선소건설-설계트러스트가 1932~33년에 콤소몰스크에서 아무르조선소 및 그 일대의 노동자 거주지 건설, 궁극적으로는 도시건설계획안 제작이라는 임무를 맡았다는 사실은 당국이 소련 전역에 걸쳐 구성주의라는 사조를 엄격하게 통제하고 있지 않았음을 보여준다.

III. 니콜라이 빌리예프-프로토포포프(1907~1986)의 도시건설계획

최초의 콤소몰스크 도시건설계획안을 제작한 인물은 니콜라이 빌리예프-프로토포포프였다. 건설 현장에서 중책을 맡은 적이 단 한 번도 없었던 그는 25세의 나이에 아무르조선소 건설책임자 자리에 오른 1930년대 소련의 전형적인 진급자였다.[9] 그의 아버지는 학교에서 미

---

8   N. A. Miliutin, *Sotsgorod: The Problem of Building Socialist Cities* (Boston: MIT Press, 1974), p. 66.

9   소련 체제하에서 교육을 받고 젊은 나이에 건설현장의 책임자에 오르는 일은 1930년대에 흔한 일이었다. 30대 초반 고리키(오늘날 니즈니 노브고로드)의 재건계획을 담당한 니콜라이 솔로프넨코(Николай Солофненко)의 사례는 다음의 연구에서 확인할 수 있다. Heather D. DeHaan, *Stalinist City Planning: Professionals, Performance, and Power* (Toronto: University of Toronto,

술교사로 근무했으나 아들이 건축가로 성장하는 데 직접적인 영향을
주지 않았다. 열악한 가정환경으로 인해 13~14세 무렵부터 학업과 노
동을 병행한 프로토포포프가 정식으로 예술과 건축에 관한 교육을 받
기 시작한 때는 1922년 페트로그라드 소비에트 산하 예술학교를 방문
하면서부터다. 그곳에서 청강생으로 수학하면서 제정 러시아 시기에
작품 활동을 시작한 저명한 레닌그라드의 중년 예술가들인 D. I. 미트
로힌Д. И. Митрохин, M. E. 플라투노프М. Е. Платунов, R. I. 루다코프Р. И. Р
удаков와 인연을 맺었다. 그들과의 교류를 통해 프로토포포프는 직업
예술가이자 건축가의 꿈을 키워나갔다.[10] 구세대의 영향이 그의 직업
선택에 영향을 줬다면, 그의 동년배들은 프로토포포프가 추구한 예술
주제와 건축 스타일에 영향을 줬다. 기계와 산업단지를 작품의 주요
소재로 삼았고 1926년 무렵에는 이미 상당한 명성을 누리고 있던 삽
화가 V. A. 탐비В. А. Тамби와의 교류는 프로토포포프가 공장시설과 이
를 중심으로 하는 도시건설계획에 관심을 갖게 만들었다. 그들은 레
닌그라드를 배회하면서 주요 공단을 스케치했고 이러한 시간은 산업
단지에 대한 그의 호기심을 자극했다.[11] 독일 이민자 출신이자 공산주

2013), Chap. 4. 제1차 5개년계획 시기 진급자의 출현과 그 의미에 관한 연구는 다음과 같다.
Sheila Fitzpatrick, *Education and Social Mobility in the Soviet Union 1921-1934* (Cambridge:
Cambridge University Press, 1979).

10 Центральный государственный архив литературы и искусства Санкт-Пете
рбурга(상트페트르부르크중앙국립문학예술문서보관소, 이하 ЦГАЛИ СПб로 약칭), ф. Р-78,
оп. 8, д. 18, л. 9.

11 Городской краеведческий музей Комсомольска-на-Амуре (콤소몰스크-나-아무
레 지역박물관, 이하 ГКМ КнА), кп нвф. 10660-1, л. 21. 콤소몰스크-나-아무레 지역박물관은

의자 이그나티예비치 페사티Игнатьевич Пессати와의 우정 또한 건축분야에서 프로토포포프의 지적 경계를 넓히는 데 중요한 역할을 했다. 1929년 무렵부터 국립제철소설계연구소Гипромез에서 근무하던 프로토포포프는 1931년 국립특수철강생산공장설계연구소Гипроспецмет로 전근을 갔을 때 그곳에서 일하고 있던 페사티를 만났다. 그는 인테리어 담당자로 활동하고 있었는데 자신의 현장 경험을 프로토포포프와 공유함으로써 건축학에 대한 그의 이해도를 증진시키는 데 도움을 줬다.[12]

신구세대와의 교류 속에 직업 건축가로 성장한 프로토포포프는 1932년 2월 또다시 조선소건설-설계트러스트로 전근을 갔는데 이를 계기로 콤소몰스크 도시건설계획에 참여하게 됐다. 그곳에서 M. 레빈손М. Левинсон의 명에 따라 산업시설의 아치형 대들보 도면을 제작했는데 이 작업은 그에게 "대단히 지루"했다.[13] 업무에 대한 불만이 절정에 달했을 무렵 수석 엔지니어 I. Z. 모주고И. З. Можуго는 아무르조선소 건설책임자로 프로토포포프를 임명했다. 그로부터 얼마 지나지 않은 1932년 8월에 정부위원회의 일원으로 그는 극동에 파견됐으며 그곳에서 지형조사 및 조선소를 중심으로 하는 신도시의 부지를 결정하는 임무를 완수했다.[14]

그가 모스크바로 돌아왔을 때 모주고는 첫 번째 도시건설계획안

러시아 문서보관소가 따르는 일반적인 문서 분류법(Фонд, Опись, Дело)이 아닌 자체적인 분류법을 갖고 있다.

12 Ibid.

13 Ibid.

14 《Дальневосточный Комсомольск》, 6 Июль 1977 г.

의 기초작업을 위해 작업반을 편성했고 프로토포포프에게 반장의 직책을 맡겼다. 그를 포함해 드미트리 코브체프Дмитрий Ковчев, 유리 지마레프Юрий Зимарев, 그리고 레오니드 베를리네르브랴우Леонид Берлинербляу가 작업반을 구성했다. 이들은 모두 1901년에서 1907년 사이에 태어난 젊은 건축가들로 소련의 교육기관에서 건축 관련 교육을 받았으며 도시계획에 관한 경험이 부족했다. 그럼에도 불구하고 그들은 자신들의 경력 초기부터 극동의 중요한 군사 및 경제적 전초기지가 될 도시를 건설하는 임무를 맡았다. 작업반은 레닌그라드에 사무실을 차리고 콤소몰스크의 도시건설계획안을 만들었다. 앞서 살펴본 것처럼 프로토포포프는 장기간 극동에 거주하면서 도시가 될 곳의 지형과 환경을 조사한 것이 아니라 단기 출장을 통해 관련 정보를 수집했다. 작업반 동료들은 콤소몰스크를 방문조차 하지 않았기 때문에 아무르지역 지형에 대한 구체적인 정보를 갖고 있지 않았다. 오직 프로토포프만이 도시 부지를 직접 방문했기 때문에 그들은 프로토포포프의 조사에 전적으로 의지할 수밖에 없었다. 이 과정에서 1920년대 페트로그라드 소비에트 기관에서 프로토포포프가 배운 회화는 커다란 도움이 됐다. 그는 자신이 직접 목격한 조선소 건설현장과 주변 환경을 수채화로 그렸고 이를 바탕으로 레닌그라드에서 작업반 동료들은 도시건설계획안을 만들 수 있었다.[15]

　하지만 계획안이 완성되기 전인 1933년 1월 30일에 그들은 새로

15　ГКМ КнА, кп оф. 6040-1, л. 3.

운 조직인 산업체건설계획트러스트Промстройпроект로 전근을 갔다. 중공업인민위원회는 프로토포포프가 속한 조선소건설-설계트러스트를 포함하여 제철소건설트러스트Металлостройпроект, 기계제작트러스트Машиностройпроект를 통합해서 이 조직을 만들었다. 1932년 4월 23일 정치국은 소비에트건축가연합을 제외한 다른 건축 조직을 제한했기 때문에 이러한 조직 재편은 건축과 도시계획 분야에서 소련 당국이 추진한 건축 사조 통제의 결과로 볼 수 있을 것이다.[16] 실제로 이 시기에 전러시아프롤레타리아건축가동맹이 공개적으로 구성주의자들의 도시계획과 건축디자인을 기회주의자들의 허무맹랑한 환상이라고 비난했다는 점과[17] 조선소건설-설계트러스트가 구성주의 스타일의 도시계획을 고안했던 점을 고려하면 조직 재편은 건축 사조의 변화와 관련이 있다고 여길 수 있다. 하지만 산업체건설계획트러스트의 탄생은 실용적인 이유 때문이었다. 중공업인민위원회는 서로 다른 기구에서 동일한 업무를 담당하면서 발생하는 행정적이며 경제적인 비용을 줄이고 건설 디자인의 수준을 높이기 위해 기구 통합을 추진했던 것이다.[18]

콤소몰스크 건설의 책임 기구가 된 산업체건설계획트러스트가 가장 먼저 한 일 중 하나는 아무르조선소 및 화학공장 101호의 노동자를

16　*Власть и художественная интеллигенция: Документы 1917-1953* (Москва: Международный фонд Демокрация, 1999), p. 172.

17　Frederick S. Starr, "Visionary Town Planning during the Cultural Revolution," *Cultural Revolution in Russia, 1928-1931* (Bloomington: Indiana University Press, 1978), p. 237.

18　Российский государственный архив экономики (러시아국립경제문서보관소), ф. 7297, оп. 44, д. 5, л. 461.

위한 학교 건물 디자인을 완성하여 교육인민위원회에 제출하는 것이었다. 위원회는 공장의 완성과 더불어 도시 인구의 증가를 예상했기 때문에 노동자들과 그 가족들에게 교육 기회를 제공하기 위해서 가능한 한 신속하게 학교를 완공하길 원했다. 산업체건설계획트러스트가 제작한 학교 건물 디자인은 모스크바에서 벌어지고 있던 구성주의에 관한 가혹한 비판과 달리 건축 사조의 변화가 지역 차원에서는 완만히 이뤄졌음을 보여준다. 프로토포포프가 검수한 학교 건물 구조는 기능성과 효율성을 강조한 구성주의 스타일을 전적으로 보여준다. 구체적으로 살펴보면, 학교 건물은 세 개의 동이 'ㄷ'자 형태로 연결된 구조였다. 중앙동을 중심으로 좌우 양측에 배치된 건물 구조에서 우측 동은 336명의 초등학생을, 좌측 동은 240명의 중학생을 수용할 수 있는 공간이었다. 각 동을 연결하는 중앙동에는 두 학교 학생들이 공동으로 사용할 체육관, 식당, 샤워실이 위치했다.[19] 이러한 건물 구조는 구성주의자 그리고리 시모노프Григорий Симонов(1893~1974)가 디자인한 레닌그라드의 트카체이Ткачей 거리에 위치한 학교 구조와 매우 흡사했다. 서로 다른 높이와 길이였으나 3동으로 이뤄져 있던 이 건물은 외관의 수평적 특성을 강조하며 좌우로 길게 늘어서 있었다. 길이가 가장 긴 3층짜리 동은 초등학교로 사용됐으며 4층으로 이루어진 또 다른 동은 중등학교로 활용됐다. 이 두 동은 구름다리 형태의 연결 통로

---

19 Государственный архив Российской Федерации (러시아연방국립문서보관소, 이하 ГАРФ로 약칭), ф. А-2306, оп. 70, д. 6601, лл. 2, 5-6.

를 통해 중앙동과 연결됐으며 그곳에는 도서관, 식당이 자리 잡고 있었다.[20] 이처럼 구성주의적 특징을 지닌 콤소몰스크 학교 건물의 내부와는 대조적으로 외부는 신고전주의의 특징을 보였다. 3층으로 이루어진 화학공장 학교 건물이 특히 그러했는데 고대 그리스 로마의 건축 양식을 상기시킬 정도로 건물 외관은 대리석으로 장식됐으며 건물의 좌우 대칭과 비례가 눈에 띄는 특징이었다. 더 나아가 건물 상층부를 석조 동상으로 장식할 계획이었다.[21]

이러한 건축 사조의 과도기에 프로토포포프는 산업체건설계획트러스트에서 도시건설계획 업무를 계속 수행했다. 1932년 극동 출장에서 프로토포포프가 그린 건설 현장 수채화를 도시계획에 활용하기 위해 1934년 8월에 트러스트는 그와 수채화 이용에 관한 계약을 맺었다.[22] 이러한 사실은 그가 2년 전 출장을 통해 이미 도시 부지를 조사하고 확정했음에도 불구하고 여전히 제대로 된 도시건설계획안이 수립되지 않았음을 보여준다. 따라서 1934년 그는 다시 한번 계획안 작성을 위해 45일 간의 또 다른 극동 출장을 떠났다.[23] 그 성과를 기반으로 프로토포포프의 레닌그라드 작업반은 1935년 첫 번째 도시건설계획안을 공식 발표했다[그림 1].[24]

---

20 Б. М. Кириков, *Архитектура ленигргадского авандарда: Путеводитель* (СПб.: Коло, 2018), pp. 154-157.

21 ГАРФ, ф. А-2306, оп. 70, д. 6602, л. 3.

22 ГКМ КнА, кп оф-7761, л. 2.

23 Ibid.

24 ЦГАЛИ СПб, ф. Р-109, оп. 11, д. 11, л. 2.

그림 1 첫 번째 콤소몰스크 도시건설계획안

콤소몰스크 도시계획을 연구한 학자들은 그의 계획안을 첫 번째 도시건설계획안으로 여기지 않고 있으며 이를 아무르조선소의 노동자 거주지 건설을 위한 계획으로 정의하고 있다. 대신에, 그의 뒤를 이어 1939년 도시건설계획안을 발표한 보리스 단치치Борис Данчич의 계획을 최초 계획안으로 보고 있다.[25] 그러한 까닭은 오늘날 도시의 두

---

25 Я. А. Мылова и Н. П. Крадин, "Специфика формирования архитектурно-град остроительной среды советского города середины XX в. (на примере г. Ком сомольска-на-Амуре, Хабаровский край)," *Баладинские чтения* 9:1 (2014), pp.

행정구역인 중앙 및 레닌 지구를 관통하는 실린카강Силинка의 좌, 우
안을 모두 포괄하는 도시건설계획을 단치치가 최초로 만들었으며 프
로토포포프는 오직 강의 우안을 중심으로 도시건설계획을 디자인했
기 때문이다. 하지만 그는 1932년 여름 극동 출장때 시행한 조사를 기
반으로 도시구역을 공식적으로 확정했으며 그가 도시건설계획안 작
업에 착수했을 때 실린카강의 좌안은 도시구역에 포함되지 않았다.
이러한 의미에서 프로토포포프의 1935년 계획안을 도시의 첫 번째 계
획안으로 보지 않을 이유는 없다.

한편, 프로토포포프는 자신이 이끈 작업반의 조사와 활동만으로
계획안을 완성하지 않았고 극동산업건설이라는 또 다른 조직의 조력
도 받았다. 산업체건설계획트러스트와는 별개로 이 조직은 1933년 6
월 아무르조선소 노동자 거주지 계획안을 발표했다. 이 디자인은 프
로토포포프의 계획안처럼 아무르조선소가 위치하게 될 실린카강의
우안만 계획에 포함시켰다. 무엇보다 두 계획안은 도시 구조의 대칭
및 전체적인 조화Ансамбль, 그리고 단일한 중심지를 강조하는 신고전
주의적 특징을 지니면서 점진적인 건축 사조의 변화를 보여줬다.[26] 이
러한 유사성은 극동산업건설과 산업체건설계획트러스트 사이에 협
력이 있었음을 짐작케 한다. 구체적으로 살펴보면, 1933년 아무르조
선소 노동자 거주지 계획안을 바탕으로 극동산업건설 소속 건축가 빈

359-377.

[26] Комсомольский-на-Амуре городской архив(콤소몰스크-나-아무레도시문서보관소,
이하 КнАГА로 약칭), ф. Р-15, оп. 4, д. 61, л. 10.

네르Виннер는 1934년 2월 3만 명 거주를 목표로 하는 계획안을 발표했다. 그는 도시의 행정, 문화, 경제와 관련된 주요 시설들(도시 소비에트, 문화의 집, 국영상점)을 단일한 중심지에 건설할 계획이었다.[27] 또한 계획안에는 도시의 중심지를 관통하는 두 개의 대로가 존재했다. 첫 번째 도로는 기차역에서 출발해 아무르강 제방까지 남북으로 길게 뻗었으며, 두 번째는 오늘날 도시에 존재하고 있는 키로프 거리의 초기 버전이었다. 이들 거리는 프로토포포프의 계획안에 나타난 거리와 위치상 차이가 없었다. 유일한 차이점은 프로토포포프의 버전에 따르면 도시 중심부에 문화궁전이 존재했고 독립적인 문화지구가 있었다는 점이다. 이들의 도시 구조는 단일한 도시 중심지를 거부하고 복수의 중심지를 통해 특정 구역에 도시의 시설이 몰리는 것을 피하려 한 구성주의 도시계획과는 확연한 차이를 보였다. 또한, 구성주의 도시계획에서 핵심은 공장이 위치한 산업단지였으며 그곳을 중심으로 도시의 모든 주요 도로들이 뻗어나가는 구조였다면, 신고전주의에 기반한 그들의 도시계획안에서 핵심이 되는 시설은 행정기관이었다.

한편, 프로토포포프는 세부적인 도시 전경 스케치를 통해 신고전주의적 특징을 지닌 건축물을 선보였다. 좌우 대칭 구조와 창문의 균일한 배열적 특성을 보이는 4~5층짜리 석조건물들로 이는 전형적인 신고전주의 건축 양식이었다. 더 나아가 그는 도시 중심부에 위치한 문화궁전 앞에 거대한 석조상을 세우려 계획했는데 이 또한 새로운

27　КнАГА, ф. Р-15, оп. 4, д. 61, л. 14.

건축양식의 대표적인 특징이었다.

이처럼 프로토포포프는 국가가 승인하고 후원하는 신고전주의 양식에 기반한 건축 및 도시건설계획안을 발표했으며 콤소몰스크는 황무지에 세워질 도시였기에 그의 계획을 실현하기에는 최적의 장소처럼 보였다. 하지만 계획안은 도면으로만 존재하게 됐는데 1936년 오르조니키제의 명에 따라 도시계획 업무가 국립도시건설연구소Горстройпроект로 이관되면서 프로토포포프는 더 이상 이 작업에 참여하지 않았기 때문이다. 이관의 표면적 이유는 업무의 효율성을 높이기 위함이었으나 이는 사실과 달랐다. 조선소와 비행기공장을 통해 군수물자의 신속한 생산을 원했던 소련 당국은 프로토포포프의 도시건설계획안을 폐기한 후 1939년까지 새로운 계획을 발표하지 않았다. 그 결과 1930년대 말까지도 대다수의 거주민들은 목재로 된 임시가옥에 거주했으며 도로 및 대중교통과 같은 도시의 기본적인 인프라 구축은 요원하기만 했다.[28]

IV. 보리스 단치치(1892~1942)의 도시건설계획

소련에서 교육을 받고 진급자로 성장한 젊은 건축가 프로토포포프가 도시건설계획에서 손을 뗀 후 이 분야에서 경험이 풍부한 중년

---

[28] ГАРФ, ф. А-259, оп. 36, д. 144, л. 39 и Ф. А-314, оп. 1, д. 7609, л. 19.

의 단치치가 새로운 책임자로 임명됐다. 그의 경력은 구성주의에서 신고전주의로의 이행을 고스란히 보여준다. 오늘날 우크라이나의 도시 이줌Изюм에서 태어난 그는 건축가로서 엘리트 교육을 받았다. 1912년 왕립예술아카데미의 건축가 레온티 니콜라예비치 베누아Леонтий Николаевич Бенуа, 1856~1928 밑에서 수학한 그는 제1차 세계대전과 볼셰비키 혁명으로 인해 잠시 학교를 떠났다가 1925년에 이르러 교육과정을 이수했다. 졸업 후 그는 국립제철소설계연구소에서 일하면서 공업단지를 디자인하는 일에 종사했다. 제정 러시아에서 건축을 공부한 그는 1920년대 저명한 구성주의자들이 교수로 근무한 고등예술-기술스튜디오Высшие художественно-технические мастерские와 연이 없었음에도 불구하고 구성주의 건축 양식을 적극 수용했다. 1920년대 후반부터 소련이 추진한 공업화는 구성주의자들로 하여금 다양한 건축 실험을 진행할 공간을 제공해줬다. 특히 우랄지역 공업도시들을 중심으로 도시계획이 활발히 진행됐고 단치치 또한 이러한 시류에 합류해 마그니토고르스크 도시계획 조감도를 1929년에 발표했다. 그의 계획은 철강공장을 중심으로 도시의 주요 도로가 방사형으로 뻗어나가는 전형적인 구성주의 스타일을 보여줬다.

하지만 1934년 그가 마그니토고르스크의 새로운 도시건설계획안을 발표했을 때 그는 구성주의자가 아닌 신고전주의 건축가로 변해 있었다. 국가 트러스트인 스탄다르트고르프로엑트Стандартгорпроект의 이름하에 그는 마그니토고르스크의 계획안을 발표했다. 도시구역은 비례, 균형 그리고 대칭을 이루며 신고전주의 양식이 강조한 시각적 아름다움과 조화를 구현했다. 또한, 단치치는 도시를 관통하는 다리를 중앙 광장과 연결시켰는데 이 광장은 신고전주의식 석조 건물로 둘러싸여 있었으며 이는 마치 고대 그리스 신전을 연상시켰다.[29] 마그니토고르스크에서의 작업을 마친 후 그는 국립도시건설연구소의 직원으로 콤소몰스크의 두 번째 도시건설계획안 작업을 주도했다. 1940년 지역 신문은 도시의 제방을 스케치한 단치치의 그림을 소개하며 이를 1935년 작품이라고 설명했다.[30] 이러한 내용은 단치치가 1935년에 이미 도시로 와서 기초작업을 수행했음을 암시한다. 하지만 그는 1936~37년 사이에만 그곳에 체류하며 스케치 작업을 한 것으로 추정되는데 왜냐하면 그의 국립도시건설연구소 작업팀은 1936년 가을에서야 도시건설계획안을 위한 자료 수집 작업에 착수했고 이는 다음 해 5월까지 지속됐기 때문이다.[31] 이후 레닌그라드로 돌아와 2년간에 걸친 작업을 마친 단치치는 1939년 자신의 도시건설계획안을 발표했다.

프로토포포프의 1935년 계획안과 비교했을 때 눈에 띄는 분명한 차이는 도시 구역의 확장이었다. 전자가 아무르조선소가 세워질 실린카강 우안에만 집중한 반면, 단치치는 강의 좌우안을 모두 포함하는 계획을 제시함으로써 오늘날 콤소몰스크의 도시구역을 보여줬다. 실린카강은 자연적인 장애물로 도시를 관통했기에 도시가 단일한 중심지를 가질 수 없게 만들었고 그 결과 도시는 자연스럽게 두 개의 구역

---

29 Казусь, *Советская артихектура*, p. 143.

30 《За сталь》. 12 Июнь 1940 г.

31 КнАГА, ф. Р-15, оп. 4, д. 21, л. 8.

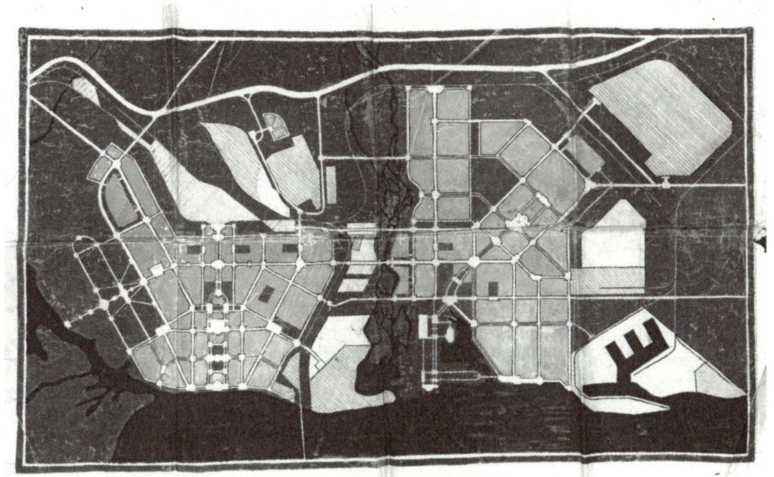

을 갖고 각자의 독립적인 중심지를 보유하게 됐다[그림 2].[32] 또한, 도시 건물은 프로토포포프의 것과 비교할 때 더욱 명확하게 신고전주의 특징을 보여줬다. 특히 중앙지구와 레닌지구를 비교했을 때 전자에 배치된 건물들이 보다 화려하고 웅장했다. 도시의 주요 행정기관과 거주용 건물은 대칭과 균형을 선명하게 보여주는 중앙지구의 광장을 중심으로 배치됐다. 광장에 위치한 소비에트 집 앞에는 동상을 세웠고 화려하게 장식된 건물에 둘러싸인 도시 정원을 도로가 가로 질렀다[그림 3].[33]

이처럼 1920년대 후반부터 1930년대 후반에 걸쳐 구성주의자에서

---

32 КнАГА, ф. Р-15, оп. 2, д. 3, л. 7.

33 КнАГА, ф. Р-15, оп. 4, д. 21, лл. 67 и 70.

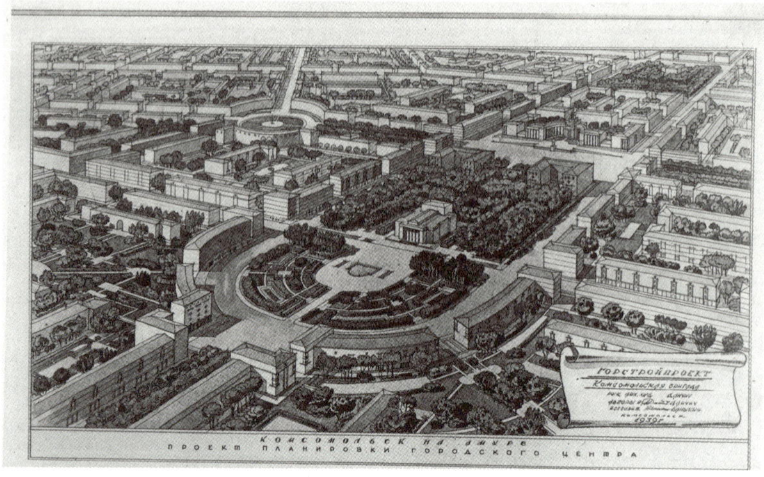

그림 3 단치치가 계획한 중앙지구

신고전주의자로의 여정을 거친 단치치의 삶은 당대 소련의 중년 건축가들에게는 일반적이었다. 10월 혁명부터 흐루쇼프 시기에 이르는 짧은 기간 동안 모더니즘, 신고전주의, 실용주의와 같은 다양한 건축 사조가 출현했다가 사라지기를 반복했다. 따라서 개별 건축가들은 그들의 삶 속에서 다양한 사조의 건축 및 도시계획 디자인을 발표했고 이는 지극히 자연스러운 현상이었다.[34]

---

34 Магомедов, *Георгий Верман*, pp. 168-169.

V. 좌초된 도시건설계획

지금까지 살펴본 것처럼, 프로토포포프와 단치치는 스탈린 체제가 승인한 건축 사조를 적극 수용했고 이에 입각하여 콤소몰스크 도시건설계획을 발표했다. 그럼에도 불구하고 그들의 계획안은 실행되지 못했으며 1950년대에 이르러서야 부분적으로 구현됐는데 그 까닭은 근본적으로 소련 지도부가 도시계획에 커다란 관심을 갖고 있지 않았기 때문이다. 그들은 콤소몰스크를 사회주의 도시로 만들기보다는 극동을 방어하기 위한 군사 및 경제 전초기지로 만드는 데 우선순위를 뒀다. 1929년 중동철도 사건을 기점으로 시작된 중소 갈등은 소련 동부 변경지대의 군사적 불안정을 초래했으며 이는 궁극적으로 일본이 만주를 넘어 중국 본토를 장악하고 소련의 안보를 위협할 거라는 소련 지도부의 불안감을 고조시켰다. 이러한 불안감은 1934년 2월 제17차 당대회에서 승인된 제2차 5개년계획에 반영됐다. "온 나라는 극동에서 사회주의의 전초기지를 세우고 있다"라는 슬로건하에 소련은 태평양 연안을 포함한 극동의 군수산업 시설 설립에 본격적으로 착수했다.[35] 하지만 극동에 대한 관심과 투자가 지역의 군사적 안정화와 완벽한 전쟁 준비를 보장하지는 못했는데 그 까닭은 지역 공장들이 생산 목표치 달성에 실패했기 때문이다. 항공 산업의 경우 콤소몰

---

[35] С. М. Дударёнок, Е. А. Люкова, С. В. Батаршев и др., *История Дальнего Востока* (Владивосток: Дальневосточный федеральный университет, 2013), p. 189.

스크 126호 공장이 다목적용 R-6 비행기와 DB-3 폭격기를 생산해야 했는데 공장 가동이 1936년에 이르러서야 시작됐고 이조차도 제대로 작동하는 경우가 드물어 방어에 필요한 비행기 수요를 충족시킬 수 없었다.

이러한 상황은 조선업도 별반 다르지 않았다. 1930년 노동국방위원회CTO는 발트해, 북해, 흑해, 태평양 연안의 조선소 신축 및 재건축 계획을 통해 전함 생산량을 증가시키려 시도했다. 이를 위해 블라디보스토크에 위치한 극동조선소는 극동에서 선박 수리 및 건조를 위한 핵심 공장이 되어야만 했다. 하지만 이 공장은 급증하는 새로운 군함 수요를 처리하기에는 그 규모가 너무 작아서 선박을 수리하는 일에 집중하게 됐다. 대신, 새로운 조선소가 건설되어 선박 생산을 이끌어야 했는데 아무르조선소가 그 계획의 핵심이었다.[36]

지정학적 갈등이 고조되는 극동에서 소련 당국은 제한된 예산을 우선순위에 따라 효율적으로 사용할 필요가 있었고 그로 인해 신고전주의에 기반을 둔 사회주의 도시를 콤소몰스크에 건설하는 일은 전초기지보다 우선시 될 수 없었다. 무엇보다 그러한 건축 사조는 막대한 예산을 필요로 했기 때문이다. 실용적인 관점에서 소련 지도부는 1930년대 극동에서 가장 발전된 도시이자 인구수 기준 제1 도시였던

---

36 С. В. Киреев, Создание оборонно-економического потенциала на дальнем востоке СССР (конец 1920-х - 1941 гг.), Диссертация на соискание ученой степени кандидата исторических наук (Хабаровский пограничный институт федеральной службы безопасности Российской Фередации, 2006), p. 49.

블라디보스토크를 신고전주의를 실현할 유일한 도시로 여겼다. 이 시기 소련 전역에서는 신도시 건설뿐만 아니라 기존 도시의 재건이 추진되고 있었으며 극동지역에서는 블라디보스토크를 포함해 하바로프스크, 블라고베센스크, 소베트스카야 가반이 이에 해당됐다. 이들은 19세기 후반 제정 러시아 체제에서 도시의 지위를 획득했으며 러시아인들뿐만 아니라 동아시아인들이 일찍이 모여 도시 내에 자신들의 구역을 형성하며 빠르게 성장했다. 특히 블라디보스토크는 극동 변경지대에서 경제 및 군사적으로 가장 핵심적인 위치를 차지하고 있었다. 1890년대 시베리아 횡단철도의 종착지로써 발전하기 시작한 이 항구 도시는 러일전쟁 패배 이후 전략적 중요성이 더욱 커졌다.[37] 이와 달리 도시는 구체적인 계획없이 무분별하게 확장하고 있었다. 철도 건설을 위해 유럽 러시아에서 유입된 인구와 상업 활동을 위해 동아시아에서 집결한 사람들이 이러한 현상을 부추기고 있었으며 이는 1920년대 후반까지 지속됐다.

1930년대 초반부터 본격화된 공업화와 군사화 과정 속에서 유입 인구가 초래한 도시의 무질서를 정비하고자 블라디보스토크에서도 본격적인 도시계획이 추진됐다. B. M. 사비치 교수Б. М. Савич의 감독 하에 극동조사연구소는 1930년 가을 도시의 재건을 위한 기초조사에 착수했다.[38] 1934년 도시계획은 에브게니 바실리예프Евгений Васильев

37 William Richardson, "Stalinist Vladivostok: Architecture and Urban Planning 1928-1953," *The Soviet and Post-Soviet Review* 27:2-3 (2000), pp. 296-297.

38 Л. С. Малявина, "Организация и деятельность Дальневосточного краевог

(1900~1983)를 수석건축가로 임명하면서 전환점을 맞이했다. 블라디미르의 교사 집안에서 태어난 그는 1927년부터 1931년까지 모스크바에 위치한 고등예술-기술연구소ВХУТЕИН와 고등건축-토목 연구소에서 수학했다. 극동도시계획국립연구소Дальпрогор 산하 도시계획 작업반에서 활동하던 그는 블라디보스토크 재건계획에 자원하여 참여했다.[39] 그는 도시에 사무소를 차리고 도시계획안을 만들었으며 소련 당국의 승인을 받기 위해 모스크바와 극동을 오가는 일을 반복했다.

5년간에 걸친 작업을 마친 그는 대大블라디보스토크Большой Владивосток 프로젝트를 1938년 발표했다. 프로젝트에 착수하면서 그는 제정 러시아가 해결하지 못한 도시의 만성적인 3가지 문제를 지적했다. 첫째, 블라디보스토크는 도시 거주민들을 위한 식수를 충분히 확보하지 못하고 있다. 둘째, 지나치게 경사진 도로는 거주민들의 삶의 질을 저하시키고 있다. 셋째, 제정 러시아 시기 도시의 풍부한 식생이 파괴됐다.[40] 하지만 바실리예프는 이러한 문제를 해결하는데 집중하는 대신, 외관상 극동에서 가장 아름다운 도시를 건설하는 데 초점을 맞췄고 이는 1938년 블라디보스토크 소비에트 총회에서 승인됐다. 총회 참석자들은 블라디보스토크라는 사회주의 도시가 동아시아 국가 노동자

о научно-исследовательского института (1923-1931 гг.)," *Вестник ДВО РАН* 5 (2009), p. 7.

39 극동도시계획국립연구소는 극동지역의 도시계획을 책임지는 기구였다. 본사는 하바로프스크에 위치했으며 블라고베센스크, 블라디보스토크, 그리고 우수리스크에서 지점을 운영했다. ГАРФ, ф. А-314, оп. 1, д. 8093, л. 69.

40 Е. А. Васильев, Большой Владивосток (Владисовток: Приамурский областной отдел коммунального хозяйства, 1938), p. 5.

들에게 "정치적인 빛"이 될 것이며 극동에서 소련과 이웃 국가들을 연결하는 곳에 위치했기 때문에 중요한 의미를 갖고 있다고 강조했다.[41]

바실리예프 계획의 규모는 프로토포포프와 단치치가 만든 콤소몰스크의 그것과 비교할 수 없을 정도였다. 이들은 모두 도시 구조의 대칭과 비례를 통해 신고전주의의 이상적인 미를 추구했고 고대 그리스와 로마 스타일의 조형물을 건물 외관에 부착하는 데 초점을 맞췄지만 콤소몰스크의 계획은 상대적으로 웅장함과는 거리가 멀었다. 이에 반해, 바실리예프의 계획은 극단적인 스탈린 양식의 도시 건축물과 풍경을 지향했다. 대표적인 예가 독수리 둥지 언덕 위에 건설을 계획한 90미터 높이의 레닌 동상과 언덕을 따라 건설될 소비에트 궁전이었다[그림 4].[42] 두 건축물은 언덕을 좌우로 명확하게 나눔으로써 비례의 미를 보여줬다. 더 나아가 거대한 레닌 석상은 1934년 B. M. 이오판Б. М. Иофан이 구상한 소비에트 궁전 상단에 건설될 예정이었던 레닌 동상을 연상시키면서 신고전주의 건축물의 특징을 명확하게 보여줬다.[43] 또한, 바실리예프의 계획은 인구학적 측면에서 대도시 건설을 목표로 했다. 이 도시에서 러시아 이민자들은 타이가 지대의 혹독한 대륙성 기후와 형편없는 도시 인프라로 인해 정착에 실패했다. 하지만 인구 수 기준 극동에서 가장 큰 도시로서 블라디보스토크는 계속

41　Ibid.

42　Ibid, p. 88.

43　Ibid, p. 90.

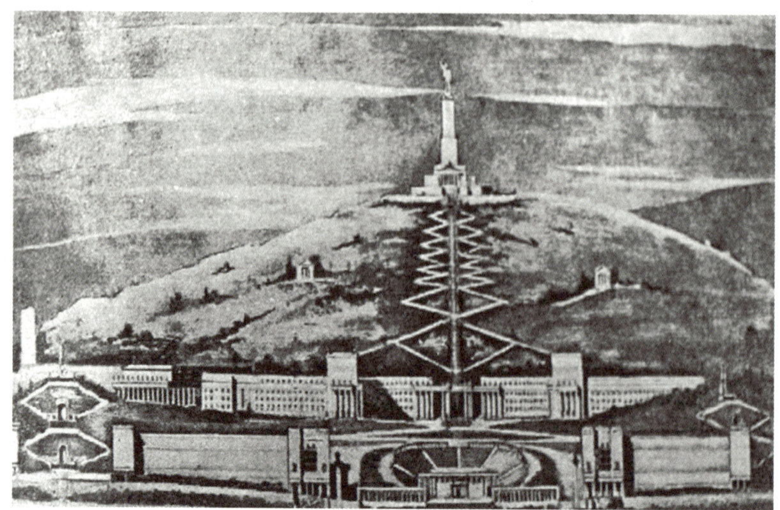

그림 4 바실리예프의 대블라디보스토크 계획

성장해가고 있었다.[44] 이러한 상황에 효과적으로 대응하기 위해 바실리예프는 44만 명을 수용할 수 있는 도시를 계획했다.[45]

한편, 1938년 렌필름Ленфильм에서 제작한 세르게이 게라시모프Сергей Герасимов의 사회주의 리얼리즘 영화 〈콤소몰스크Комсомольск〉는 소련 당국이 극동에서 건축 사조에 따른 도시건설계획에 관심을 갖고 있지 않았음을 확인시켜준다. 이 선전영화는 어떻게 젊은 공산주의자들이 극동의 사회주의 건설에 자발적이면서도 자기 헌신적으로 참여

---

44 1927년에서 1936년 사이 도시 인구는 2배 가까이 증가했다. В. Б. Жиромская, *Демографическая история России в 1930-е годы. Взгляды в неизвестное* (Москва: РОССПЭН, 2001), p. 70.

45 ГАРФ, ф. А-314, оп. 1, д. 8093, л. 26.

하는지 보여주는 데 초점을 맞췄으며 사회주의 도시 홍보를 목적으로 하지 않았다. 그 결과, 영화 속 도시 풍경은 신고전주의가 강조하는 대칭과 비례의 미, 웅장하고 화려한 건물과는 거리가 멀었으며 혼돈 그 자체였다. 예를 들어, 주인공 나타샤 솔로비요바Наташа Соловьёва가 지역 콤소몰 지도자 세르게이 체카노프Сергей Чеканов의 도움을 받아 그녀의 남편을 찾기 위해 콤소몰스크 건설 현장을 배회하는 장면에서는 단 하나의 제대로 된 건물조차 찾아보기 힘들었다. 그들은 자신들이 걷고 있는 길이 미래의 레닌대로Ленинский проспект가 될 거라며 도시의 장밋빛 미래를 그렸지만 영화가 보여준 도시 풍경은 근대 도시라 부를 수 없는 수준이었다.[46]

영화에서 도시건설계획을 보여주는 단 하나의 장면이 존재하는데 이는 솔로비요바가 도시 공산당 사무소를 방문했을 때다. 사무실 벽면에는 1935년 프로토포포프의 첫 번째 도시건설계획 조감도가 걸려 있었다.[47] 1937년 영화 촬영이 시작됐을 때 그의 계획은 이미 폐기된 상태였고 이를 대신해 단치치의 작업반이 새로운 계획 작업에 착수한 상태였다. 앞서 설명한 것처럼 그의 계획은 프로토포포프의 것과 비교했을 때 신고전주의적 특징을 더욱 선명하게 보여줬다. 대리석으로 지어진 건물과 거대한 석상, 그리고 도시구조에서는 극단적인 비례와 같은 것이 그러하다. 그의 계획은 1939년에 공식적으로 발표됐기 때

---

46 Emma Widdis, *Visions of a New Land: Soviet Film from the Revolution to the Second World War* (New Haven: Yale University Press, 2003), pp. 154-155.

47 영화 〈콤소몰스크〉, https://www.youtube.com/watch?v=-aw4GHjUQII(2024. 6. 8. 접속).

문에 1938년에 개봉한 영화에서 단치치의 작업 흔적은 찾을 수 없다. 하지만 만약 소련 당국이 콤소몰스크를 신고전주의에 기반을 둔 사회주의 도시로 만들고 이를 홍보할 계획이 명확했다면 이미 폐기된 프로토포포프의 도시 디자인을 영화에서 사용하지는 않았을 것이다.

또한, 1938년 뉴욕의 카메오극장에서 이 영화가 상영됐다는 사실은 소련 당국이 콤소몰스크를 통해 사회주의 도시를 홍보할 의도가 없었음을 짐작할 수 있다. 일반적으로 스탈린 시기의 신고전주의 건축은 소련의 우월성과 번영을 보여주는 프로파간다의 도구로 여겨졌다. 따라서 영화를 자본주의의 심장인 뉴욕에서 개봉함으로써 소련은 자신들의 그러한 목적을 달성할 수 있는 좋은 기회를 맞이했다. 그럼에도 불구하고 영화는 극동 변경지역에서 사회주의 건설에 헌신하는 젊은이들의 활약상만 부각시켰다.[48]

영화가 개봉되기 전 시나리오에 대한 토론 역시 콤소몰스크의 건설 목적이 사회주의 도시가 아니었음을 보여준다. 1936년 10월 31일 렌필름 영화 사무실에서 개최된 토론에서 참석자들은 영화가 보여줄 도시 건설계획과 건축물에 대해서는 일언반구도 없었다. 대신 아무르 지역 콤소몰단원들이 고난과 역경을 이겨내는 장면을 선명하게 보여줌으로써 새로운 도시의 성장과 젊은이들의 성장을 연결시켜야 한다고 역설했다. 한 참석자는 콤소몰스크를 "국경지대에서 가장 중요한 전초기지"라고 강조하며 영화는 도시건설 현장에 침투한 트로츠키주의자들

---

48   РГАЛИ, ф. 3055, оп. 1, д. 579, л. 1.

과 일본 파시스트들을 보다 선명하게 보여줘야 한다고 주장했다.[49]

끝으로, 조선소건설-설계트러스트가 건설 책임을 맡은 노보체르카스크와 콤소몰스크의 예산 비교는 소련 당국이 후자에서 사회주의 도시가 아니라 전초기지를 시급히 필요로 했음을 보여준다. 1933년 예산안에 따르면 콤소몰스크에서 조선소를 건설하기 위한 예산으로 219,000루블이 책정됐는데 이는 사회주의 도시건설 예산의 5배를 넘는 수치였다(48,000루블).[50] 이에 반해, 노보체르카스크에서는 도시의 핵심 산업시설인 기관차공장 건설을 위해 19,000루블만 할당된 반면 도시건설에는 282,998루블이 책정됐다.[51] 이러한 차이는 소련 당국이 극동의 신도시에서 군사 및 경제적 전초기지를 구축하려는 의도가 명확했음을 보여준다.

VI. 나오며

소련 동부 변경지역의 군사화 및 공업화라는 미명 아래 후순위로 밀려난 프로토포포프와 단치치의 도시계획은 아무르조선소와 비행기공장이 본격적으로 가동된 1930년대 후반 이후에

---

49 РГАЛИ, ф. 3055, оп. 1, д. 267, л. 15.

50 Центральный государственный архив научно-технической документации Санкт-Петербурга 상트페테르부르크중앙국립과학-기술문헌문서보관소), ф. Р-80, оп. 11, д. 4, лл. 17 и 21.

51 Ibid.

도 대조국전쟁으로 말미암아 구현되지 못했다. 비록 도시는 전쟁으로 인한 직접적인 피해를 입지 않았지만 전선으로의 군수물자를 제공하기 위해 철강 및 화학공장과 같은 산업시설을 우선적으로 필요로 했고 그로 인해 근대적 인프라를 갖춘 도시건설은 요원하기만 했다. 스탈린 사후인 1954년 국립도시건설연구소의 레닌그라드 지부는 세 번째 도시건설계획안을 발표했는데 이는 계획에 따라 실제 건설된 첫 번째 도시 디자인이었다. 이 계획안은 도시구조 측면에서 단치치의 아이디어를 계승하며 신고전주의 스타일을 고수했다. 실린카강을 기준으로 좌우 두 구역으로 이루어진 도시는 각 지구별로 데칼코마니처럼 대칭을 이룬 모습이었다. 이에 더해 도시의 핵심 도로인 레닌대로와 평화대로Проспект мира를 중심으로 도시에서 가장 크고 웅장한 석조건물들이 건설됐다. 하지만 흐루쇼프 시대에 이러한 신고전주의는 더 이상 사회주의 도시를 대표하는 건축양식이 될 수 없었다. 도시의 주택난을 해결하기 위해 공간을 효율적으로 활용해야만 했으며 건설 기간이 짧은 흐루쇼프카Хрущёвка는 스탈린 양식의 건축물을 빠르게 대체했다. 이는 콤소몰스크에서도 예외가 아니었다.

1930년대 콤소몰스크에 전초기지를 세우려 했던 소련 지도부와 신고전주의에 기반을 둔 사회주의 도시를 만들고 싶어 했던 건축가들, 이 두 집단 모두는 자신들이 원했던 도시를 건설하는 데 실패했다. 그들을 대신해 산업단지를 완공한 후 도시를 떠나지 않고 정착한 콤소몰단원들을 중심으로 새로운 도시가 만들어지기 시작했으며 이는 곧 "젊은이의 도시_{Город юности}"였다. 자의적이든 타의적이든 이들은 타이가지대 위에 군수 및 중공업 공장을 짓고 도시의 인프라를 놓는 데 기여함으로써 스스로를 새로운 도시를 세운 영웅으로 묘사할 수 있는 기반을 닦았다. 이들의 자기 영웅화 시도는 대조국전쟁 이후 소련 전역에 영웅 도시들이 탄생하는 분위기에 편승하면서 더욱 가속화됐다. 도시의 첫 번째 계획안을 작성한 프로토포포프도 이러한 분위기 속에서 자신의 과거를 회상했다. 더 이상 소련에서 신고전주의에 기반을 둔 사회주의 도시를 건설하는 것이 무의미해진 1960년대 들어와 그는 콤소몰스크에서 자신이 추구했던 작업을 더 이상 사회주의 도시와 연관시키지 않았다. 대신, 젊은 건축가로 극동에 온 자신을 강조하면서 젊은이의 도시라는 도시 정체성에 자신도 기여했음을 부각시키려 노력했다. 건축가 스스로 자신이 지향했던 신고전주의식 도시 건설이라는 가치를 부정함으로써 더 이상 콤소몰스크의 역사에서 사회주의 도시는 설 자리를 잃고 말았다.

연구 방법으로서의 비판지정학과 지정학적 상상력

Critical Geopolitics and Geopolitical Imagination as a Research Methodology

이정하

광주과학기술원 / 융합교육 및 융합연구센터 연구원

I. 들어가며[*]

인간의 사회적 활동으로서 정치는 공간에 강하게 영향을 받는다. 각각의 정치공동체를 구분하는 국경, 영토를 보유한 국가, 이를 표상하는 지도 등은 궁극적으로 정치라는 인간 활동의 산물이며, 지리적 공간 속에서 대상화된다. 공간은 또한 인간 공동체의 사회적 삶에 중요한 영향을 끼치며 종종 집단 갈등의 주요 원천이 되기도 한다. 개인과 사회 집단은 타인과 타 집단의 접근을 제한하는 영역을 설정하고 유지하고자 하기 때문이다.[1]

이른바 '지정학의 귀환Return of geopolitics'으로 지정학은 최근 주요 연구 주제 중 하나가 되었다. 논란의 여지가 있었던 과거로 인해, 지

---

[*] 본고는 『서양사연구』 71 (2024)에 게재된 바 있음을 밝힌다. 관련 서지 사항은 다음과 같다. 이정하, 「연구 방법으로서의 비판지정학과 지정학적 상상력」, 『서양사연구』 71 (2024), pp. 205-242.

[1] 국제 관계에서 공간의 중요성에 대한 논쟁은 대표적으로 다음을 보라. Harvey Starr, "On Geopolitics: Spaces and Places," *International Studies Quarterly*, 57 (2013), pp. 433-439.

정학은 아마도 가장 다양한 평가를 불러일으킨 분야일 것이다. 지정학에 대한 명확한 정의는 없으며, 학문 분과 중에서 지정학의 위치를 정확하게 결정할 수도 없고, 이를 별도의 분야로 분류하는 것이 가능할지도 의문이다. 당장 지정학을 둘러싼 논란을 완벽하게 결론짓지는 못하지만, 그럼에도 한 국가의 지리적 특징과 정치 사이의 관계를 연구하는 과학으로 정의할 수 있는 지정학이 19세기 말에 유행했던 지리 결정론, 사회다윈주의Social Darwinism, 인종주의의 틀 안에서 형성되었다는 점은 분명하다. 이는 소위 '지정학의 아버지' 정확히는 '고전지정학classical geopolitics의 아버지'라 불리는 프리드리히 라첼Friedrich Ratzel의 연구에서 잘 드러난다. 라첼은 정치 과정의 본질은 '생활 공간Lebensraum'을 위한 투쟁이며 유기체의 성장을 지배하는 법칙과 유사한 역사 '법칙'에 따라 인도되며, 지리/공간이 민족과 국가의 삶에 결정적 영향을 미친다고 믿었다.[2]

고전지정학은 지그문트 바우만Zygmunt Bauman이 하드웨어의 시대, '무거운 근대hard modernity', 혹은 부피에 집착하는 근대 등으로 묘사한 역사 시기의 특수성과 관련이 있다. 바우만이 지적했듯, 이 시대는 가능한 한 많은 땅을 점유하고 자신의 소유물을 명확하게 표시하고 '무단 침입 금지' 표지판으로 이를 둘러싸고 공간을 정복하는 것이 최우선 목표였던 시대였다. 영토에 대한 소유는 근대성이 가졌던 가장 큰

---

2 고전지정학의 개괄적인 역사에 관해서는 다음을 보라. 클라우스 도즈, 『지정학』(교유서가, 2023), pp. 34-62; 콜린 플린트, 『지정학이란 무엇인가』(길, 2007), pp. 44-55; 박창희, 「제11장. 지정학과 군사전략」, 『군사전략론: 국가대전략과 작전술의 원천』(플래닛미디어, 2023),

'집착' 중 하나였으며, 영토의 정복은 근대성이 거부할 수 없는 가장 큰 욕망이었다. 역으로 국경에 대한 방어는 가장 흔하고, 가장 뿌리 깊으며, 끊임없이 근대적 습관을 불러일으키는 것 중 하나였다. 즉 무거운 근대는 영토 정복의 시대였으며, 제국은 지구 구석구석을 '흡수'하기 위해 확장해 나갔고, 그 확장과 확장으로 인한 공간은 동등하거나 더 큰 힘을 가진 다른 제국에 의해 경계지어지고 구분되었다.[3]

궁극적으로 지정학 사상의 발전은 유럽 근대의 두 가지 역사 과정과 관련이 있다. 첫째는 새로운 영토를 차지하기 위한 유럽 열강 간의 식민지 경쟁과 패권 경쟁이었다. 둘째는 영토 범위와 경계를 규정해야 할 필요, 즉 국민nation과 근대 국민국가modern nation state의 형성이 바로 그것이었다. 이 두 가지 모두 지정학적 사고가 중요한 역할을 했으며, 고전지정학 그 자체는 19세기와 20세기라는 특정 역사적 맥락과 당시의 지정학적 현실 속에서만 정확히 분석되고 이해될 수 있다.[4] 고전지정학은 따라서 그 다양성에도 불구하고 결국 정치 이데올로기의 한 형태이다.

고전 지정학의 창시자들이 여러 '불변의 법칙'과 그 과학적 타당성을 역설하였지만, 이는 과학이라 불리기 어렵다. 공간과 지리 그리고 정치적 현상 간 관계를 일정 정도 설명할 수는 있으나, 지정학과 관련된 '불변의 법칙'이 특정 이해관계를 반영하고 있는 점과 그 연구방법에서 고전지정학은 과학이 아니다. 지정학 사상의 고전으로 간주되는

---

3 지그문트 바우만, 『액체근대』(강, 2009), pp. 184-185.

4 다음을 참고하라. Mark Blacksell, *Political Geography* (New York: Routledge, 2006), pp. 31-32, 37-57.

핼퍼드 매킨더Halford J. Mackinder, 앨프리드 머핸Alfred T. Mahan, 칼 하우스호퍼Karl E. Haushofer 등의 연구는 과학으로 간주하기 어려우며, 따라서 고전지정학만을 생각해 본다면 지정학은 과학의 지위를 지향하는 독립 연구 분야로 간주하기도 어렵다. 여기에 대륙 세력continental power 이론이나 해양 세력sea power 이론과 같은 지정학적 '이론'이 실제로는 중립적이지도 객관적이지도 않다는 사실이 일종의 과학으로서의 지정학이 가지는 위치에 더욱 의문을 가지도록 한다. 즉 '공간의 객관성 혹은 투명성'이라는 가정은 결국 정치적 필요에 영향을 받는 자의적인 요소임을 부정할 수 없는 것이다.

연구 방법이라는 측면에서 고전 지정학의 본질적 약점은 지리라는 요소와 '객관적인 지리적 조건'이 세계라는 공간에서 각국이 자국의 위치를 인식하고 정책을 결정하는 방식을 '미리' 결정한다고 단정짓는다는 점이다. 정책 입안자들이 지리적 조건과 환경을 이해하고 해석하는 방식은 국가의 외교 정책에 결정적인 역할을 한다. 하지만 역으로 한 국가의 지정학적 성격과 외교 정책은 국가 정체성, 국가 이익과 외교 정책 목표, 그리고 다양한 행위자들의 '지정학적 상상력geopolitical imagination'에 대한 고려 없이는 입체적으로 이해할 수 없다. 역사적 '법칙' 혹은 '이론'을 주장하는 고전지정학은 시간과 공간이라는 개념 또한 궁극적으로는 사회적 구성물이라는 점을 도외시하고 있는 것이다.[5] 그렇다고 하여 국가, 지역, 혹은 세계의 정치적 상황을 지

---

5 David Harvey, "Between Space and Time: Reflections on the Geographical Imagination," *Annals*

리적·공간적으로 이해하고 분석하는 개념인 지정학적 상상력은 고전지정학을 극복하고자 등장하였던 비판지정학critical geopolitics만의 전유물이 아니다. 모든 지정학적 사고는 그 나름의 지정학적 상상력을 가진다. 하지만 고전지정학이라는 틀 속에서 대륙 세력과 해양 세력 간의 경쟁과 투쟁이라는 지정학적 상상력은 '불변의 법칙'과 지리 결정론으로 인해 정치적 프로파간다로 전락하고 만다. 이는 단순히 물리적인 위치와 경계뿐만 아니라, 그 공간에서 일어나는 다양한 정치적, 경제적, 문화적, 군사적 힘의 상호작용을 종합적으로 고려하지 못했기 때문이다.

지정학적 상상력은 특정 국가나 세력이 지정학적 위치를 어떻게 활용하여 영향력을 행사하고, 갈등을 해결하거나 확장 전략을 세우는지를 분석할 때 결정적 역할을 한다. 여기서 '상상력'이라는 표현이 사용되는 이유는, 지정학적 현실이 고정되고 불변하는 것이 아니라 다양한 가능성으로 열려 있으며, 여러 요인에 의해 달라질 수 있기 때문이다. 특히 비판지정학을 통해 대륙 세력과 해양 세력 간의 경쟁과 투쟁이라는 지정학적 상상력 또한 여러 갈등과 분쟁을 효율적으로 분석할 수 있는 도구가 될 수 있다. 지정학적 상황과 상상력에 대한 담론 분석을 통해 누가, 어떤 목적으로, 그리고 어떤 방식으로 특정 지리 지식과 지정학적 상상력을 '일반화'하였는지를 분석할 수 있을 뿐만 아니라, 지리적 조건과 공간에 대한 인식이 언제나 유동적이며 단일하지도 않고 더 나아가 객관적이지 않다고 상정함으로써, 지정학적 상상력은 현재 상황을 분석하는 데 그치지 않고, 잠재적 변화와 미래의 시나리오를 상상하여 전략적 사고와 의사 결정을 돕는 데 핵심적인 역할을 할 수 있는 것이다. 이는 세계 각국의 이해관계와 갈등 요소를 보다 체계적으로 이해할 수 있는 토대가 된다. 고전지정학과 달리, 한 국가가 세계를 보는 방식, 세계를 공간화하는 방식, 그리고 국가가 직면한 과제에 대한 대응 방식을 입체적으로 이해할 수 있다는 의미이다. 분쟁 및 평화 연구의 전제 조건은, 지정학적 상상력이 여러 요인, 즉 정치적 요인에서 역사적 및 문화적 요인에 이르는 다양한 요인에 의해 어떻게 영향을 받는지, 그리고 외부 세계와의 관계에서 어떻게 진화하는지를 이해하는 것이다. 결국 외교 정책에서 각각의 지리적 조건과 공간이 갖는 의미를 분석하고 이해하기 위해서는 정책 입안자의 지정학적 상상력의 관점에서 전략 공간을 분석하는 연구가 이루어져야 하며, 이는 비판지정학을 통해 가능한 것이다.

비판지정학은 1980년대 후반과 1990년대 초반에 등장한 특정 연구 접근법을 말하며, 과거의 전통적인 지정학적 태도에 비판적 분석을 시도하는 일군의 연구를 말한다.[6] 본고는 비판지정학을 구성하는

---

[6]　여러 다양한 정의가 있을 수 있겠으나, 비판지정학은 국제 정치의 공간적 이해에 관한 '연구를 분석'하며, 핵심적인 정치 행위자인 여론 주도층들의 지정학적 메시지에 담긴 정치적 함의를 발견하려는 시도라 이해할 수 있다. 하지만 비판지정학의 주장과 설명 능력의 한계를 지적하는 비판도 존재한다. 대표적으로 다음을 보라. Terrence W. Haverluk, Kevin M. Beauchemin & Brandon A. Mueller, "The Three Critical Flaws of Critical Geopolitics: Towards a Neo-Classical Geopolitics," *Geopolitics*, 19:1 (2014), pp. 19-39; Phil Kelley, "A Critique of Critical Geopolitics," *Geopolitics*, 11:1 (2006), pp. 24-53.

지적 전통과 그 주요 성격을 연구 방법과 지정학적 상상력 등의 측면과 연관지어 논의하고자 한다.[7] 가장 먼저, 비판지정학을 구성한 지적 전통을 살펴본 후, 기본적인 인식론적 연구 가설들이 다루어질 것이다. 다음으로 비판지정학이 출현하게 된 가장 중요한 요인, 즉 비판지정학과 이전 지정학과의 관계를 살펴보고, 이를 통해 고전지정학이 표방하는 소위 '객관성'과 '전지적 및 포괄적 관점'에 대한 비판, 도구적 지식 형태로서 지정학에 대한 비판, 그리고 '통치의 기술art of governance'을 수행하는 지식인으로서의 지정학 이론가들의 역할 등을 논의하도록 하겠다.

II. 비판 지정학을 구성하는 지적 전통들

1980년대 국제 정치와 지리학 학계에서는 지정학에 대한 평가를 놓고 논쟁이 뜨거웠다. 1986년 레슬리 헤플Leslie W. Hepple은 「지정학의 부활The Revival of Geopolitics」이라는 제목의 논문을 발표하여, 학문적 담

---

[7] 이미 지상현과 이승욱 등의 많은 연구자들이 비판지정학을 소개하는 것을 넘어 비판지정학의 통찰을 기반으로 여러 다양한 연구를 활발히 진행하고 있다. 필자 또한 이러한 연구들의 통찰로부터 큰 도움을 받았다. 대표적으로 다음을 보라. 지상현, 콜린 플린트, 「지정학의 재발견과 비판적 재구성: 비판지정학」, 『공간과 사회』, 31 (2009), pp. 160-199; 지상현, 「반도의 숙명: 환경결정론적 지정학에 대한 비판적 검증」, 『국토지리학회지』, 46:3 (2013), pp. 291-301; 이진수, 지상현, 「포스트식민 한국에서 환경결정론적 지정학의 전유-초기 현대 지리학에서 '한국의 위치'의 사례」, 『대한지리학회지』, 57:5 (2022), pp. 437-450. 다음도 참고하라. 이승욱, 「다중위기의 시대, 한국 지정학 연구의 동향과 전망」, 『공간과 사회』, 34:1 (2024), pp. 69-106.

론에서 40년간 완전히 사라졌던 지정학이 하나의 학문 분과이자 연구 개념으로 부활하고 있다는 논지를 제시했다.[8] 헤플에 따르면, 몇몇 예외를 제외하고 1945년 이후 지정학은 연구 주제로서 존재하지 않았으며, '지정학'이라는 용어도 거의 사용되지 않았다.[9] 이러한 상황은 1968년 헨리 키신저Henry A. Kissinger가 닉슨 행정부의 국가안보보좌관으로 취임한 후 이 개념을 대중화하면서 변화하기 시작했다. 키신저의 정치 및 지적 활동은 세계 정치를 해석하는 도구로서 지정학의 복귀를 의미하였으며, 더 나아가 핵 시대 미국 외교 정책을 분석하는 데 지정학적 범주를 활용한 로버트 월터스Robert E. Walters나 콜린 그레이Colin Gray 등의 연구에서 더욱 뚜렷하게 드러났다.[10]

1970년대와 1980년대에는 다양한 연구 경향에 기반하여 지리학과 관련된 많은 작업들이 등장했다. 특히 의미있는 것은 신마르크스주의 이론에서 비롯된 급진적 경향으로, 세계 경제 내 경제 관계에 대한 공간적 접근을 다루고 있다. 1974년 앙리 르페브르Henri Lefebvre는 『공간의 생산La Production de l'espace』에서, 공간 분석을 중심으로 마르크스주의의 상부구조와 물적 토대 간 관계를 새롭게 고민하였다. 상부구조와 토대 간 일방적 관계, 즉 토대의 모순으로 인한 생산양식의 변화가

---

8 Leslie W. Hepple, "The Revival of Geopolitics," *Political Geography Quarterly*, 5:4 (1986), pp. 21-36.

9 Ibid., p. 24.

10 다음을 보라. Colin S. Gray, *Geopolitics of the Nuclear Era: Heartland, Rimlands, and the Technological Revolution* (New York: Crane, Russak & Co., 1977); Robert E. Walters, *Sea Power and the Nuclear Fallacy: A Reevaluation of Global Strategy* (New York: Holmes & Meier, 1974).

일방적으로 공간을 규정하는 것이 아니라, 공간에 대한 집단적 생산에 의해서도 각 시대의 생산양식이 규정될 수 있다는 것이다. "각각의 사회는 저마다의 공간을 생산하며,"[11] 새로운 공간 관계의 생산이 곧 새로운 생산양식 등장의 주요 조건인 것이다. 르페브르는 세 가지 유형의 공간, 즉 '물리적 공간physical space', '정신적 공간mental space', 그리고 '사회적 공간social space'을 소개하면서 현실 세계의 공간과 인간 사고에 존재하는 공간의 표상을 구분하였다. 물리적 공간은 자연 세계를 지칭하며, 정신적 공간은 논리적이고 형식적인 추상을 의미한다. 한편 사회적 공간은 "사회적 실천을 포함하는 사회적으로 구성된 논리학적·인식론적 공간"으로 정의하였다.[12] 즉 "생산된 공간은 사고에서는 물론 행위에서도 도구 구실을 하는 동시에 생산의 수단이며 통제의 수단, 따라서 지배와 권력의 수단이 될 수 있다."[13]

르페브르는 특히 사회적 공간에 주목한다. 사회적 공간의 도구적 성격은 사회적 공간을 투명하고 자연스러운 것으로 제시하고 인식함으로써 그 성격과 구조를 숨긴다. 여기서 '투명성transparency'은 그 공간이 투명하게 간주되어, 그 안에 있는 모든 것을 직접 인지하고 즉각적으로 이해할 수 있음을 의미한다. 르페브르는 투명성은 '환상'에 불과하며,[14] 궁극적으로 공간 등의 "사물이 주체보다, 다시 말해서 주체의

---

11 앙리 르페브르, 『공간의 생산』(에코리브르, 2011), p. 77.

12 Ibid., p. 52.

13 Ibid., p. 71.

14 Ibid., pp. 72-73.

생각이나 욕망보다 더 확실한 존재감을 갖는다"는 잘못된 확신에서 비롯된 것이라고 보았다.[15] 공간 안에 존재하는 지리적 조건 등이 일방적으로 주체의 생각과 욕망을 결정한다고 볼 수 없다는 것이다. 공간은 불변의 객관적 대상이 아니라 사람들의 기대, 희망 그리고 목표에 따라 능동적이고 적극적으로 형성되고 변형되는 것, 즉 공간은 사회적으로 생산되는 것이다. '사회적인 것'과 '공간적인 것'은 분리할 수 없는 전체이며, 사회는 공간적으로 구성되어 있고 사회의 공간적 조직이라는 사실이 그 기능에 영향을 미친다.

다른 한편, 르페브르는 인간의 활동과 사회적 공간과의 관계에도 주목한다. 인간의 사회생활은 '사회적 공간'의 틀 안에서 이루어지며, 이는 사회의 모든 기능을 아우르는 과정에서 끊임없이 재생산된다. 따라서 인간의 행동이 이를 끊임없이 형성하고 재생산하지 않으면 존재하지 않는다. 이 관계는 또한 일방적이지 않다. 즉 사회적 공간 그 자체가 인간의 사고와 행동을 형성하는 틀과 체계를 제공한다. 이후 르페브르는 공간을 다시 세 가지, 즉 '공간적 실천spatial practice', '공간 재현representations of space' 그리고 '재현 공간representational spaces'으로 구분한다.[16]

데이비드 하비David Harvey에 의하면, 이를 다음과 같이 해석할 수 있다.[17]

15   Ibid., p. 75.

16   Ibid., p. 80.

17   David Harvey, *The Condition of Postmodernity* (Cambridge: Blackwell, 1992), pp. 218-219.

- 공간적 실천spatial practice은 경험된 공간을 의미하며, 공간에서 발생하는 모든 물질적 상호작용과 흐름을 의미한다.
- 공간 재현representations of space은 지각된 공간을 의미하며, 철학이나 도시계획 등의 다양한 이론적 담론에 따라 규정된 공간이다. 즉 사회적 실천을 가능하게 하는 신호나 기호, 부호, 지식 등을 포함하는 '의미의 상징적 영역'이다.
- 재현 공간representational spaces은 상상된 공간을 의미하며, 일종의 '정신적 발명품'이다. 이미지와 상징을 통해 우리가 다양한 의미를 부여하는 공간이다.

하비는 '상상되는 것'이라 할 수 있는 재현 공간에 주목하면서, 인간-공간 관계 연구에 '지리적 상상력geographic imagination'이라는 개념을 접목한다.[18] 르페브르는 인문지리학 연구에서 일종의 문화적 전환에 기여했으며, 무엇보다도 문화의 '부드러운' 측면인 가치 체계, 의미, 규범과 규칙, 담론의 형태, 그리고 집단 심성 등의 측면을 강조하였다. 하비는 라이트 밀스C. Wright Mills의 '사회학적 상상력sociological imagination'이라는 개념을 차용하여 이를 공간 연구에 적용하였다. 그는 '지리적 상상력'을 개인이 공간의 역할을 인식하고 자신의 경험과 지금까

---

18 '지리적 상상력'이라는 용어는 1962년 휴 프린스(Hugh C. Prince)의 다음 논문에서 처음 사용되었다. Hugh C. Prince, "The Geographical Imagination," *Landscape*, 11 (1962), pp. 22-25. 프린스가 경관이나 자연, 그리고 미학적 측면에 중점을 둔다면, 하비의 지리적 상상력은 공간과 장소에 강조점이 있다.

지의 삶 등을 공간에 위치시킬 수 있도록 해주는 일종의 '공간 인식 spatial consciousness'으로 규정한다. 이를 통해 개인은 자신을 둘러싼 주변 공간에서 자신의 위치를 파악할 수 있을 뿐만 아니라 개인과 다른 개인을 분리하는 공간이 개인들의 상호작용에 어떤 영향을 미치는지를 이해할 수 있게 된다. 상상력은 개인이 자신과 이웃 및 그의 주변 neighborhood과 영역territory 사이에 존재하는 관계를 인식하여, 다른 장소에서 일어나는 사건을 평가하고 그러한 사건들이 자신과 어떤 관련이 있는지를 판단하는 능력이다. 또한 이러한 상상력을 통해 개인은 공간을 창의적으로 변형하고 다른 사람이 만든 공간 형태의 의미를 파악하고 인식할 수 있도록 한다.[19] 정리하면 하비의 '공간 인식'은 르페브르의 '공간의 사회적 생산'에 필요한 기술이라 할 수 있다.

지리적 상상력과 공간 인식이라는 개념은 사회 연구의 주요한 부분이 되었다.[20] 이는 특정 사회 집단에 특정한 세계상을 제공하며 문

---

19 David Harvey, "The Sociological and Geographical Imaginations," *International Journal of Politics, Culture and Society*, 18 (2005), p. 212.

20 예를 들어, 데릭 그레고리(Derek Gregory)는 '지리적 상상력'을 특정 사회 집단을 특징짓는 문화적 및 역사적으로 위치한 지리적 지식 체계로 정의했다. 그는 사진과 지도뿐만 아니라 다양한 출판물에서 동양에 대한 유럽의 이해는 유럽 중심적 관점에서 형성된 일종의 지리적 상상력에 불과하다고 지적하면서 오리엔탈리즘(orientalism)이라는 용어를 해체한다. Derek Gregory, *Geographical Imagination* (Cambridge: Blackwell, 1994). 드미트리 자먀틴(Дмитрий Н. Замятин)도 언어 형성 과정에서 발생하는 공간 개념이 기호 등의 상징들과 교차 및 상호작용하면서 인식과 정체성을 구성하는 지리적 인식을 만들어 낸다고 본다. Дмитрий Н. Замятин, *Власть пространства и пространство власти: Географические образы в политике и международных отношениях* (Москва: РОССПЭН, 2004), p. 324. 다음도 참고하라. Jan Jack Gieseking, "Geographical Imagination," in eds. by Douglas Richardson et al., *International Encyclopedia of Geography: People, the Earth, Environment, and Technology* (Chichester, UK: John Wiley & Sons, 2017), pp. 2657-2661.

화적 그리고 정치적 정체성을 구성하는 요소이다. 또한 영향력 있는 사회 집단이 국가, 민족, 세계를 정의하는 특정 방식을 보여준다. 따라서 이들은 세계라는 공간에서 특정 국가와 공동체의 위치를 가늠하는 이미지이자, 특정 민족과 국가 정체성의 의미를 파악할 수 있는 수단이며,[21] 더 나아가 국가와 민족으로 대표되는 인간 공동체 간의 경쟁과 갈등 등을 분석하고 이해하는 데 유용한 도구이다. 이는 특정 집단과 특정 국가의 지정학적 상상력뿐만 아니라 공간과 관련된 모든 상상력도 궁극적으로는 사회적 구성물이며, 공간에 대한 우리의 지식이 객관적이고 중립적인 지식이 아니라는 인식의 결과이다.

비판지정학을 구성하는 또 다른 지적 전통은 프랑스 지리학자 이브 라코스트Yves Lacoste의 작업으로, 그는 잡지 『에로도트Herodote』의 창립자이자 프랑스 후기구조주의 및 포스트모더니즘 전통에 기반하고 있다. 1976년 라코스트는 『지리학은 전쟁수행을 목적으로 한다La Geographie ca sert d'abord a faire la guerre』에서 지리학을 "군사적 목적과 지정학적 목적에 (그 지식이) 사용되면서 강하게 이데올로기화된 지식 형태"로 규정하였다.[22] 라코스트에게 지리학은 세계의 '객관적' 서술과 분석이라기보다는 권력을 공고히 하고 그 정치적 목표 달성을 목적으

---

21 Gearóid Ó Tuathail, "Geopolitical Structures and Cultures: Towards Conceptual Clarity in the Critical Study of Geopolitics," in ed. by Lasha Tchantouridze, *Geopolitics: Global Problems and Regional Concerns* (Winnipeg: University of Manitoba, 2004), p. 84.

22 Hepple, "The Revival of Geopolitics", p. 31. 다음도 참고하라. Leslie W. Hepple, "*Geopolitiques de Gauche*: Yves Lacoste, Herodote and French Radical Geopolitics," in eds. by Klaus Dodds and David Atkinson, *Geopolitical Traditions: A Century of Geopolitical Thought* (London: Routledge, 2000), p. 268.

로 하는 지식 기제이자 도구적 지식의 한 형태였다. 푸코의 지식-권력 개념에 기반하여, 그는 지식으로서의 지리학이 과학이라는 연막 뒤에 숨어 세계에 대한 특정 이미지를 생산하고 영속화하고 있다고 생각했다. 따라서 라코스트에게 지식의 목표는 사물이 어떠한가에 대해 답하는 것이 아니라, 정치전략적 지식이 되어버린 지리학에 숨겨진 권력과 노예화의 메커니즘을 드러내고 이에 효과적으로 저항할 수 있도록 하는 것이었다.[23]

라코스트는, 공간은 우리의 사회적 경험에서 결코 중립적이지 않다고 강조한다. 공간은 사회 계급, 자본집단, 군대, 국가 기구 등이 서로 대립하는 경쟁의 장이자 영토를 두고 투쟁하는 장소이다.[24] 따라서 지정학은 "주어진 영토에서 경쟁하는 힘의 총체"이다. 라코스트에게 있어 지정학은 영토와 그 인구에 대한 권력 경쟁 혹은 영향력 경쟁과 관련된 모든 것을 의미하였다. 이러한 경쟁은 국가뿐만 아니라 국가 내부의, 정치 운동 간의, 심지어 무장 단체 간에 벌어지는 모든 경쟁이며, 따라서 모든 역사적 순간에 지정학적 상황은 권력 경쟁과 그 경쟁이 벌어지는 영토 내의 세력 간 관계에 의해 결정된다고 생각했다. 이러한 경쟁은 광활한 영토든 아주 작은 영토든 상관없이 공간에 대한 지배를 목표로 하는 경쟁이다.

라코스트는, 국가들이 특정 영토를 놓고 경쟁하는 것은 특정 지역

---

23 Hepple, *"Geopolitiques de Gauche"*, p. 268, 273.

24 Yves Lacoste, "Attention: geographie!," *Hérodote*, 1 (1976), pp. 3-4.

의 특정한 인적·물적 자원의 획득 때문이 아니라, 실제로는 그 영토가 가진 상징적 의미라는 점을 지적하고 있다. 어떤 공간은 국가적, 민족적 또는 종교적 관점에서 특정 행위자에게 특정한 상징적 가치로 나타날 수 있다는 것이다. 정치 행위자는 지정학적 활동의 주요 결정 요인 중 하나인 세계에 대한 특정 사상과 특정한 재현에 따라 정책을 결정하고 행동한다. 라코스트에게 본질적으로 지정학은 지정학적 행위자가 만든 이데올로기화된 지식이며, 국제무대에서 활동하는 다른 행위자와의 다양한 관계를 각자의 이해관계에 따라 인식하고 대응하는 방식인 것이다. 따라서 불변하는 지정학적 '법칙'은 존재하지 않으며, 이는 법칙을 만드는 사람들의 이해관계와 문화적 가치 체계에 따라 언제든지 달라질 수 있다. 이는 역으로 우리가 특정 집단 혹은 특정 국가가 가지고 있는 세계에 대한 특정 비전을 분석하면 그 집단과 국가의 특정 정치 전략을 결정하는 요인이 무엇인지를 파악할 수 있다는 의미이다. 라코스트가 인간 집단 간 영토 갈등을 이해하는 열쇠가 될 수 있는 지정학적 상상력이라는 범주에 집중했던 것도 바로 이러한 이유이다.[25]

비록 여러 면에서 차이도 있지만, 르페브르, 하비 그리고 라코스트 등이 시작한 활동은 비판지정학과 많은 가정과 결론을 공유하고 있다. 그들은 비판 이론과 후기 구조주의 및 포스트 모더니즘을 언급하

---

25 Yves Lacoste, "Une monde qui n'est pas futile," in eds. by Marie-Fran oise Durand, Jacques Lévy, Denis Retaillé, *Le monde: espaces et syst mes* (Paris: Les Presses de Sciences Po, 1993), pp. 70-74.

면서 소위 지정학 이론이 절대적인 진리가 아니라 특정 인물 및 상황과 관련된 특정 공간과 특정 시기의 특정한 표상임을 강조한다. 즉 지식은 도덕적, 정치적 또는 이념적으로 중립적이지 않으며 중립적일 수도 없다. 모든 지식은 관찰자의 이해관계를 반영하며, 지식은 궁극적으로 사회적 산물이기 때문에 당파적일 수밖에 없다. 따라서 독특한 지정학적 상상력이 어떻게 형성되고 사람들이 세계와 공간에 대한 생각과 인식을 어떻게 습득하고 형성하게 되는지에 질문이 제기되기 시작했다. 점차 사회적 담론의 과정에서 형성된 세계를 인식하는 방식에 대한 문제가 연구의 중심에 놓이게 된 것이다.

III. 비판지정학의 기본 가정

비판지정학을 고전지정학과 구분짓는 가장 중요한 특징은 지리학과 정치의 관계, 즉 공간과 국가 권력 간 관계에 대한 시각이다. 비판지정학은 한 지역의 지리적 특징이 그곳에서 일어나는 정치적 사건과 과정을 결정한다는 고전지정학의 주장을 거부한다. 위도, 기후, 지형 등이 특정한 형태의 정치 조직의 등장을 가져오거나, 특정 목표를 지향하는 특정 국가의 외교 정책을 결정한다는 태도를 단순한 '신념'으로 간주한다. 도리어 한 사회와 국가의 정치적 삶을 결정하는 것은 지리적 조건 그 자체가 아니라, 그러한 조건을 다루는 지리적 지식에 대한 '사회적 관념'이다.[26] 비판지정학의 특징은 물질적 요인을 분석하는 대신 비물질적 요인에 더 큰 역할을 부여한다는 점에서 고전지정학과 그 강조점의 차이가 있는 것이다.

따라서 비판지정학은 정치와 지리의 상호 결정 요인에 관한 사상, 진술, 신념 등 지정학적 담론과 그 실천을 분석하는 데 중점을 둔다. 지정학적 담론은 "지리와 국제 관계가 묘사되고, 표현되며, 기록되는 방식"을 의미하며,[27] 이는 국가의 외교 정책 등을 결정하는 공간에 대한 재현을 의미한다. 따라서 넓은 의미에서 비판지정학은 세계에 대한 사상과 공간과 그 공간의 조직에 관한 사상이 정치적 요인에 의해 어떻게 조절 및 변형되는지 그리고 정치적 목표를 달성하는 데 그 역할을 어떻게 하는지를 분석한다. 사이먼 달비Simon Dalby가 정의한 것처럼 비판지정학은 국가 권력의 사용에 '지리적 추론geographic reasoning'이 어떻게 적용되는지를 연구하며, 이는 종종 무력 사용의 정치적 결과 혹은 무력 사용 준비에 대한 분석으로 이어지기도 한다.[28] 여기에는 국가 권력이나 사회가 폭력, 군사전략 또는 외교 정책을 정당화하기 위해 사용하는 '공간에 대한 담론'을 비판적으로 분석하는 것도 포함된다.[29] 달비는 비판지정학의 임무를 "폭력을 정당화하기 위해 어떤

26　Gearóid Ó Tuathail, Simon Dalby and Paul Routledge, eds., *The Geopolitics Reader* (New York: Routledge, 1998), p. 305.

27　Ibid., p. 3.

28　Simon Dalby, "Writing Critical Geopolitics: Campbell, Ó Tuathail, Reynolds and Dissent Skepticism," *Political Geography*, 15:6-7 (1996), p. 656.

29　Simon Dalby, "Recontextualising Violence, Power and Nature: The Next Twenty Years of Critical

식으로 맥락이 구성되었는지"에 의문을 제기하는 것이라고 말한다. [30]
여기서 '비판적critical'이라는 형용사는 기존의 지정학적 담론에 대한
문제 제기를 의미하지만, 그렇다고 하여 반드시 이를 적극적으로 반
대하거나 다른 대안으로 대체하는 것을 의미하지는 않는다. [31] 동시에
콜린 플린트Colin Flint는 비판 지정학을 "지정학적 명제 내에서 권력관
계를 식별하는 실천"이라 정의한다. 그의 관점에서 보면, 비판지정학
은 지정학에서 사용한 용어와 개념이 세계에 대한 특정 해석을 강요
하고 우리의 인식을 제한하는 방식에 대한 연구인 것이다. 따라서 비
판지정학의 목표는 '반지정학anti-geopolitics의 생산', 즉 권력 기관에 의
해 강요된 세계 표상에 대한 저항이 될 수 있다. [32] 폴 라우틀리지Paul
Routledge는 '반지정학'을 "시민 사회 내에서 정치 계급의 이익이 해당
공동체 전체의 이익과 동일하다는 생각에 도전하는 윤리적, 정치적,
문화적 힘"으로 정의한다. [33] 따라서 반지정학은 "국가와 국제기구의
물질적(경제적, 군사적) 힘"과 정치 기관이 세계에 부과하는 표상에 대해
의문을 제기한다. [34]

비판지정학이 영향을 받은 철학과 사회과학의 비판적 전통을 생

Geopolitics?," *Political Geography*, 29:5 (2010), p. 281.

30 Ibid.

31 Dalby, "Writing Critical Geopolitics", p. 656.

32 플린트, 『지정학이란 무엇인가』, pp. 42-43.

33 Paul Routledge, "Anti-geopolitics: Introduction," in eds. by Gearóid Ó Tuathail, Simon Dalby and Paul Routledge, *The Geopolitics Reader* (New York: Routledge, 1998), p. 245.

34 Ibid.

각해 보면, 비판지정학은 지정학의 '가능 조건condition of possibility'을 검
토한다고 말할 수 있다. 지정학의 가능 조건은 지정학적 담론과 지정
학적 실천을 생산하는 모든 요소를 지칭하며, 지정학이 어떤 방식으
로 발생하는지, 즉 세계의 공간적 조직에 대한 특정 신념이 어떻게 생
겨나고 지배적이 되는지, 이러한 신념이 정치 기구와 다른 사회적 행
위자들의 실천을 어떻게 형성하고 정당화하는지, 그리고 동시에 이러
한 행위자들이 자신들의 행동을 정당화하면서 이러한 신념들을 어떻
게 재생산하는지를 묻는다. 행위자들은 자신들이 관심을 갖는 다양한
장소와 공간의 이미지를 체계적으로 구성함으로써, 그들 자신의 지칭
대상object of reference 또한 창조해 낸다.[35] 이러한 지정학적 담론의 재
생산은 전쟁 행위, 폭력 사용, 감시 등 비담론적 관행도 가능케 한다는
점에서 중요한 의미가 있다.[36] 이러한 맥락을 고려하면, 비판지정학은
특정 공간과 문화적, 사회적 과정의 표상, 그리고 그것들이 지리적 표
상으로 포착되는 방식에도 관심을 가지는 것이다. 비판지정학의 기원
이 되는 전통에서, 지리적 표상이란 사회적으로 구성된 공간에 대한
표상으로 이해된다. 이러한 표상은 특정한 맥락에서만 이해될 수 있
다.[37] 비판지정학은 공간과 정치 사이의 관계가 만들어지는 모든 상
황을 검토하며, 특히 이러한 관계가 어떻게, 누구에 의해, 그리고 어떤

---

35 Mark B. Salter and Can E. Mutlu, eds., *Research Methods in Critical Security Studies: An
    Introduction* (New York: Routledge, 2012), p. 5.

36 Ibid., p. 103.

37 Barney Warf ed., *Encyclopedia of Human Geography* (Thousand Oaks: SAGE Pub., 2006), p. 445.

맥락에서 형성되는지에 중점을 둔다.

IV. 지식의 객관성과 유럽중심주의에 대한 비판
   : 애그뉴(John Agnew)의 논의를 중심으로

　비판지정학에게 있어 공간은 사회적으로 구성된 것이다. 사회적 행위자는 자신의 신념에 기반하여 세계라는 공간을 조직하고, 그 공간에 특정한 의미와 상상된 구조를 부과한다. 이렇게 부과된 의미와 구조는 다시 역으로 그러한 의미와 구조를 만들어 낸 사회적 행위자의 행동 방식에 영향을 준다. 정체성 또한 공간에서 다른 집단 및 공동체와의 공간적 위치에 대한 지속적인 비교와 위치 짓기를 통해 사회적으로 구성된다. 여기서 중요한 점은 '우리'와 '그들'이라는 이분법을 강조하는 과정에서, 특정 공동체를 특정 방식(예컨대, 다른 공동체와의 지리적 분리)으로 구분짓는 지속적인 자기 인식 과정이 발생한다는 점이다.[38]

　상상된 문화적, 문명적, 심지어 인종적 특성들이 종종 영토적 형태를 취하며, 민주적 서양과 전제주의적 동양, 계몽된 유럽과 신비스러운 아시아, 부유한 북반구와 가난한 남반구 등과 같은 단순화된 이미지들을 만들어낸다. 이러한 환원주의적 관점들은 세계를 보다 쉽게

38　Scott Kirsch and Colin Flint, eds., *Reconstructing Conflict: Integrating War and Post-War Geographies* (London: Routledge, 2011), p. 13; Gearóid Ó Tuathail, *Critical Geopolitics: The Politics of Writing Global Space* (London: Routledge, 1996), p. 141.

'이해'할 수 있는 비전을 제공하여, 세계의 다양한 개별 지역을 빠르게 분류하고 그들의 특성을 설명할 수 있게 한다. 더 나아가 이는 세계를 구성하는 공간과 그 복잡성에 극단적으로 단순한 정신적 구조를 부과하여, 개별 요소들을 균질화시킬 뿐만 아니라 세계 전체에 대한 전지적·포괄적 관점을 제공한다. 지리적 조건과 같은 제한된 요소들로 세계의 모든 것을 설명할 수 있다는 오류가 이 지점에서 발생하는 것이다.

비판지정학에서 사용하는 기본 개념 중 하나는 지정학적 상상력이다. 이는 체계화된 이미지를 기반으로 세계를 상상하는 것을 말하며, 이 또한 지적 구성물이다. '구성물'이라는 단어는 이것이 "단순히 세계를 바라보면서 '저절로 자연스럽게 떠오르는' 세계에 대한 이미지"가 아니라,[39] 의도적으로 만들어 낸 그리고 목적을 가진 표상임을 의미한다. 여기서 '지정학적'이라는 형용사는 세계에 대한 그러한 표상이 수행하는 기능, 즉 그것들이 국가의 외교 정책을 설명하고 이를 정당화하는 역할을 한다는 점을 의미한다.[40] 지정학적 상상력은 세계에 대한 하나의 이미지를 구조화된 전체로 구성하려는 욕망에서 비롯되며, 공간을 지배하고자 하는 목적을 가진다.[41] 이러한 이미지를 마주한 사람은 설명되지 않는 다양한 요소들이 존재함에도 불구하고 세계 전체를 이러한 이미지로만 단순하게 인식하게 된다.

39 John Agnew, *Geopolitics: Re-Visioning World Politics*, 2nd ed. (London: Routledge, 2004), p. 6.

40 Aylin Güney and Fulya Gokcan, "The 'Greater Middle East' as a 'Modern' Geopolitical Imagination in American Foreign Policy," *Geopolitics*, 15:1 (2010), p. 23.

41 Agnew, *Geopolitics*, p. 15.

지정학적 상상력에 대해 비판지정학은 두 가지 측면에서 주의를 요구한다. 첫째, 앞서 언급한 바와 같이, 지정학적 상상력과 그로 인한 상상물은 먼 공간에 대한 지배를 추구하는 도구적 목적에 기반한다는 점이다. 둘째, 모든 관찰자는 위에서 내려다보는 총체적이고 객관적인 시각을 소유하고 있다는 주장을 비판지정학은 부정한다. 모든 관찰자는 항상 역사적 특수성과 문화적 특수성에 영향을 받을 수밖에 없는 존재이며, 또한 진정으로 총체적인 관점을 얻기 위해서는 거의 무한한 수의 모든 개별적 표상으로 구성된 다성적 이미지를 통해서만 가능하기 때문이다.[42]

글로벌 공간을 구조화하고 이에 대한 비전과 표상을 수립하는 것은 헤게모니의 표현이다.[43] 헤게모니는 세계가 어떻게 구성되고 배열되고 조직되어 있는지를 받아들이도록 하는, 더 정확히는 '받아들여지기를 원하는 믿음'의 확립을 의미한다. 정치인들과 국제 사회가 공유하는 이 '믿음'은 세계 질서와 그 개별 부분들의 기준이 되며, 정치적 실천에서 재생산된다. 이는 지배 메커니즘을 강화하지만, 역으로 세계를 부적절하고 부정확하게 표상하도록 만든다. 이러한 사고방식은 르네상스 시대에 연구 대상과 주체를 분리한 데서 비롯되었으며, 존 애그뉴John A. Agnew에 따르면 15세기 유럽의 지리적 발견과 함께 등장했다.[44] 세계를 전체로서 '객관적'으로 인식할 수 있는 능력을 장악하

---

42 Ó Tuathail, *Critical Geopolitics*, p. 144.

43 Ibid., p. 47.

44 Agnew, *Geopolitics*, p. 15.

는 과정 속에서, 애그뉴는 권력관계의 기초를 발견했다. 전체를 보는 자는 개별 구성요소를 판단할 권위를 가지는데, 이는 그가 바라보는 대로 전체를 형성하는 각각의 요소 간 관계를 구조화할 수 있다는 사실 때문이다. 이른바 '글로벌한 관점'은 자신이 경험하지도 그리고 존재하지도 않았던 영역에서, 특정 요소들을 분리하고, 특성화하며, 특정한 의미를 부여할 수 있도록 한다.[45]

애그뉴는 15세기 말부터 유럽인들과 비유럽 세계 간의 접촉이 잦아지면서 형성된 지정학적 사고의 근본적인 지식 기제에 주목한다. 접촉은 새로운 세계에 대한 사고의 틀을 형성하였으며, 이 사고의 틀 중 하나가 바로 시간을 공간으로 변환하는 것이었다.[46] 단순화시켜 보면, 유럽 역사는 이교에서 기독교를 거쳐 근대에 이르는 진화의 역사로 개념화되었으며, 이는 모든 사회 발전을 위한 보편적 모델로 이상화되었다. 이러한 사고의 틀은 비유럽 지역에 대한 유럽의 인식을 지배했고, 유럽의 발전 단계라는 프리즘을 통해 비유럽 지역을 이해하기 시작하였다. 이는 유럽이 세계 공간의 중심에 있을 뿐만 아니라 세계사의 축에서 가장 중요한 기준점이 되는 유럽 중심적 도식이다.[47] 18세기에 이 사고 틀은 계몽주의에 의해 수용되었고, 유럽인들을 다른 모든 공동체와 구별짓기 위해 '문명civilization'이라는 범주가 도입되었다. 이후로 합리성과 문명화된 세계라는 개념은 유럽, 더 넓게는 서

---

45   Ibid., pp. 21-22.

46   Ibid., p. 35.

47   Ibid., pp. 36-43.

양을 지칭하는 데 사용되었고, 지구의 나머지 지역은 그 반대 개념으로 인식되었다. 동시에 유럽을 문명화되지 않은 세계의 미래로 여기고 세계의 나머지 지역이 유럽의 과거라고 인식하면서, 세계사에 대한 일종의 '정신적 공간 지도'가 만들어졌다. 이는 지정학적 사고의 기초를 형성했으며, 애그뉴에 따르면 이후 문명적 지정학civilizational geopolitics, 환경결정론적 지정학naturalized geopolitics, 이데올로기적 지정학ideological geopolitics의 세 시대를 거치게 된다.

문명적 지정학은 그 시작이 15세기까지 거슬러 올라가지만, 보다 완성된 형태로는 18세기 후반부터 1875년까지 세계에 대한 유럽의 사고를 지배했다. 문명으로서 유럽의 고유성을 전제로 하며, 유럽의 정치적·경제적 성공의 원인을 유럽의 영광스러운 과거에 있다고 본다. 이는 또한 목적론적 성격을 띠고 있었다. 유럽의 특별하고 예외적인 과거는 "위대함을 향해 예정"[48]되어 있다고 여겼으며, 비유럽 지역들은 유럽의 군사적 확장 대상이 될 수 있다는 믿음의 토대를 제공했다. 비유럽 지역과 그 사회가 이미 유럽을 모델로 한 합리적인 문명으로 나아가고 있었기 때문에, 유럽의 확장을 통해 이 과정을 가속하는 것은 역사의 흐름에 부합하는 것이었다. 이런 방식으로 식민주의는 유럽사뿐만 아니라 세계사를 실현하는 단계로서 정당성을 확보하게 되었다. 이와 함께 유럽의 우수성과 합리성을 국민국가와 점점 더 동일시하는 경향이 나타났다. 유럽인들은 다른 대륙에 거주하는 사회 사

---

48 Ibid., pp. 87-88.

이에서 자신들에게 '익숙한' 국민국가와 유사한 정치 조직을 발견하지 못했기 때문에, 이들을 국제 사회의 일원으로 인정하지 않았다.[49]

이러한 사고의 틀은 유럽뿐만 아니라 북미에서도 '명백한 운명Manifest Destiny'이라는 형태로 나타난다. 19세기 후반 이러한 사고의 틀은 새로운 성격을 띠기 시작하여, 대략 1875년부터 1945년까지 지속된 환경결정론적 지정학의 시대를 열었다. 지정학은 자연과학의 급속한 발전과 사회과학의 출현에 영향을 받아, 사회와 세계를 자연적 과정의 하나로 인식하기 시작하였다. 국제 관계 또한 생물학적 과정과 유사하게 개인이 통제할 수 없는 힘에 의해 좌우된다는 믿음이 지배적이었다.[50] 즉 유럽 제국 간 경쟁 또한 궁극적으로 특정 공동체, 문화 또는 특정 지역의 지리적 특성에서 비롯된 자연적 필연성이라는 관점에서 이해되었다.[51] 국가의 발전과 국가 간 경쟁을 유기체에 비유한 것과 관련된 또 다른 개념은 국가는 반드시 정치적 경계와 일치하지 않은 특별한 '자연적 경계'를 가지고 있다는 생각이었다. 경제도 마찬가지로 생물학적 관점에서 인식되어, 국가가 그것을 통해 성장하고 영양을 공급받는 국가의 자산이라는 개념으로 인식되었다. 이는 경제적 및 영토적 팽창을 국가의 기능과 발전에 필수적인 것으로 간주하는 또 다른 정당성을 제공했다.[52]

---

49 Ibid., pp. 87-93.

50 Ibid., p. 93.

51 Ibid., p. 95.

52 Ibid., pp. 99-100.

　마지막으로, 환경결정론적 지정학은 지리적 요인이 국제 관계와 국가 간 경쟁에 결정적인 영향을 미친다고 믿는다. 국가는 영토의 지리적 특성에 따라 분류되기 시작했으며, 이러한 요인들이 어떻게 외교 정책을 결정하고 다른 국가에 비해 잠재력을 강화하거나 제한하는지를 중심으로 논의되었다. 지리적 위치, 지형, 기후, 천연자원 모두 힘과 국가 간 경쟁이라는 관점에서 해석되었다. 해양 강국을 글로벌 교통망에 대한 접근성 때문에 내륙 혹은 육상 국가에 비해 더 유리한 위치에 있는 것으로 간주하는 경향이 그 대표적인 예이다. 이러한 방식으로 지정학은 지리적 요인이 국가의 정치적 번영과 발전에 미치는 영향에 대한 도구적 담론으로 탄생하게 된다.

　세 번째 지정학의 시대는 1945년 이후에 시작되었으며, 냉전 기간을 포함한다. 이 시기는 세계라는 공간을 정치경제적 형태를 둘러싼 소련과 미국 간 이념적 갈등을 통해 구분한다. 이 구분 속에서 양측은 상대방과의 관계에서 그리고 상대방이 아닌 것에 대한 관계에서 자신을 정의하였다.[53] 두 초강대국은 그들의 경제 체제와 동일시되었고, '지리적 의인화'와 함께 각 측의 동맹국들과 극단적인 환원주의적 특성을 공유했다. 즉 자유롭고, 개인주의적이며, 민주적인 자본주의 서방 대 팽창주의적이고, 집단주의적이며, 권위주의적인 공산주의 동방이라는 구도가 형성되었다.[54]

53　Ibid., p. 103.

54　Ibid., p. 106.

세계는 3개의 공간으로 구조화되었고, 첫 번째와 두 번째는 각각 발전된 세계의 두 가지 버전, 즉 미국을 중심으로 한 서방과 소련을 중심으로 한 동구권을, 세 번째는 제3세계로 불렸던 저개발 국가를 나타냈다. 제2차 세계대전 이후에는 이전 두 지정학적 시대의 특징인 식민주의의 지속이 불가능했고 제3세계 스스로 국가의 미래를 결정할 수 있었지만, 결국에는 두 개의 지배적인 공간 중 하나에 합류될 것이라는 기대도 존재했다. 냉전 체제에서는 '우리 대 그들'이라는 구도가 근본적인 위치를 차지했으며, 이는 다른 지역과 사회를 해석하는 기준이기도 했다. 두 초강대국을 제외한 모든 국가는 자율적인 행위자가 아니라 잠재적인 의지의 집행자 정도로 간주되었다.[55] 세계 지도는 다시금 경쟁의 장이 되었고, 개별 국가와 지역은 통제와 지배를 위한 게임의 대상으로 변모했다.[56] 이 과정에서 지리라는 요소가 정치에 미치는 영향은 각 체제의 이데올로기와 그 갈등에 밀려 영향력이 이전에 비해 약화하였고, 특정 지역에 대한 초강대국의 관심을 결정하는 것은 그 지역의 지리적 조건이 아니라 그 국가 지도자의 이념적 성향이 되었다. 세계 인식에서 이데올로기가 지리적 조건을 대체한 시대였던 것이다.[57]

55　Ibid., p. 109.

56　Ó Tuathail eds., *The Geopolitics Reader*, p. 7.

57　이는 냉전이 그 나름의 고유한 지정학적 담론을 생산하지 않았다는 의미는 아니다. 예컨대 소련이 자유세계를 희생시키면서 지속적인 팽창 추구를 가정한 봉쇄 이론(containment theory)과 세계의 모든 분쟁을 초강대국 중 하나의 안보와 지위를 잠재적으로 위협하는 것으로 해석하는 도구로 사용된 도미노 이론(domino theory) 등이 있다. Agnew, *Geopolitics*, p. 109.

V. 지식의 도구적 성격에 대한 비판

비판지정학은 국제 관계 이론에 존재하는 고전지정학적 경향과
그에 수반되는 가정에도 도전한다. 출발점은 지정학이 중립적인 지
적 활동의 영역이 아니며, 지식의 한 형태로서 언제나 특정 사회 행위
자들의 목표 달성을 지향한다는 가정이다. 비판지정학 연구자들은 이
문제에 다양한 방식으로 접근하지만, 일반적으로 지정학이라는 지식
의 기능에 대한 기본적인 가설에는 동의한다. 비판지정학은 "지정학
적 담론의 생산을 투명하고 객관적인 현실의 중립적이고 객관적인 설
명으로 보기보다는, 정치 그 자체의 일부로 간주한다."[58] 기어로드 오
투어헐Gearóid Ó Tuathail은 '지-권력geo-power'이라는 개념을 사용하여, 지
리 지식의 기능을 공간의 정치적 생산과 공간의 관리를 목표로 하는
권력 기술들의 조합으로 설명한다.[59] 그는 미셸 푸코를 따라 '지-권력'
의 계보를 16세기에 시작된 유럽 근대국가의 형성과 유럽 내외의 영
토 확장 과정에서 시작된 것을 본다. 모든 정치체는 언제나 특정 영토
와 연관되어 있었지만, 세계 지리에 대한 지식이 급속히 발전하기 시
작했던 것은 16세기 이후이며, 이러한 지리 지식은 근대국가의 성장
과 확장을 가능케 했던 중요 요소였다. 오 투어헐은 국가들이 공간 속

---

58 Ó Tuathail eds., *The Geopolitics Reader*, p. 3.

59 Ó Tuathail, *Critical Geopolitics*, p. 5. 다음도 참고하라. Klaus Dodds, "Cold War Geopolitics," in
eds. by John A. Agnew, Katharyne Mitchell, Gerald Toal (Gearóid Ó Tuathail), *A Companion to
Political Geography* (Oxford: Wiley, 2003), pp. 204-218.

에서 자신을 확립하고, 그 공간으로서 자신을 형성하며, 전지전능한 "영토의 해설자이자 서술자"로서 그들의 권력을 강화하려고 노력한다고 지적한다.[60]

이는 근대 유럽 군주제에서 권력의 중앙집권화와도 관련이 있는데, 중앙집권화된 권력이 수도라는 공간에서 주변 공간을 관리하는 활동을 의미한다. 이 과정과 상호작용하였던 지식이 지리학이다. 따라서 "담론으로서의 지리학은 지식/권력의 한 형태"였다.[61] '통치의 기술art of governance'은 효과적 권력 행사를 위해 통치하는 영토에 대한 특정한 공간적 이미지를 필요로 한다. 이는 영토적 기준으로 정의된 사회 집단을 종속시키고 정치 행위자들의 영토 확장을 촉진하는 권력의 도구로 작용한다. 세계라는 공간을 질서 있는 구조로 조직하고, 장소에 이름을 붙이며, 특정한 특성과 의미를 부여하는 지리학은 우리가 구분짓고 구조화한 공간을 우리의 관심 대상으로 만든다. 이러한 관심은 선택된 지역을 문화적 또는 심지어 지질학적 관점에서 분석할 수 있지만, 국가의 이익 실현이라는 관점에서도, 예컨대 갈등과 분쟁의 관점에서도 그 지역을 인식하도록 만든다. 이러한 방식으로, 국가의 국경을 훨씬 넘어선 지역들 때로는 다른 대륙에 있는 지역들조차도 외교 및 군사 정책의 관심 대상이 될 수 있다.

지정학적 사고의 기초는 정치가와 전략가들이 영토, 특히 다른 국

---

60 Ó Tuathail, *Critical Geopolitics*, p. 9.

61 Ibid., p. 46.

가에 속하고 다른 공동체가 거주하는 먼 영토에 주목하기 시작할 때 등장한다. 여기서 지정학은 '통치의 기술'과 관련된 지식인들(통치 기술 지식인들)이 "국제 정치를 '공간화'하는 담론적 실천"이며, 세계를 특정한 유형의 장소, 민족, 그리고 드라마로 규정하는 것을 목적으로 한다.[62] 이러한 담론적 실천은 역사적으로 유럽 국가들 사이에서 끊임없이 서로를 정복하거나 정복당하지 않으려는 경쟁의 논리에 내재되어 있다. 개별 국가의 상대적 힘의 차이는 한 국가의 번영이 궁극적으로는 다른 국가에 행사할 수 있는 폭력 수행 능력에 달려 있음을 의미한다.[63] 따라서 이전의 지정학이 공간을 위계적으로 묘사하고, 특정 장소를 우호적이거나 적대적인 것으로 분류하는 것도 궁극적으로는 이러한 경쟁의 논리에 의한 것이다.[64] 비판지정학은 이러한 방식으로 구성된 지정학을 세계 정치에 대한 다른 형태의 지식, 특히 현실주의와 같은 고전적 국제 관계 이론과 유사하게 취급한다.[65]

따라서 비판지정학은 고전지정학을 세계 정치와 국가 간 경쟁에 몰두하는 통치 기술 지식인의 전문 지식과 연계된 지적 활동 분야로 보고 이들이 생산한 담론에 도전한다. 요한 루돌프 셸렌Johan Rudolf

---

62 Ibid., p. 46.

63 Agnew, *Geopolitics*, p. 69.

64 Ibid., p. 75. 정치적 동기에 의해 만들어진 공간의 표상들이 종종 실제 지리적 특성을 무시하기 때문에, 이는 종종 반지리학적(anti-geographical)일 수도 있다. 이에 대해서는 다음을 보라. Colin S. Gray and Geoffrey Sloan, eds., *Geopolitics, Geography and Strategy* (London: Routledge, 2013), p. 113.

65 G.Ó Tuathail, "Understanding Critical Geopolitics: Geopolitics and Risk Society," *The Journal of Strategic Studies*, 22:3-4 (1999), p. 107.

Kjellen에서 시작된 고전지정학의 담론은 주로 서구 열강에 대한 타 지역의 종속 관계를 유지하고 심화시키기 위한 제국주의적 의식의 표현이었다. 즉 "20세기 초, 지정학은 국가의 확장을 촉진하고 제국을 확보하는 것과 관련된 지식/권력의 한 형태였다. 당시의 주요 지정학 사상가들은 모두 보수적인 백인 남성이었으며, 또한 제국주의자들로서 각자의 방식으로 자국의 제국주의적 팽창주의를 설명하고 정당화하고자 하였다."[66]

비판지정학에게 있어, 고전지정학은 공간의 지배와 기존의 권력 관계 강화를 목표로 하는 지적 활동의 도구일 뿐이다. 역사적으로 지정학자들은 학계와 국가 기관의 접점에서 활동해 왔으며, 때로는 과학적이고 객관적인 사상가로 포장되기도 하고, 때로는 외교 정책의 수립이나 실행을 책임지는 전문가나 정부 관리로 활동해 왔다.[67] 비판지정학은 특히 매킨더를 통치 기술 지식인의 전형으로 본다. 매킨더가 지식으로서 지리학에 관심을 가지게 된 이유는 대영제국 쇠퇴의 원인을 파악하고 이를 극복할 방법을 찾고자 하는 열망 때문이었다.[68] 매킨더는 이러한 쇠퇴에 대한 해결책은 영국인들이 제국이라는 공간을 새롭게 사고하는 것이라 보았다. 이를 위한 주요 도구는 세계 공간에 대한 제국주의적 인식과 지리적 조건이 국가의 힘에 미치는 결정적 영향력을 파악하는 것이라 보았고, 이를 위해 영국은 교육 시스템

---

66 Ó Tuathail eds., *The Geopolitics Reader*, p. 4.

67 Ibid., pp. 9-11.

68 Ibid., p. 67.

을 개혁하고 영국인들이 세계 공간의 맥락에서 제국에 대해 생각할 수 있는 능력을 갖추도록 해야 한다고 주장하였다.[69] 매킨더에 따르면 지리학은 자연과학과 사회과학을 결합하여 세계에 대한 총체적인 인식을 촉진하는 동시에 인간 현상에 대한 물질주의적 설명의 토대를 제공하는 학문이다.[70]

당시 대영제국은 작은 유럽 영토와 확장된 식민 제국을 가지고 있었으며, 이는 석탄과 해군력을 기반으로 하고 있었다. 19세기 말과 20세기의 과학기술의 발전은 영국이 누리던 기존의 헤게모니를 약화시키는 듯이 보였다. 석탄에서 석유로의 에너지 전환과 철도의 등장으로 인한 육상 교통망의 영향력 강화로 인해, 이제 대륙 내 육지를 연결하고 천연자원을 활용할 수 있게 되면서 힘의 균형이 독일이나 러시아와 같은 육상 국가에게 유리하게 전개될 듯 보였기 때문이다. 매킨더가 보기에, 해양 네트워크에서 소외되었던 유라시아는 이제 철도 교통을 기반으로 한 효율적인 인적·물적 자원의 내부 순환을 통해 세계의 중심이 될 것이며, 이를 지배하는 국가가 세계를 지배하게 될 터였다. 유라시아 강국의 새로운 시대는 유럽 해양 제국의 시대를 끝내고, 지금까지 유럽 문명이 구축한 세계는 더 이상 존재하지 않게 될 것이라고 매킨더는 판단했다.[71] 매킨더는 유라시아와 세계 지배에 중요

---

69 Ibid., p. 69.

70 John A. Agnew and David N. Livingstone eds., *The SAGE Handbook of Geographical Knowledge* (Los Angeles: SAGE Pub., 2011), p. 288.

71 Dodds eds., *Geopolitical Traditions*, pp. 34-36.

한 또 다른 '공간'을 지목했는데, 그것이 바로 이른바 '심장지대 heartland'라 불리는 지역이다. 이 지역과 그 자원에 대한 통제는 유라시아 대륙 내 흐름을 통제하는 것과 같다. 따라서 매킨더가 보기에, 영국의 목표는 독일과 러시아라는 두 육상 국가의 동맹이 이 지역을 지배하지 못하도록 막는 것이어야 했다. 매킨더의 지정학적 범주의 구성, 즉 심장부, 주변지대 rimland, 세계 섬 world islands은 세계를 임의로 선택된 요소들로 나누고, 이에 의미를 부여하는 포괄적 그리고 하향식 관점에서 이루어졌다. 이러한 개념은 모두 세계 패권에 대한 고려에서 창조되었고, 세계의 다양한 문화적, 인구학적 또는 정치적 특성을 무시한 채 오직 지리적 조건만을 선택적으로 강조하고 그 성격을 제국들의 글로벌 경쟁으로 축소하여 공간을 이해하는 오류를 범한다.

VI. 비판지정학과 지정학적 상상력

지정학적 상상력과 관련된 연구는 1990년대 이후부터 본격적으로 등장하기 시작했고, 비판지정학은 이러한 상상력이 집단 기억 속에서 어떻게 형성되고 고정되는지를 이해하고자 하였다. 비판지정학이 담론 분석에 중점을 두고 국가 혹은 정치 운동의 지정학적 성공과 실패의 조건을 분석하고 예측하는 데 소홀한 경향도 없지는 않았다. 하지만 지정학적 상상력과 관련된 연구는, 비판지정학의 연구 영역을 지정학적 문제 해결의 선결 조건인 지정학적 문제의 이해로 확장하는 데 기여하였다.

1990년대 이후 등장한 관련 연구 중 몇몇은 지정학적 상상력 연구와 관련된 기본 개념 이해를 위해 특히 주목할 가치가 있다. 이 문제에 천착한 연구 중 하나는 헤르트얀 다이크잉크Gertjan Dijkink의 연구이다.[72] 이 연구에서 다이크잉크는 영국, 미국, 독일, 러시아, 이라크, 세르비아, 아르헨티나, 호주 그리고 인도의 지정학적 상상력, 국가 정체성, 지정학적 문화 및 지정학적 전통 등의 문제를 분석하여 세계 각지에서 다양한 공간적 상상력이 어떻게 발현되는지를 보여준다. 다이크잉크는 지정학적 상상력이라는 용어를 안보/위협감, 이점/약점 및/또는 국가 운명 또는 외교 정책 전략에 대한 아이디어를 포함하는, 자신의 공간과 세계의 나머지 공간 간 관계와 관련된 사상으로 정의했다.[73] 그 의미는 광범위하고 유연하다. 그는 지정학적 상상력이라는 개념을 '자국own'과 다른 '외국foreign' 공간 및 장소 간의 관계, 사상 혹은 외교 정책을 통해 드러나는 '민족적 사명national mission'과 관련된 사상으로 이해한다. 그리고 마지막으로 지정학적 비전geopolitical vision이라는 범주를 사용하여 특정 영토에 대한 '우리 대 그들'의 구분과 그 구분에서 비롯된 특정한 정서적 유대의 등장을 설명한다.[74]

72　Gertjan Dijkink, *National Identity and Geopolitical Visions: Maps of Pride and Pain* (London: Routledge, 1996). 민족 정체성과 지정학적 상상력과의 관계에 대해서는 다음도 참고하라. Virginie Mamadouh and Gertjan Dijkink, "Geopolitics, International Relations and Political Geography: The Politics of Geopolitical Discourse," *Geopolitics*, 11:3 (2006), pp. 349-366.

73　Dijkink, *National Identity and Geopolitical Visions*, p. 11.

74　Ibid., pp. 11-15. 다이크잉크는 지정학적 상상력이 특정 집단의 정체성을 결정짓는 일련의 공간적 이미지라면, 지정학적 비전은 집단 정체성을 지리적 용어와 상징의 언어로 번역하고 전달하여

다이크잉크의 연구는 공간과 장소에 대한 국가적·민족적 경험, 즉 개별 국가 또는 그 국가의 엘리트가 자신이 누구인지, 세계에서 자신의 위치를 어떻게 정의하는지, 그리고 이것이 다른 국가의 엘리트와의 관계에 어떤 영향을 미치는지를 다루고 있다. 연구의 약점은 주로 그가 분석한 각각의 공동체나 집단들이 세계에 대한 하나의 특정한 '상상력'과 '비전'을 부여받은 것처럼 간주한다는 점이다. 이는 마치 각각의 집단이 하나의 지배적인 지정학적 비전 더 나아가 하나의 지정학적 상상력을 가지고 있는 것 같은 인상을 준다.

지정학적 상상력에 관한 연구 중 다이크잉크의 접근 방식을 따르지 않은 연구들도 있다. 실제로 이러한 저자들은 특정 공동체와 그 특징적인 문화 내에서 작동하는 지정학적 인식의 복잡한 그림을 제시하는 데 중점을 둔다. 러시아 지리학자 자먀틴의 저서가 이러한 유형의 가장 주목할 만한 연구이다. 자먀틴의 연구는 '지정학적 이미지геополитический образ'라는 문제에 대한 독창적이고 혁신적인 접근 방식으로 인해 특히 흥미롭다. 자먀틴은 러시아인의 지정학적 상상력에 가장 큰 영향을 미치는 주요 지정학적 이미지를 파악하고, 이를 통해 러시아의 행동을 간접적으로 파악할 수 있었다. 그는 인지적 측면에 주목하는데, 러시아 문화에 널리 퍼져 있는 지정학적 이미지와 러시아 사회에 존재하는 지리적 이미지의 유형과 그 특성, 그리고 러시아라는 공

세계에 대한 보다 구체적인 상을 구축하는 방법으로 구분한다. 즉 지정학적 상상력이 사람들이 공간과 세계를 인식하고 해석하는 추상적이고 문화적 맥락의 과정이라면, 지정학적 비전은 특정 목표를 달성하기 위해 구체적인 방향을 설정하는 전략적이고 구체적인 행동 계획인 것이다.

간과 관련된 신화와 그러한 신화가 세계를 인식하는 데 미친 영향을 분석한다. 인간을 둘러싼 공간이 사회적으로 구성된 산물이라는 가정을 바탕으로, 자먀틴은 지리적 이미지의 형성과 그것이 정치적 결정뿐만 아니라 사회생활에 미치는 영향을 중점적으로 분석한다.

그는 특정 사회에서 지배적인 지리적 이미지 체제가 특정한 지리적 인식/이미지를 형성하며, 다시 이러한 인식/이미지가 특정 사회 집단의 지정학 및 정치적-지리적 신념의 기초를 제공한다고 주장한다. 따라서 러시아의 외교 정책을 이해하기 위해서는 러시아인이 자신과 외부 세계를 어떻게 인식하는지, 러시아 엘리트와 사회의 상상 속에서 작동하는 세계의 지정학적 지도는 무엇인지, 그리고 러시아의 지정학적 상상력이 어떻게 형성되는지를 이해할 필요가 있다는 것이다. 각 국가의 정체성에는 이미지와 인식, 즉 외부 환경이나 다른 국가에 대한 인식이 포함되어 있는데, 이러한 이미지와 인식을 바탕으로 '우리'와 '그들'의 구분과 대립이 형성된다고 가정하고, 자먀틴은 '지정학적 이미지' 개념을 지정학적 분석의 중심축으로 삼았다. 그에게 이 개념은 지리적 공간에 대한 상상력이며, 특정 영토, 국가, 지역의 상징, 기호, 이미지 및 특징을 집단 기억에 가장 잘 표현하고 보존하여 정치적 관점으로 드러내는 것을 의미한다. 따라서 지정학적 이미지는 정치적 결정과 행위의 근간이 되는 일종의 정치적 '메타 이미지'인 것이다. 여기서 중요한 점은, 지정학적 이미지가 하나만 존재하는 것이 아니라 수많은 지정학적 이미지가 존재할 수 있다는 점이다. 자먀틴은 수많은 이미지 중 이른바 핵심 지정학적 이미지, 즉 ① 독자적이고 고립된 '섬과 같은 러시아_{Россия-Остров}', ② 유라시아로서의 러시아_{Россия-Евразия}, ③ 유럽으로서의 러시아_{Россия-Европа}, ④ 비잔티움으로서의 러시아_{Россия-Византия}, ⑤ 동유럽으로서의 러시아_{Россия-Восточная Европа}가 결정적 역할을 하며, 이러한 핵심 지정학적 이미지가 지정학적 상상력을 구성한다고 결론짓는다.[75]

자먀틴의 연구가 특히 의미 있는 점은, 특정 사회와 국가의 문화를 획일적이고 단일한 이미지 체계로 취급하지 않고, 다양한 수준의 인간 사회 및 정치 활동에서 외부 세계의 표상과 이미지는 고정된 것이 아니라 국가와 지각된 주체 모두에서 일어나는 변화에 따라 역동적으로 변화할 수 있음을 강조한 점이다. 그는 러시아 연방의 정체성 형성에 중요한 시기인 1991~2001년 당시 러시아 연방의 지정학적 이미지의 동태성을 분석했다. 자먀틴은 러시아 문화 공간에서 작동하는 지정학적 이미지를 분석하는 데 그치지 않고, 그러한 지정학적 이미지가 실제로 정치 현실에서 어떻게 사용되고 어떤 의미를 가지는지를 보여준다. 즉 공간과 장소에 대한 연구가 지정학적 상상력이라는 틀을 통해 국제 관계의 여러 문제를 이해할 실마리를 제시할 수 있음을 보여주고 있다.

---

[75] Замятин, *Власть пространства и пространство власти*, pp. 43-53, 192-195.

VII. 나오며

비판지정학은 무엇보다도 '어떻게how'라는 질문을 던지는 연구 방법이라 할 수 있다. 즉, 어떻게 지리적 지식이 일종의 도구로서 권력관계를 강화하는 데 사용되는지, 어떻게 지정학적 상상력이 갈등과 경쟁이라는 관점에서 세계의 움직임을 파악하고 사고하도록 만드는지, 어떻게 자신이 경험하지 못하는 먼 지역에 대한 담론을 구성하여 외교 정책을 정당화하는지, 어떻게 우리가 접하는 세계에 대한 사고가 대중문화의 내용을 바탕으로 형성되는지 등을 묻는다. 고전지정학을 일종의 지적 활동 또는 정치적 실천으로 이해한다면, 비판지정학은 지금까지 지정학이 당연하게 받아들였던 수많은 생각들이 실제로는 어디에서 비롯되었는지, 그리고 세계 여러 지역의 다양한 장소를 묘사하면서 어떻게 그들의 복잡성과 실제 성격과 본질을 왜곡하거나 무시하는지를 묻는다.

비판지정학의 두 번째 본질적인 질문은 '누가who'이다. 누가 지정학적 담론과 전체 세계 및 여러 다양한 지역의 성격에 대한 대중의 인식을 만드는지, 누가 어떤 장소가 적대적이고 어떤 장소가 우호적인지 그리고 어떤 장소가 전략적으로 중요하고 어떤 장소가 중요하지 않은지를 결정하는지, 누가 이러한 신념에 근거하여 행동을 취하는지, 그리고 누가 이러한 신념의 대상이 되는지를 묻는다.

오늘날 비판 지정학은 다양한 연구 방법을 사용하지만, 주로 지정학적 담론이 어떻게 생산되고 그 결과가 정치적 행동에 어떤 영향을 미치는지에 대한 질문을 던지는 연구로 발전해 왔다. 이러한 의미에서 비판지정학은 논란의 여지가 없는 것으로 취급되던 국제 정치에 관한 많은 주장의 당파성과 한계를 볼 수 있게 할 뿐만 아니라, 이전에는 연구되지 않았던 분야인 지정학적 담론과 실천 내에서 형성되는 권력관계를 지속시키는 기제에 대한 통찰을 제공한다.

비판지정학의 주장을 통해 지정학적 상상력이라는 현상을 이해할 수 있는 다음 몇 가지 일반화가 가능할 것이다. 첫째, 그 발전 과정에서 각각의 사회 집단과 정치공동체는 주변 세계를 통해 자신의 위치에 대한 특정한 인식을 만들어 낸다. 지리적 공간에 대한 이미지와 상징 그리고 서사 등은 집단 정체성을 형성하는 데 중요한 역할을 한다. 즉 공간 이미지는 우리 주변 세계에 대한 집단적 지식의 한 요소이며, 일종의 세계상을 제공하고, 집단 정체성의 중요한 구성 요소이며, 따라서 우리가 취하는 행동에 결정적 영향을 미친다.

둘째, 지정학적 이미지는 영향력 있는 사회 집단이 국가, 민족(국민), 세계를 정의하는 방식이며, 이를 통해 특정 사회 집단에 고유하고 특정한 세계상을 제공한다. 따라서 문화적이고 정치적인 자기 인식의 구성요소 중 하나이다. 사람들은 행동할 때 이성에 기반한 합리적 계산보다는 감정에 의존하는데, 감정이 담긴 이미지와 표현은 특정 집단이 주장하는 특정 영토와 관련을 맺는다. 이러한 인식은 특정 국가와 특정 공동체의 구성원이 글로벌 공간에서 자신의 역할과 위치에 대한 지식을 형성하는 인식이다. 이러한 이미지에 대한 지식을 습득하게 되면, 국민 정체성과 소속감 그리고 공동체 의식 등을 이해할 수 있으며, 무엇보다도 특정 공동체의 구성원이 '우리-그들'과 같은 개념에 부여하는 의미를 이해할 수 있다. 이런 의미에서 모든 지정학적 상상력은 독특한 국가 정체성의 산물이며, 강력한 감정의 원천이자 집단 간 갈등의 원인이 된다.

셋째, 다양한 상상력과 인식이 특정 형태의 정치사회적 동원을 만들어 낸다. 세계에 대한 지식의 한 요소로서 특정 국가에 특정 세계상이 존재한다는 것은, 그 국가의 정치적 성격을 띤 모든 결정과 행동에 그 세계상이 영향을 미친다는 것을 의미한다. 따라서 특정 국가에서 지배적인 주변 공간에 대한 인식과 상상력은, 정치 활동의 향방을 결정하는 데 중요한 요소인 것이다.

비판지정학의 지적 전통과 그 연구는 인간 공동체 간의 정치적 경쟁에서 공간, 특히 정치 활동 수행과 정치적 결정 과정에서 지정학적 상상력의 역할을 새롭게 인식하도록 하였다. 세계와 공간은 모두에게 동일하지만, 이를 해석하는 방식은 결코 동일하지 않으며 우리를 둘러싼 공간에 대한 생각이나 개념도 다양할 수 있다. 따라서 공간과 지리에 대한 상상이 어떻게 형성되고, 세계에 대한 생각이나 관념이 어떻게 표상되는지 그리고 국제 관계와 군사 및 외교정책 형성에서 지리적 상상력의 역할과 그 전략적 의미가 무엇인지를 묻는 연구는 더욱더 중요해질 것이다. 이를 통해 비물질적 요소가 점차 중요해지고 있는 21세기 전쟁 양상 변화에 대한 분석과도 지적 상호작용이 있길 기대해 본다.

마오쩌둥 시기 중수의학의 탄생과 사회주의 중국 과학의 속성

The Birth of Traditional Chinese
Veterinary Medicine in Maoist China
and the Nature of Socialist Chinese Science

이종식

포항공과대학교 / 인문사회학부 과학사 담당 조교수

I. 들어가며*

1986년 12월, 중화인민공화국 농축어업부의 주최로 한 회의가 소집되었다. 이 회의의 정식 명칭은 "민간수의 사업을 강화하는 것과 관련된 국무원國務院의 지시"(이하 "민간수의 지시") 반포 30주년 기념좌담회였는데, 참석한 당정黨政 간부들과 수의학계 및 축산업계 관계자들은 시종일관 오늘날의 중수의학中獸醫學을 존재할 수 있게 해준 이 정부 문건의 중요성을 강조해 마지않았다. 이들에 의하면, "민족 특색의 전통과학"이자 "우리나라[중국]의 과학문화 유산"인 중수의학은 아편전쟁 이래 반半식민지·반半봉건사회의 제약, 서구와 일본 제국주의의 침략, 국민당國民黨의 반동적 통치로 인해 "엄중한 박해"와 홀대를 받았다. 이와 대조적으로 마오쩌둥毛澤東과 주더朱德 등 중국공산당 지도자들은

---

* 본고는 『한국과학사학회지』 43:1 (2021)에 게재된 바 있음을 밝힌다. 관련 서지 사항은 다음과 같다. 이종식, 「집체(集體)의 가축을 위한 침술의 과학: 마오쩌둥 시기 중수의학의 탄생, 1956-1963」, 『한국과학사학회지』 43:1 (2021), pp. 143-174.

일찍부터 농촌 혁명 근거지에서의 경험을 통해 전통수의학과 민간수의사의 가치를 알아봤으며, 당의 이러한 "원견탁식遠見卓識"은 집권 이후인 1956년 1월 5일 저우언라이周恩來 총리에 의해 작성·공포된 "민간수의 지시"로 집대성되었다. 이 문건의 정신에 따라 당은 이른바 "중서결합 노선中西結合的道路"을 확립하여 근대과학과 의약醫藥 지식으로 전통수의학을 "보완充實"하고 "제고提高"했다. 이와 같은 당의 영명한 영도 아래 "조국의 수의학 유산"은 대대적으로 "발양"되어 현재까지 발전을 거듭하고 있으며, 오늘날 중국을 넘어 전 세계 수의과학의 진보에 공헌하고 있다는 것이다.[1] 중수의학에 대한 이러한 역사인식은 중국 당국의 공식적인 서사가 되어 이후 2006년 "민간수의 지시" 반포 50주년 기념회의, 2016년 60주년 기념 논단 등에서도 대동소이하게 반복되었다.[2]

공식적인 서사는 크게 두 가지 의문을 갖게 한다. 첫째, 중국공산당의 "원견탁식"은 어떻게 구성된 것이며 실제로 얼마나 깊이 전통수의학의 과학화 과정에 영향을 미쳤는가? 이른바 '당-국가party-state'가 당 외부의 '사회' 전반을 압살했다고 이해되는 공산권 국가에서, 과학 활동 일체는 당의 빈틈없는seamless 통제하에서만 이루어질 수 있었는가?[3] 둘째, 비록 공식적인 서사는 중수의학에 대해 일종의 초역사적

---

1 楊宏道, "偉大創擧 千秋業績: 紀念國務院頒發加强民間獸醫工作的指示暨農業部召開全國民間獸醫座談會三十周年,"『中獸醫學雜誌』44 (1986), p. 3.

2 羅傳正·鍾秀平·唐素君·王成, "待建立中獸醫法規體系初探: 憶《國務院關於加 民間獸醫工作的指示》,"『中國動物保健』19:1 (2017).

3 공산당 치하의 중국의 국가-사회 관계를 어떻게 볼 것인가에 관해서는 다음을 참고하라. 박상수,

'과학성'을 부여하고 있으며, 이른바 "중서결합"이 서로 다른 두 과학 분야의 자연스러운 통합이었던 것처럼 서술하지만, 전통적인 수의 지식체계와 근대적·생의학적biomedical 수의학 사이의 역사적 결합이 과연 그렇게 대등하고 상보적인 덧셈의 과정이기만 했을까? 이러한 의문점을 염두에 두면서, 본고는 중국 아카이브 문헌檔案, 공간公刊된 중국공산당 및 중화인민공화국 정부 문건, 내부 참고용 비공개 실험보고서, 학술간행물 및 일간지 등을 중심으로, 중국 전통수의학의 과학화 과정을 재조명한다.

일견 과학과 사회주의는 상호 양립 불가능한 개념이자 가치인 것처럼 생각된다. 현실 사회주의 국가에서는 전위당의 지도력과 혁명정치의 이데올로기가 무엇보다 강조되었다. 이에 과학 또한 정치와 사회의 요구에 종속된 어떤 것으로 이해되었다. 이러한 측면은 20세기 후반 반공적인 서구의 과학사학자들에 의해 대대적으로 비판된 바 있다.[4] 그러나 보다 최근의 사회주의 과학사 연구는 사회주의적 과학의 비전이 과학의 가치중립성이나 객관성을 자연스러운 것으로 간주하

"1950년대 중국 혁명 연구의 다섯 가지 논쟁적 테제 述論", 『사총』 85 (2015), pp. 153-194. 또한 본문에서 제기한 것과 유사한 문제를 다룬 소련의 사례연구로는 다음을 참고하라. 노경덕, "스탈린 시대 소련공산당과 학계 관계 재고: 세계경제세계정치연구소의 사례, 1927-1947," 『서양사론』 110 (2011), pp. 242-267.

4   Zhores Medvedev, *The Rise and Fall of T. D. Lysenko* (New York: Columbia University Press, 1965); David Joravsky, *The Lysenko Affair* (Cambridge: Harvard University Press, 1970); Dominique LeCourt, *Proletarian Science? The Case of Lysenko,* trans. by Ben Brewster (London: NLB, 1977); Valery N. Soyfer, *Lysenko and the Tragedy of Soviet Science* (New Brunswick: Rutgers University Press, 1994); Nikolai Krementsov, *Stalinist Science* (Princeton: Princeton University Press, 1997).

지 않았다는 점, 생산 현장 및 인민의 실생활과 관련된 요구에 일관되게 봉사하고자 했다는 점, 기존의 엘리트주의적 사회적·지적 위계질서에 일정한 균열 혹은 전복을 불러일으켰다는 점 등을 비판적으로 고찰함과 동시에, 무엇보다 과학적 지식 생산 과정에 활발하게 참여했던 당 안팎의 다양한 행위자들(당과 적당한 거리를 유지하며 연구를 지속했던 과학자, 외국인 전문가, 청년, 일반 농민 및 노동자 등)의 존재와 행위능력 agency을 보여주고 있다.[5] 이상의 사회주의 과학사 연구의 연장선상에서, 필자는 우선 중수의학의 탄생에 있어서 당의 정책과 통제력이 갖는 중요성을 인정한다. 당은 전통수의학의 과학화라는 사업이 나아가야 할 방향을 결정했고, 몇 가지 핵심적인 전제조건을 부과했다. 그러나 본고는 이러한 당의 역할이 일종의 전반적인 '테두리 설정'에 가까웠으며, 실제 주어진 환경 속에서 중수의학이라는 정치적·지적 구성물을 주도적으로 형성해 나갔던 주체는 당과 국가라기보다는 일군의 수의 전문가들이었음을 입증하고자 한다.

---

[5] Richard Levins and Richard Lewontin, *The Dialectical Biologist* (Cambridge, Mass.: Harvard University Press, 1985); Loren R. Graham, *What Have We Learned About Science and Technology from the Russian Experience?* (Stanford: Stanford University Press, 1998); 변학문, "1950~1960년대 북한 자립노선과 생물학의 변화", 『현대북한연구』 10:3 (2007), pp. 138-183; Hugo Palmarola and Pedro Ignacio Alonso, "Tropical Assemblages: The Soviet Large Panel in Cuba," in eds. by Eden Medina, Ivan da Costa Marques, and Christina Holmes, *Beyond Imported Magic: Essays on Science, Technology, and Society in Latin America* (Cambridge, Mass.: MIT Press, 2014), pp. 159-179; Sigrid Schmalzer, *Red Revolution, Green Revolution: Scientific Farming in Socialist China* (Chicago: University of Chicago Press, 2016); Kate Brown, *Manual for Survival: A Chernobyl Guide to the Future* (New York: W. W. Norton & Company, 2019); Arunabh Ghosh, *Making It Count: Statistics and Statecraft in the Early People's Republic of China* (Princeton: Princeton University Press, 2020).

본고는 또한 이른바 포스트콜로니얼postcolonial 과학사라고 불리는 선행연구의 흐름으로부터 일련의 문제의식을 빚지고 있다. 포스트콜로니얼 과학사 연구자들은 근대과학의 지구사global history of modern science를 서술함에 있어서, 어떠한 완성된 지식체계로서 '과학'이 17세기 이래 구미로부터 세계의 나머지 지역을 향해 일방적으로 전파되었다는 소위 '전파주의적diffusionist' 과학사 인식에 경종을 울리고 있다.[6] 포스트콜로니얼 과학사 인식은 서구중심주의적이고 제국주의적으로 좁게 정의된 '과학'을 강박적으로 보위하거나, 역으로 비非근대적, 비서구적, 토착적indigenous 지식체계를 본질화essentialize하고 절대적으로 실체화reify하는 대신,[7] 지식의 전 지구적 흐름flow, 이질적인 것들의 접촉contact과 조우encounter, 그리고 그 사이에서 발생하는 교환trading, 교류exchange, 번역translation, 뒤엉킴entanglement을 강조한다.[8]

---

6 전파주의 과학사에 대한 보다 자세한 논의로는 다음을 참고하라. George Basalla, "The Spread of Western Science," *Science* 156 (1967), pp. 611-622; Warwick Anderson, "Remembering the Spread of Western Science," *Historical Records of Australian Science* 29 (2018), pp. 73-81.

7 이러한 흐름은 '포스트콜로니얼' 과학사라기보다는 굳이 따지자면 '디콜로니얼(decolonial)' 과학사의 지향성이라고 할 수 있다. 전자에 대해서는 각주 8을 참고하라. 후자에 대해서는 다음을 참고하라. Clapperton Mavhunga, "Introduction," in ed. by Clapperton Chakanetsa Mavhunga, *What Do Science, Technology, and Innovation Mean from Africa?* (Cambridge, Mass.: MIT Press, 2017), pp. 1-28. 또한 가야트리 스피박(Gayatri Spivak)의 '전략적 본질주의(strategic essentialism)'라는 개념을 참고하라. Bill Ashcroft, Gareth Griffiths, and Helen Tiffin, *Post-Colonial Studies: The Key Concepts* (London: Routledge, 2nd ed., 2007), pp. 73-75.

8 Warwick Anderson, "Postcolonial Technoscience," *Social Studies of Science* 32:5/6 (October 2002), pp. 643-658; Kapil Raj, *Relocating Modern Science: Circulation and the Construction of Knowledge in South Asia and Europe, 1650-1900* (Basingstoke: Palgrave Macmillan, 2007); Fati Fan, "The Global Turn in the History of Science," *East Asian Science, Technology and Society: An International Journal* 6 (2012), pp. 249-258; Ralph Bauer and Marcy Norton, "Introduction: Entangled Trajectories: Indigenous and European Histories," *Colonial Latin American Review*

이러한 과학사상 科學史像 속에서 우리는 과연 중수의학을 어디에 위치시킬 수 있을까? 당의 공식적인 서사는 전파주의적 과학사 인식에 대항하여 하나의 단순한 안티테제antithesis를 제시하고 있는 것처럼 보인다. 즉, 중수의학이란 먼 과거에서부터 줄곧 유의미한 '과학'으로서 중국에 존재해 왔으며, 19세기 후반 이래로 서구 근대과학의 '전파'라는 도전 앞에 잠시 위기를 겪었지만, 결국 이를 극복하고 '서수의'를 생산적으로 재해석·흡수하여 전 세계 수의과학에 기여하고 있다는 것이다. 그러나 필자는 한편으로 중수의학의 초역사적 과학성과 단절 없는 발전을 당연시하는 중화주의적인 서사로도, 다른 한편 이와는 정반대로 서수의와 과학적 방법론을 무조건적으로 우위에 둔 전파주의적 서사로도, 중국의 전통수의학을 과학화하는 역사적 과정을 온전하게 포착할 수 없다고 생각한다. 본고는 포스트콜로니얼 과학사의 관점에서 세계 각지의 전통적인 지식체계를 근대화·과학화하려는 시도들을 검토한 연구들과 연계하면서, 그 분석틀을 중수의학이라는 다소 생소한 영역으로 확장시키고자 한다.[9] 그렇게 함으로써 전통 중국

26:1 (2017), pp. 1-17.

[9] 이러한 각도에서 최근 프랑스 식민주의 의학과 크메르 전통의학의 상호작용, 서양의학 혹은 생의학(biomedicine)의 위협에 대항한 중국의학의 자기혁신 노력, 인도 아유르베다(Ayurveda) 의학의 근대화 및 과학화 등에 관한 혁신적인 연구들이 많이 생산되고 있다. Sokhieng Au, *Mixed Medicines: Health and Culture in French Colonial Cambodia* (Chicago: University of Chicago Press, 2011); Sean Hsiang-lin Lei, *Neither Donkey Nor Horse: Medicine in the Struggle over China's Modernity* (Chicago: University of Chicago Press, 2014); Projit Mukharji, *Doctoring Traditions: Ayurveda, Small Technologies, and Braided Sciences* (Chicago: University of Chicago Press, 2016). 한편, 근현대 한의학사 연구 및 한의학의 과학화와 관련된 연구로는 다음을 참고하라. 연세대학교 의학사연구소, 『한의학, 식민지를 앓다』(아카넷, 2008); 김종영, 『하이브리드 한의학: 근대, 권력, 창조』(돌베개, 2019).

수의학 일반과는 대별되는 고유명사이자 근대화된 중국 민간수의학
의 한 형태로서 '중수의학'이라는 혼종적인 지식체계를 창조하고 발전
시키고자 했던 역사적 행위자들의 기획, 노력, 결실을 근대주의적 냉
소와 중화주의적 찬양 없이 고찰하고자 한다.[10]

　　공산당 집권 전후 전통수의학을 근대화·과학화하려 했던 다양한
시도들에 대한 직접적인 선행연구는 언어를 막론하고 그리 많지 않
다.[11] 조금 더 관심의 범위를 넓혀 중국 근현대 수의학의 역사 일반을
살펴보아도, 근대적인 수의 교육기관의 설립사를 다루고 있는 리칭산
李青山의 2015년 중국농업대학 박사학위 논문을 제외하면, 체계적인 역
사 연구를 찾아보기 어려운 실정이다.[12] 그러나 그 양적·질적 한계에
도 불구하고, 한 가지 눈에 띄는 점은 선행연구들이 공통적으로 중국
수의학사를 의학사, 특히 중의학中醫學의 역사, 그리고 중국 농업·농
촌·농민과 관련된 연구들과 적극적으로 연결시키고 있다는 점이다.
본고도 이러한 방향성에 발맞추어 중수의학의 탄생 과정을 20세기 근

10　본고에서 '전통수의'와 '민간수의'는 동일한 지식체계나 수의사 집단을 지칭함을 밝혀준다. 둘은
　　모두 '서수의'에 대응되는 개념이다. 또한 사료 속 행위자들이 '과학화(科學化)'와 '근대화(現代化)'
　　를 사실상 같은 뜻으로 사용하고 있으므로 본고에서도 두 개념을 혼용하여 사용한다. 한편, '중
　　수의(학)'은 '전통수의(학)' 및 '민간수의(학)'과는 엄격히 구분된다. '중의학(Traditional Chiense
　　Medicine, TCM)'이 중국의학 일반(Chinese medicine)과 동일한 개념이 아닌 것처럼(각주 13 참
　　고), 본고에서 '중수의(학)'은 과학화·근대화된 중국의 전통·민간수의학이라는 의미로 좁게 정의
　　되며, '중서수의결합(中西獸醫結合)'의 결과물로 이해해도 무방하다. 따라서 본고에서 말하는 중
　　수의학의 구성 과정은 중국 민간·전통수의학의 과학화·근대화 과정에 다름 아니다.

11　최근 중국 대륙학계에서 관련 연구논문이 드물게 발표되고 있다. 예를 들어 다음을 참고하라. 朱
　　緋·冠楠, "廢止中醫案對中獸醫發展的影響與獸醫國藥治療研究所的創辦", 『中國農史』, 2 (2017),
　　pp. 43-50.

12　李青山, "中國近代(1840-1949年)獸醫高等敎育溯源及發展", 中國農業大學 博士學位論文, 2015.

대 중국의학Chinese medicine[13]의 역사와 비교함으로써, 인의人醫와 관련된 역사적 경험이 수의의 영역에서 어떻게 유사하게 혹은 다르게 펼쳐졌는지 살펴볼 것이다.[14] 또한 본고는 중국공산당의 집체농업集體農業, collective agriculture 정책을 둘러싼 이상과 현실 속에서 민간수의학과 중수의사들의 존재 가치가 재고되었으며, 이 집체농업의 추진이라는 맥락이야말로 중수의학의 구성에 있어서 핵심적이었다고 주장할 것이다. 이 과정에서 본고가 상대적으로 크게 주목 받지 못했던 축산·수의 분야의 연구 공백을 부분적으로나마 메움으로써 중국 근현대 농업사 및 사회경제사 연구에도 기여할 수 있기를 희망한다.[15]

---

13 본고는 학계의 관례에 따라 역사상 존재했던 중국의 전통의학 일반을 '중국의학(Chinese medicine)'이라고 지칭한다. 19세기 후반 이래 다양한 행위자들이 중국의학을 근대화하기 위해 여러 갈래의 노력을 기울인 바 있다. 이러한 경험을 서술하는 역사를 '근대 중국의학의 역사(histories of modern Chinese medicine)'라고 부를 수 있을 것이다. 중의학(TCM)은 보다 엄격하고 좁은 의미로 사용되어야 하는데, 이는 곧 여러 형태의 근대적 중국의학 중에서도 중국공산당 집권 이후 1950년대에 확립된 특정한 지식체계를 지칭하는 고유명사이다. 따라서 중의학의 역사는 근현대 중국의학의 역사의 일부일 뿐, 후자를 전자로 환원할 수는 없다.

14 근대 중국의학 및 중의학의 역사에 대해서는 다음을 참고하라. Kim Taylor, *Chinese Medicine in Early Communist China, 1945-1963: A Medicine of Revolution* (London: RoutledgeCurzon, 2005); TJ Hinrichs and Linda Barnes eds., *Chinese Medicine and Healing: An Illustrated History* (Cambridge, MA.: Belknap Press of Harvard University Press, 2013); Lei, *Neither Donkey Nor Horse*; Bridie Andrews, *The Making of Modern Chinese Medicine, 1850-1960* (Vancouver: UBC Press, 2014).

15 사회주의 시기 중국 농업에 대해 본고는 주로 다음 문헌들을 참고했음을 밝힌다. Edward Friedman, Paul G. Pickowicz, and Mark Selden, *Chinese Village, Socialist State* (New Haven: Yale University Press, 1991); Huang Shu-min, *Spiral Road: Change in a Chinese Village through the Eyes of a Communist Party Leader* (Boulder: Westview Press, 1998); Edward Friedman, Paul G. Pickowicz, and Mark Selden, *Revolution, Resistance, and Reform in Village China* (New Haven: Yale University Press, 2005); Jacob Eyferth, *Eating Rice from Bamboo Roots: The Social History of a Community of Handicraft Papermakers in Rural Sichuan, 1920-2000* (Cambridge: Harvard University Asia Center, 2009); Anita Chan, Richard Madsen, and Jonathan Unger, *Chen Village: Revolution to Globalization* (Berkeley: University of California Press, 2009);

　　이어지는 절에서는 1956년 공식화된 중수의학의 등장에는 1949년 건국 이전부터 누적되어 왔던 민간수의사들과 중국공산당의 관계라는 전사前史가 있었음을 강조할 것이다. 또한 1956년보다 몇 해 앞서 확립되었던 중의학이라는 모델이 중요한 선례가 되어 민간수의학의 과학화 및 중수의학의 탄생 과정에 필요한 각종 언어, 개념, 방법론을 제공했음을 살펴볼 것이며, 동시에 1950년대 중후반에 추진된 농업 집체화가 어떻게 중수의학의 구성에 있어서 결정적인 맥락이자 조건이 되었는지 검토한다. 이어서 민간수의학의 과학화라는 것이 구체적으로 어떤 작업이었는지 분석해 들어갈 것이다. 이 작업은 서양 수의학을 전공한 수의과학자, 원로 민간수의사, 중국공산당의 중하급 '수의간부獸醫幹部' 등 넓은 의미의 수의학계 전문가 집단에 의해 주도되었다. 이들은 전근대 수의 고전 문헌에 등장하는 각종 개념과 이론, 중의학의 핵심개념인 변증론치辨證論治, 수의침구술獸醫針灸術, 탕약, 화학 약물, 엑스레이 등을 두루두루 동원하여 대규모 실험을 설계·수행함으로써 중수의학적 치료법의 유효성을 과학적으로 증명하고자 했다.

Yi Wu, *Negotiating Rural Land Ownership in Southwest China: State, Village, Family* (Honolulu: University of Hawaii Press, 2016).

Ⅱ. 중수의학의 전사前史, 1944~1956

1956년 1월 5일, 중국 전역의 전통수의사들의 운명을 결정짓게 될 문건인 "민간수의 지시"가 전국 당정 기관으로 하달되었다. 국무원 총리 저우언라이의 명의로 작성된 이 문건에 의하면, 당시 전국에는 약 19만 명의 수의사가 있었다고 한다. 이 중 주요 도시에 산재한 근대적 수의사의 수는 만 명이 채 되지 않았던 데에 반해, 농촌 지역에는 약 18만 명 이상의 이른바 '민간수의사'들이 활약하고 있었다. 민간수의 사란 청대淸代 마의馬醫의 후손으로 집안 대대로 수의업에 종사한 전업 수의사와 농업 노동 및 수의 활동을 병행했던 아마추어 수의사 모두 를 포괄하는 느슨한 개념이다. 비록 그 대부분은 중공 집권 이전에 정 규 수의과학 교육을 받지 못했지만, 침과 약초를 활용하여 가축들을 돌보고 치유할 수 있는 지식과 경험을 가지고 있었다. 저우언라이는 민간수의사의 역량을 긍정하며, 그들이 "가축 역병을 진료하고 치료 하는 데에 경험이 많고, 농민들의 신임을 받고 있으며," 1949년 중화인 민공화국 건국 이래 "가축 보호와 [축산업] 발전에 중대한 공헌"을 세 워왔다고 치켜세웠다.[16] 따라서 민간수의사들은 마땅히 중국공산당 과 인민 군중의 관심과 보호를 받아야 하는 사람들이 분명하며, 차제 에 국무원은 '단결, 활용, 교육, 제고提高'로 요약되는 명확한 민간수의 정책을 확립하게 되었다고 문건은 밝히고 있다. 요컨대, 1956년을 기

---

16 周恩來, "國務院關於加强民間獸醫工作的指示"(1956. 1. 5.), 甘肅省檔案館, 222-001-0108-0001.

점으로 당과 국가는 전통수의사와 '단결'하고, 그들을 사회주의 축산업 발전에 '활용'하고, 동시에 '교육'을 통해 그들의 역량을 '제고'시키겠다는 포부를 밝힌 것이다.[17]

20세기 전반 내내 대체로 전통수의사가 국가에 의해 승인을 받지 못한 채 '후진적'이고 '미신적'인 존재로 낙인찍혀 왔음을 감안할 때, 국무원의 1956년도 지시는 분명히 획기적인 것이었다. 그러나 당과 국가의 정책이 하루아침에 형성되어 일방적으로 수의사들에게 하달되었던 것은 아니었다. 오히려 국무원의 지시는 옌안延安 시기 이래 누적된 중국공산당과 농촌의 전통수의사들 사이의 다면적인 상호관계가 종합된 결과였다.[18] 마오쩌둥은 일찍이 1944년 "산간닝 변구陝甘寧邊區의 사람과 가축의 사망률이 지나치게 높다"고 지적한 뒤, 이러한 문제는 비록 "[신의新醫가] 구의舊醫에 비해 고명高明하긴 하지만 오직 신의에만 의존해서는 결코 해결할 수 없다"고 판단했다. 이에 마오쩌둥은 다수의 "구의 및 구식수의舊式獸醫와 연합"하고 "그들이 진보할 수 있도록 도움을" 줌으로써 중국혁명의 요람인 옌안 내의 인민들과 가축들의

---

17 Ibid.

18 옌안시기란 중국공산당이 대장정(大長征) 이후 1935년부터 1948년까지 산시성 북부 옌안에서 중국혁명을 지도했던 13년을 일컫는다. 이 시기 중국혁명의 원형이 완성되었다는 평가를 받는다. 옌안시기 혹은 1949년 이전 중국혁명사에 대해서는 다음을 참고하라. Mark Seldon, *The Yenan Way in Revolutionary China* (Cambridge, Mass.: Harvard University Press, 1971); Yung-fa Chen, *Making Revolution: The Communist Movement in Eastern and Central China, 1937-1945* (Berkeley: University of California Press, 1986); Joseph W. Esherick, "Ten Theses on the Chinese Revolution," *Modern China* 21:1 (1995), pp. 45-76; Elizabeth J. Perry, *Anyuan: Mining China's Revolutionary Tradition* (Berkeley: University of California Press, 2012).

생명을 구원해야 한다고 역설했다.[19]

　이와 같은 최고 지도자의 당위적인 언설은 실무 현장에서 다양하게 해석될 여지가 있었다. 국공내전의 막바지였던 1949년 8월, 옌안 시기 중국공산당의 농정을 책임졌으며 또한 화북연합대학華北聯合大學 농학원 원장이기도 했던 러톈위樂天宇[20]는 마오쩌둥의 주장에 호응하면서, 구식 수의사들을 "개조"하고 그들의 지식을 "점진적으로 과학화"하는 것이 중요하다고 강조했다. 그러나 이는 어디까지나 "짧은 시일 내에 대량의 [근대적] 수의사들을 훈련시키는 것이 불가능"하며 "[면역] 혈청과 서양의 약西藥이 대단히 부족한" 상황 속에서, 전통수의사들의 풍부한 경험을 이용하는 것 외에 별다른 방법이 없었기 때문이었다.[21] 즉, 러톈위를 비롯한 다수의 당내 인사들은 기껏해야 일종의 불가피한 임시방편으로서 전통수의사를 바라보았던 것이다. 민간 수의사에 대한 이러한 인식은 건국 직후인 1950년 초까지도 당정 간부들 사이에서 일반적으로 공유되고 있었는데, '단결'이라는 명목으로 당과 국가는 민간수의사들의 각종 비법'祕方', 즉 그들 가문에 비밀리에 전해져오던 유용한 가축 치료법을 일방적으로 추출하길 원했던 것이

19　毛澤東, "文化工作中的統一戰線"(1944. 10. 30.)", 『毛澤東選集』 3卷 (北京: 人民出版社, 1991), pp. 1011-1013.

20　옌안 시기 중국공산당의 과학 정책을 주도했던 러톈위에 대해서는 다음을 참고하라. Laurence Schneider, *Biology and Revolution in Twentieth-century China* (Lanham: Rowman and Littlefield, 2003), pp. 104-108, 117-163; Schmalzer, *Red Revolution, Green Revolution*, pp. 36-38.

21　樂天宇, "解放區的農業科學工作", 『人民日報』, 1949. 8. 27.

다.[22] 다시 말해, 대체로 중화인민공화국 건국을 전후하던 시기, 중국 공산당에게 있어 전통수의사 집단이란 국가의 긴급한 축산·수의 수요를 해결하기 위해 현실적인 이유로 마지못해 연대해야 했던 존재들이었다.

얼마 안 가 집권당으로서 중국공산당은 민간수의사들을 제대로 존중하지 않은 채, 혹은 그들이 신생 혁명국가에서 어떠한 사회적 지위를 점할 것인지 공식화하지 않은 채, 그들의 지식과 역량을 편의적으로 이용하기만 할 수는 없다는 사실을 깨달았다. 말, 양, 염소 등에 의존한 유목적인 삶의 방식이 널리 퍼져 있었던 서북 지역의 경우, 지역사회 내 전통수의사의 영향력이 특히 강했다.[23] 이들은 1952년경 수의사 협회를 조직하는 한편, 공산당과의 관계에서 자신들의 정치적 지렛대를 최대화하기 위해 자발적으로 '가축보호 애국운동愛國保畜運動'을 조직했다.[24] 동시에 서북의 전통수의사는 온도계나 화학 소독제 등 '서양'의 기술과 장비를 적극적으로 받아들임으로써 근대과학의 외피를 두르고자 했다. 오랜 현장 경험과 새로운 장비로 무장한 민간수의사들은 능동적으로 당과 국가를 향해 자신들이 가축 전염병과의 '전

---

22 王孔文, "農業大學在八個月中建立獸醫站九處, 八個月治療檢查病畜萬頭, 團結與改造舊獸醫, 建立農村防疫基地", 『人民日報』, 1950. 2. 6.

23 '서북'이란 산시, 닝샤, 간쑤, 신장 등을 아우르는 개념이다. 이 지역의 역사에 대해서는 다음을 참고하라. 피터 퍼듀 지음, 『중국의 서진: 청의 중앙유라시아 정복사』(길, 2012); 제임스 밀워드 지음, 『신장의 역사: 유라시아의 교차로』(사계절, 2013).

24 "西北組織中獸醫參加愛國保畜運動", 『人民日報』, 1953. 3. 15.

투'에서 필수불가결한 전문 인력임을 납득시키고자 했던 것이다.[25]

민간수의사들이 적극적으로 자신들의 존재 가치를 주장하자, 이에 대응하여 러톈위도 전통수의학에 대한 자신의 태도를 보다 전향적으로 수정했다. 그는 "중수의사들中獸醫"과 "서수의사들西獸醫"이 "상호 간의 발전互相提高"을 위해 서로 "연합"하고 각자의 전문지식을 상대방과 "교류"해야 한다고 소리 높였다.[26] 러톈위의 발언에서 드러나는 것처럼, 이제 전통수의사들은 '서수의사(서양 수의학을 실천하는 중국인 수의사)'와 대별되는 의미에서 '중수의사'라고 불리게 되었다. '민간' 치료법의 효과에 방점을 둔 '민간수의사'라는 표현도 여전히 사용되었다. 반면, 부정적인 함의를 내포했던 '구수의舊[式]獸醫'라는 개념은 1953년 이후 대체로 자취를 감추었다. 1956년도 국무원 지시는 바로 이러한 배경 속에서 탄생했다. 즉, 민간수의사에 대한 국가의 '단결, 활용, 교육, 제고'라는 정책은 결코 일방적인 하향식 지시가 아니었다. 그것은 오히려 옌안 시기 이래 역사적으로 누적된 공산당과 민간수의사 간의 쌍방향적 관계를 법제화한 것으로 파악될 수 있다.

한편, 새로운 혁명사회에서 민간수의사의 사회적 지위를 높이려는 노력이 본격화될수록, 불가피하게 공산당 지도자들 사이에서 민간수의사와 그들의 전문지식을 어디까지 신뢰할 수 있는가라는 질문이 제기되었다. 중국공산당이 이러한 질문을 다루는 데에 있어서, 사

---

25 "西北區三年來組織中獸醫工作概況和今後的工作意見"(1953. 10. 30.), 甘肅省檔案館, 222-001-0033-0005.

26 "農大獸醫實習工作站, 召開會議總結工作經驗", 『人民日報』, 1950. 7. 8.

람을 치유하는 전통의학'人醫'에 대한 접근법이 하나의 선례로서 주요한 준거가 되었다. 중의학사 연구자 킴 테일러Kim Taylor에 의하면, 1953~56년이 중의학의 제도화에 있어서 가장 핵심적인 시기였다.[27] 이때 마오쩌둥은 "서의가 중의를 학습한다西醫學習中醫"라는 슬로건으로 요약되는 일련의 중의 정책을 확립했다. 그 요지는 양의사와 "학식이 있는 중의사有學問的中醫"가 함께 전통의학의 근대화의 주체가 되어야 하며, 그 과정에서 후자가 전자로부터 서양의학을 배워야 하는 것 이상으로 전자가 후자로부터 전통의학을 깊이 있게 배우는 것이 중요하다는 것이었다.[28] 마오쩌둥은 양의사와 소수의 엘리트 중의사 간의 이와 같은 긴밀한 협력을 통해서만 비로소 전통의학이 신뢰할 수 있는 어떤 것, 혹은 과학적인 어떤 것으로 진화할 수 있을 것이라 믿었다.

1950년대 중반의 시점에서 중의 근대화 사업의 궁극적인 목표가 과연 무엇이어야 하는가라는 문제는 여전히 모호한 것으로 남아있었다. 많은 사람들에게 중의 근대화란 중국의학의 "본질"을 지키면서도 그 가운데에서 과학화할 수 있는 요소들을 변별하는 것을 의미했다. 다른 일부 논자들에게 이 기획은 조금 더 야심찬 것, 즉 중의와 서의라는 이분법 자체를 초월하여 "하나의 새로운 의학新醫"을 창조하는 과정이었다.[29] 이러한 미묘한 차이에도 불구하고, 인민공화국 치하 중의학

---

27 Taylor, *Chinese Medicine in Early Communist China*, p. 63.

28 毛澤東, "1954年對中醫工作的指示"(1954. 7. 30.), 『毛澤東思想萬世』(武漢: 不明, 1968), https://www.marxists.org/chinese/maozedong/1968/3-055.htm (2020. 4. 14. 접속).

29 Taylor, *Chinese Medicine in Early Communist China*, pp. 70-75, 95-108.

은 과거에 존재했던 여러 형태의 중국의학과는 다른, 일종의 '근대화된' 지식이어야 한다는 점에 대해서는 그 누구도 이견을 표명하지 않았다. 따라서 중화인민공화국 건국 초기에 과학화되고 '진보'된 형태로서의 중의학을 그 이전 시기의 중국의학들과 구별짓기 위한 새로운 용어와 표현들이 1955년을 전후하여 등장하기 시작했다. 이제 후자는 '고대의학古代醫學'이나 '조국의 의학 유산祖國醫學遺産'이라는 표현으로 통칭되었다. 본디 보다 더 포괄적인 의미로 사용되었던 '중의(학)'이라는 개념의 의미는 전자만을 뜻하는 것으로 축소되었다. 같은 맥락에서 1955년경 'Traditional Chinese Medicine(약칭 TCM)'이라는 영문 표현이 최초로 중국과학원의 영문 잡지에 등장했다.[30] 이후 TCM은 영어권 국가에서 중화인민공화국의 사회주의 보건의료 원칙에 부합하는 근대화된 중국의학의 한 형태를 지칭하는 용어로 확립되었다.[31] 중의학의 탄생과 발전을 둘러싼 이러한 일련의 논의와 그로부터 파생된 각종 시행착오를 거쳤던 중국공산당은, 1956년 국무원의 "민간수의 지시"가 반포될 때 즈음 이미 '중수의(학)' 혹은 'Traditional Chinese Veterinary Medicine(약칭 TCVM)'이라고 불리게 될 새로운 지식체계의 확립에 필요한 일련의 청사진과 개념들을 어느 정도 확보하고 있었다.

중국어 개념 '중수의'는 조금 더 설명이 필요하다. 필자의 관견으로 '중수의'라는 개념은 1956년 이전까지 거의 전적으로 전통적인 수

---

30 『中醫雜誌英文版』의 다음 홈페이지를 참고하라. http://www.journaltcm.com/idex.php?moule=Pages&func=display&pageid=1 (2021. 1. 25. 접속).

31 Taylor, *Chinese Medicine in Early Communist China*, pp. 80-84.

의사를 막연하게 지칭하는 용어였으며, 1956년 이후 비로소 '과학화된 전통수의학'이라는 의미가 추가되기 시작했던 것 같다. '중의'가 사회주의적으로 근대화된 중국의학이라는 의미로 고정되었던 1955년 말과 1956년 초를 거치며, 그 수의학적 대칭개념으로서 '중수의' 개념에도 유사한 의미가 부여되었다고 추측해볼 수 있겠다. 다시 말해, 1956년 이후 '중수의'란 전통수의사들뿐만 아니라, 과학적이고 사회주의적으로 고양된 그들의 지식체계까지도 의미하는 확장된 개념이 되었다. 다만, 이러한 의미의 '중수의' 개념은 1956년도 국무원 지시에서도 사용되지 않았는데(대신 '민간수의'라는 표현이 사용되었다), 그로부터 몇 달 후 중국목축수의학회中國畜牧獸醫學會가 새로이 '중수의소조中獸醫小組'라는 하부조직을 창설할 때 비로소 최초로 사용됨으로써 공식화되었다. 요컨대, 비록 오늘날에는 일상적인 개념으로서 '중수의(학)'이 시대를 초월하여 서양 수의학과 구별되는 중국의 전통수의학 일반을 통칭하는 말로 사용되기도 하지만, 엄밀히 말하자면 역사적인 개념으로서 '중수의(학)'이란 이상과 같은 특정한 전사前史를 바탕으로 하여 1956년 이후에 공산당의 정책적 후원하에 전통수의학의 일부를 근대화·과학화함으로써 구성한construct 일련의 새로운 지식체계를 의미한다.[32]

---

[32] '중의'의 경우, 1955-1956년 시기에 곧바로 그 공식적인 영문 번역어인 TCM이라는 개념이 외부세계에 알려졌던 것과 달리, 상대적으로 해외의 관심을 덜 받았던 '중수의'의 경우, 1980년대 중반까지 합의된 영문 번역어를 갖지 못했던 것 같다. 전통수의학 분야의 가장 저명한 학술지인 『중수의 의약 잡지(中獸醫醫藥雜誌)』가 개혁개방 이후 잡지의 영문명을 'The Journal of Traditional Chinese Veterinary Medicine'으로 확정하고 1986년 1기부터 그 표지에 영문 잡지명을 병기하기 시작했다. 중국어 개념 '중수의(학)'의 영문 번역어가 TCVM으로 굳어지기 시작했던 것도 이때 이후로 보인다. 그러므로 엄밀히 말하면, 영어권 학계에서 1986년 이전인 마오 시기(1949~1976)

III. 사회주의 농업과 중수의학, 1955-1959

비록 중수의학이 성립되는 과정이 중의학의 역사와 상당한 공통점을 공유하고 있었지만, 전자는 농업과 직결되었다는 점에서 후자와 차이를 드러냈다. 중화인민공화국 성립 후 중국공산당은 줄곧 농업생산에 있어서 동물의 중요성을 강조해왔다. 경우耕牛의 노동, 돼지의 분변, 고기, 달걀, 우유, 모피, 가죽, 양털 등은 중국의 농업경제에 빼놓을 수 없는 요소로 간주되었다.[33] 수의사 집단은 바로 이를 보호하고 발전시키는 주력 역량이 되어야 했다.[34] 중의학이 무엇보다 인민의 생명과 복리에 관한 기초 의과학basic medical science으로 생각되었던 반면, 중국공산당의 중수의 정책은 언제나 인민, 특히 농민의 먹고사는 문제의 일환으로서 고려되었다. 농축산업의 발전이 곧 중수의학의 존재가치와 유용성을 정당화하는 궁극의 척도였다고 할 수 있으며, 중수의학은 농업 발전에 종속된 "응용과학"이었던 것이다.[35] 응용과학으로서 전통 수의학을 과학화하는 과정이 임상상의 효용에 더욱 편중되어

의 '중수의(학)'을 TCVM으로 번역하고 지칭하는 것은 역사적으로 잘못된 것일 수 있다. 그러나 1950년대 이후의 '중의'를 TCM으로 번역하는 관행이 워낙 뿌리 깊게 확립되어 있다 보니, 편의상 1956년 이후의 '중수의(학)' 또한 일반적으로 TCVM으로 표현되고 있다.

[33] 周恩來, "國務院關於增産生猪的指示"(1955. 12. 7.), 北京市檔案館, 088-001-00323-0033; "中共中央關於1959年國民經濟計劃的決定"(1958. 12. 10.), 中共中央文獻研究室 編, 『建國以來重要文獻選編』 第11冊 (北京: 中央文獻出版社, 1994), 624-646; 蔣次昇, "繼承和發揚祖國獸醫學遺産", 『人民日報』, 1959. 5. 8.

[34] 蔣次昇, Ibid.

[35] 蔣次昇, "中西獸醫結合的回顧與對策", 『中獸醫學雜誌』, 4 (1992), pp. 1-3.

있었다는 점은 다음 절에서 후술할 것이다. 이 절에서는 "민간수의 지시"를 전후하여 보다 거시적인 '사회주의'적 집체 농업경제의 발전 계획 속에서 중수의학과 민간수의사의 위상과 역할이 어떻게 구체화되어 갔는지 살펴보고자 한다.

1950년대 중반 중국의 사회주의 농업 집체화라는 구체적인 조건 속에 중수의학의 탄생을 위치시키기 전에, 우선 보다 넓은 역사적 맥락 속에서 수의학과 농업 사이의 긴밀한 관계를 살펴볼 필요가 있다. 오늘날의 관점에서 볼 때, 수의학과 농업이 불가분의 관계에 있다는 사고방식이 너무도 당연한 것처럼 보이지만, 수의학사 연구자들에 따르면, 사회 내 전문분야로서 수의학이라는 영역이 국가의 농정農政과 본격적으로 연계되기 시작했던 것은 19세기 말, 20세기 초의 일이었다. 19세기 이전까지 수의학은 지역과 문화를 막론하고 거의 전적으로 농업보다는 군軍과 관련된 전문분과로서 존재했다. 수의사란 다름 아닌 군마와 군용 역축을 치유하고 관리하는 전문가였던 것이다.[36]

19세기를 거치며 보다 기계화된 군사 및 교통 기술이 발전하자, 전

---

36 수의학의 역사에 대해서는 다음을 참고하라. Joanna Swabe, *Animals, Disease and Human Society: Human-Animal Relations and the Rise of Veterinary Medicine* (London: Routledge, 1999); 천명선, 『근대 수의학의 역사』(한국학술정보, 2008); Karen Brown and Daniel Gilfoyle eds., *Healing the Herds: Disease, Livestock Economies, and the Globalization of Veterinary Medicine* (Athens: Ohio University Press, 2010); Karen Brown, "Environmental and Veterinary History: Some Themes and Suggested Ways Forward," *Environment and History* 20:4 (2014), pp. 547-559. 국가, 수의사, 전쟁, 농업의 길항 관계에 대해서는 다음을 참고하라. Abigail Woods, "Breeding Cows, Maximizing Milk: British Veterinarians and the Livestock Economy, 1930-50," *Healing the Herds*, pp. 61-67; James L. Hevia, *Animal Labor and Colonial Warfare* (Chicago: University of Chicago Press, 2018).

쟁 수행에 있어서 동물의 노동에 대한 의존도가 점차 감소했다. 이에 군 소속 수의사의 역할도 함께 축소되었다. 이러한 전환 속에서 19세기 말, 20세기 초의 전문 수의사들은 자신들의 사회적 쓸모를 새롭게 내세울 필요가 있었다. 수의사 집단은 당시 부상하고 있었던 공장식 농축산업과 근대 농업과학 및 영양학의 담론에 주목했다. 수의사들은 자신들의 전문지식이 주요 가축 전염병을 통제하고, 각 민족국가의 농업·축산·낙농 생산의 극대화에 기여할 수 있으며, 따라서 국민의 적절한 영양 섭취를 보장하는 데에 유용하게 활용될 수 있다고 주장했다.[37] 넓게 보면, 1950년대에 중화인민공화국에서 중수의학이 등장하게 되는 역사적 과정 또한 근대 민족국가의 고도화, 농업의 산업화, 수의 전문가 집단의 전문화 사이의 공진화co-evolution라는 20세기적 현상과 그 궤를 같이하는 것이었다고 이해할 수 있다.

1955년 말의 시점에서 마오쩌둥은 토지개혁의 성공과 뒤이은 농업 집체화의 신속한 진전에 크게 고무되어 있었다.[38] 그는 본래 완고

---

37 수의학사, 특히 가축 전염병에 관한 최근 주요 연구로는 다음을 참고하라. Clive Spinage, *Cattle Plague: A History* (New York: Springer, 2003); Abigail Woods, *A Manufactured Plague: The History of Foot-and-Mouth Disease in Britain* (London: Routledge, 2004); Giorgio Miescher, *Namibia's Red Line: The History of a Veterinary Settlement Border* (New York: Palgrave Macmillan, 2012); Natalie Porter, *Viral Economies: Bird Flu Experiments in Vietnam* (Chicago: University of Chicago Press, 2019).

38 1953년부터 시작되어 1958년에 일단락된 중국의 농업 집체화(collectivization)는 대략 다음과 같은 세 단계의 조직 형태로 중국 농촌을 재조직화했다. 가장 낮은 단위인 '생산대(生產隊)'는 평균적으로 30호, 약 145명을 하나의 공동 생산·소비 공동체로 묶은 조직이었다. 그보다 상급 단위인 '생산대대(生產大隊)'는 220호, 980명 정도의 규모로 약 7개의 생산대를 포괄하여 구성되었다. 가장 규모가 큰 집체는 '인민공사(人民公社)'라고 명명되었다. 한 공사의 전체 사원(社員)은 약 15,000명 정도였다. Andrew G. Walder, *China Under Mao: A Revolution Derailed* (Cambridge:

한 지주 계급을 소멸시키고, '봉건적'인 생산양식을 뿌리 뽑아 5억 5천만 농민들을 집단적 생산 공동체 속으로 조직해내고, 농업 생산 및 분배에 대한 중앙집권적 계획경제 체제를 제도화하는 데까지 막대한 시간이 소요될 것으로 예상했다. 그러나 이른바 '농업의 사회주의 개조'는 마오쩌둥의 예상보다 훨씬 빠르게 진행되어 갔다. 1955년까지 전체 농촌 인구의 60% 이상이 우후죽순 생겨나던 농업합작사農業合作社에 가입했다.[39] 이와 같은 농업 부문에서의 성과에 더하여, 공업 부문에서도 제1차 5개년 계획(1953~1957)이 순조롭게 진행되어 가는 것처럼 보였다.[40] 낙관에 가득 찬 마오쩌둥은 중국 사회주의가 '고조기高潮'에 접어들었다고 평가했다.

1955년 11월에 반포된 이른바 "농업 17조"는 마오쩌둥의 자신감을 반영하는 문건이었다. 문건에서 마오쩌둥은 사회주의 농업 발전을 더욱 급속하게, 그러나 균형을 잘 갖추어 추진해나갈 것을 촉구했다. 축산과 수의는 17개 조 가운데 제6조로 언급되었다. 공산당 집권 이전에 축산·수의 영역은 쌀이나 밀 등 주곡 작물의 경작보다 등한시되어 왔으나, 이제부터는 "계획을 세워 소, 말, 당나귀, 돼지, 양, 닭, 오리 등을 체계적으로 보호하고 육종해야 하며, 특히 새끼 동물들을 보호하

Harvard University Press, 2015), pp. 40-60.

39 中共中央政治局, "1956年到1967年全國農業發展綱要草案"(1956. 1. 23.), 中共中央文獻研究室 編, 『建國以來重要文獻選編』 第8冊 (北京: 中央文獻出版社, 1994), p. 47.

40 제1차 5개년 계획 전후 통계학의 발전에 대해서는 다음을 참고하라. Arunabh Ghosh, *Making it Count: Statistics and Statecraft in the Early People's Republic of China* (Princeton: Princeton University Press, 2020).

는 데에 주의해야" 한다는 것이 마오의 생각이었다.[41] 사회주의 농업 발전이라는 틀 속에서 축산업을 대대적으로 발전시키려는 이러한 기획의 배후에는 집체화를 통한 규모의 경제가 축산업의 신속한 발전에 있어서 유리한 토대가 될 것이라는 확신이 있었다. 그뿐만 아니라, 각 합작사가 물질 자원 일체의 생산·분배 단위가 되어, 인간의 식량, 동물의 사료, 인간과 동물의 거름 등이 통일적·합리적으로 관리될 수 있을 것이라는 계산이 깔려 있었다. 즉, 마오쩌둥과 그의 동료들이 보기에, 농업 집체화야말로 대규모 축산업 발전의 필요조건이었던 것이다.[42]

1956년 1월 23일, 중국공산당 중앙정치국은 마오쩌둥의 "농업 17조"를 토대로 "1956~1967년 전국 농업 발전 강요 초안(1956年到1967年 全國農業發展綱要草案)"을 작성했다. 제목에서 드러나듯, 이 문건은 향후 12년에 걸친 농업 발전의 장기적 청사진을 구체화한 것이었다. 축산· 수의 부문과 관련하여 이 문건은 "농업 17조"의 내용을 다음과 같이 보충했다.

소, 말, 노새, 당나귀, 낙타, 돼지, 양, 다양한 가금류 동물들을 보호하고 육종해야 하며, 어미와 새끼 동물들을 보호하는 데에 특별한 주의를 기울여야 한다. 또한 가축의 품종을 개량해야 하며, 국영농장을 발전시켜야 한다.[43]

---

41 毛澤東, "徵詢對農業十七條的意見"(1955. 12. 21.), 『毛澤東選集』 5卷 (北京: 人民出版社, 1977), pp. 260-263.

42 周恩來, "國務院關於增產生豬的指示".

43 中共中央政治局, "1956年到1967年全國農業發展綱要草案", pp. 46-60.

그뿐만 아니라, "1956~1967년 전국 농업 발전 강요 초안"은 "가축 전염병의 예방과 치료는 축산업 발전에 있어서 중요한 사업"이라고 지적하며 수의사의 역할을 강조했다. 문건은 야심만만하게 "상황에 따라 향후 7년 혹은 12년 내"에 "우역,[44] 돼지열병, 조류독감, 돼지 낭충증猪囊蟲, 우폐역牛肺疫, 구제역, 양 이질羊痢疾, 양 개선충병羊疥癬, 마비저馬鼻疽 등 가장 치명적인 가축 전염병들을 소멸"시킨다는 계획을 천명했다. 이러한 목표를 달성하기 위해 전국의 농촌 지역農區과 목축 지역牧區의 모든 현縣에 '축목 수의 공작참畜牧獸醫工作站'이라는 기구를 설치하기로 했으며, 목축 및 축산 분야에 잔뼈가 굵은 현지 당 간부들과 민간수의사로 하여금 이 기구를 관장하게 했다.[45]

이후로 수년간 국가는 "농업 발전 강요"의 방향대로 축산·수의 사업을 전개해 나갔으며, 1958년 이후 대약진운동과 뒤이은 대기근(1959~1961) 같은 위기에도 불구하고, 국가와 수의사의 관계는 지속적으로 강화되어 갔다. 1958년 11월 중국공산당은 제8기 중앙위원회 제6차 전체회의中共八屆六中全會를 통해 지속적으로 주곡농업과 축산업 사이의 적절한 균형을 추구한다는 원칙을 재확인했다.[46] 1959년 5월, 다음 절에서 중요하게 다루어질 장츠성蔣次昇이라는 수의과학자는 집체

---

44 우역 근절의 역사에 대해서는 다음을 참고하라. 야마노우치 카즈야, 『우역의 종식: 근대 전염병 연구의 역사』(한국학술정보, 2016); Amanda Kay McVety, *The Rinderpest Campaigns: A Virus, Its Vaccines, and Global Development in the Twentieth Century* (Cambridge: Cambridge University Press, 2018).

45 中共中央政治局, "1956年到1967年全國農業發展綱要草案", pp. 46-60; 周恩來, "國務院關於加强民間獸醫工作的指示".

46 "中共中央關於1959年國民經濟計劃的決定", p. 628.

화가 중국 역사상 "가장 근본적이고 가장 유리한 조건"이라는 점을 다시 한번 강조한 후, 주곡과 목축·축산 생산의 균형이 일종의 지역적 분업을 통해 실현될 수 있다는 견해를 제시했다.[47] 즉, 비옥한 저지대 농토는 주곡 작물 농사에 할애하는 한편, "광활한 초원과 산악 및 구릉지대"에 집중적으로 목축·축산 전문 집체와 국영목장을 설치함으로써 "축산업 발전의 잠재력"을 최대화할 수 있다고 본 것이다.[48]

중수의학이 체계적인 지식체계로 부상하고 민간수의사들이 국가의 농업 발전 계획 내에서 공식적으로 한 축을 담당할 수 있게 된 데에는 이처럼 1950년대 중후반의 농업 집체화라는 정치경제적 배경이 있었다. 여기서 집체 농업의 추진은 단순한 배경에 그쳤다기보다 중수의학의 구성에 있어서 중요한 맥락이자 조건이었음이 강조될 필요가 있다. 테일러와 레이샹린雷祥麟, Sean Lei의 연구에서 드러나듯, 중국의학의 과학화는 주로 도시 공간을 중심으로 진행되었다. 또한 서의 집단과 엘리트 중의 집단은 별도의 세력으로서 상호 적대하는 가운데 대체로 서의의 공세, 중의의 수세라는 구도 속에서 중국의학의 근대화가 추진되었다.[49] 비록 이른바 '맨발의 의사赤脚醫生'가 농촌 지역에서 수행했던 역할이 최근 학계의 많은 주목을 받고 있지만, 이들은 제도화된 엘리트 중의학의 구성 과정과는 어느 정도 거리가 있었던 것이 사

---

47 그러나 중국 각지의 다양한 인문지리적 조건하에서 주곡농업, 원예농업, 축산농업, 기타 농촌 부업 간의 이상적인 균형을 맞추기란 대단히 어려운 일이었다. 일례로 다음을 참고하라. Eyferth, *Eating Rice from Bamboo Roots*.

48 蔣次昇, "繼承和發揚祖國獸醫學遺産".

49 Taylor, *Chinese Medicine in Early Communist China*; Lei, *Neither Donkey Nor Horse*.

실이다.[50]

　반면, "민간수의 지시"와 "1956~1967년 전국 농업 발전 강요 초안"에 드러난 것처럼, 그리고 다음 절에서 살펴볼 것처럼, 전통수의학의 과학화 과정에서는 농축산업 분야의 현장 경험이 풍부한 민간수의사들의 역할이 대대적으로 강조되었다. 전통수의사와 서수의사의 관계 또한 보다 협력적이었으며, 특히 일부 농촌 출신 원로 민간수의사는 서수의사와 더불어 중수의학의 성문화codification와 제도화에 직접적으로 참여했다. 요컨대, 중수의학의 과학화 과정에 있어서 서구적 지식의 소유자와 전통적 지식의 담지자 간의, 혹은 도시 행위자와 농촌 행위자 간의 위계적 격차가 중의학의 선례보다 더욱 좁았다고 할 수 있겠다. 이는 중수의학이 농업·농촌·농민의 문제와 직결된 지식체계여야 한다는 당위가 강하게 작용했기 때문에 가능한 일이었다고 생각된다. 다음 절에서는 이 점을 염두에 두면서 구체적으로 어떤 사람들이 어떻게 전통수의학을 근대화했는지 보다 상세히 살펴보고자 한다.

Ⅳ. 전통수의학 과학화의 착수

　앞서 살펴본 중의의 선례와 대동소이하게, 당과 국가는 서양 수의

---

[50] Daqing Zhang and Paul Unschuld, "China's Barefoot Doctor: Past, Present, and Future," *The Lancet*, 372 (2008), pp. 1865-1867; Xiaoping Fang, *Barefoot Doctors and Western Medicine in China* (Rochester: University of Rochester Press, 2012).

학을 실천하는 '서수의', 정규 교육을 받았으며 축산·수의 업무와 관련된 경험이 있는 중하급 공산당원인 '수의간부', 그리고 "비교적 기술 수준이 높고 일정 정도의 문화적 소양을 갖춘" 민간수의를 전통수의학의 근대화 및 중수의학 확립의 주체로 호명했다. 또한 "서의가 중의를 학습한다"라는 모델을 따라, "서수의가 중수의를 학습한다西獸醫學習中獸醫"는 방향성을 제시했다. 그러나 당의 방향성만으로 모든 것이 결정되는 것은 아니었다. 동일한 지시와 정책 아래에서도 어느 정도 긴장 관계를 유지했던 서의와 중의의 관계와 달리, 농업 집체화라는 맥락 속에서 농촌의 현실에 대해 상대적으로 정통하지 못했던 극소수의 서수의들은 독자적인 세력을 형성하여 민간수의사들과 반목 혹은 경쟁하기보다는 보다 협력적인 관계를 맺기를 원했다. 이에 서수의사와 수의간부는 기꺼이 "새로운[근대적] 과학 이론과 방법론에 바탕을 두고 계획적이고 체계적으로" 민간수의사의 지식과 경험을 학습하고자 했으며, 민간수의사와 단일대오를 이루어 전통수의학을 "연구하고 종합總結"하기를 희망했다. 그렇게 "실제로 효과가 있는 [전통수의학의] 치료법들을 능동적으로 널리 소개하고 보급追廣"하다 보면, 언젠가 중수의와 서수의가 결합된 중국 고유의 "새로운 수의학의 학풍을 창조"할 날이 올지도 모를 일이었다.[51]

이상을 골자로 하는 민간수의학의 근대화 프로젝트를 설명함에

---

51 周恩来, "國務院關於加强民間獸醫工作的指示"; 蔣次昇, "繼承和發揚祖國獸醫學遺産"; 蔣次昇, "黨的中獸醫政策的勝利," 『人民日報』, 1960. 4. 15.

있어서, 본고는 다음 네 명의 인물에 초점을 맞춘다. 장츠성(1914~2004)은 서양에서 훈련받은 전문가로서 사회주의의 이상에 동조하여 중수의학의 탄생에 적극적으로 관여한 일군의 수의과학자들을 대표한다.[52] 그는 1948년 아이오와주립대학교Iowa State University에서 수의학 박사학위를 취득했으며, 1950년대 중엽 이래로 줄곧 민간수의학의 과학화에 헌신했다. 당과 국가는 장츠성 같은 서수의들이 민간수의학 근대화 프로젝트에 과학적 권위를 부여해줄 것이라 기대했다.[53]

위촨于船, 1924~2005은 공산당 내 수의간부들을 대표하는 인물이었다. 그는 민국 시기에 육군수의학교陸軍獸醫學校(베이양마의학당北洋馬醫學堂)의 후신에서 근대적 수의학을 수학했다. 이후 1947년부터 중국공산당의 축산·수의 전문 간부로서 두각을 나타내기 시작했으며, 이후 중국농업대학에 자리를 잡아 연구 및 후학 양성에 힘쓰며 평생 중수의학의 정립과 발전을 주도했다. 당과 국가는 위촨을 위시한 수의간부들이 그 전문지식의 깊이의 측면에서 장츠성 같은 수의과학자들에 비해 부족할 수 있다고 판단했다. 그러나 마오쩌둥 사상과 공산당을 향한 수의간부의 충성심을 감안할 때, 당과 국가는 이들을 전통수의 근대화 과정에 참여시킴으로써, 자산계급 출신이 많은 서수의들의 이데올로기적 한계를 보완하길 원했다.[54]

---

52 그러나 그는 끝내 중국공산당에 가입하지는 않았다. 대신 그는 공산당에 의해 승인된 8개의 민주당파 중 하나인 구삼학사(九三學社)의 당적을 갖고 있었다. 보다 자세한 내용으로는 다음을 참고하라. "蔣次昇先生逝世", http://www.zjjs.org/news_show.php?ShowId=13671 (2021. 1. 25. 접속).

53 장츠성의 삶과 경력에 대해서는 다음을 참고하라. "蔣次昇",『中獸醫學雜誌』, 3 (2014), pp. 5-6.

54 위촨의 삶과 경력에 대해서는 다음을 참고하라. 于船,『于船文集』(北京: 中國農業大學出版社,

산시성山西省 출신의 가오궈징高國景(1893~1964)과 산시성陝西省의 추이디성崔滌僧(1885~1966)은 원로 민간수의사들을 대표했다. 서수의사들과 국가는 이들의 심오한 지식과 막힘없는 수의술이 중수의학을 정립하는 데에 반드시 동원되어야 한다고 확신했다. 가오궈징과 추이디성은 살아있는 전통수의 지식의 보고로서, 이들의 폭넓은 지식과 경험 가운데에서 그 정수를 추려내 근대과학의 언어로 번역해내는 것이 민간수의학의 근대화 및 중수의학의 정립 프로젝트의 본질이라고 간주되었던 것이다.[55] 가오궈징과 추이디성 같은 원로 민간수의사들의 참여와 도움이 없었다면 장츠성과 위촨 등은 민간수의학을 폭넓게 이해하고 받아들일 수 없었을 것이다. 마찬가지로 장츠성과 위촨의 기꺼움과 노력이 없었다면, 전통수의학적 지식과 실천은 고령의 원로 수의사들의 죽음과 더불어 대부분 소실되고 말았을 것이다. 따라서 이하에서는 이들 네 명의 핵심 인물들과 이들처럼 민간수의 과학화에 적극적으로 참여했던 수의과학자들, 수의간부들, 원로 민간수의사들을 '중수의학의 창시자 집단'이라 부르고자 한다.[56]

2003), pp. 563-576.

[55] 가오궈징과 추이디성에 대한 보다 자세한 전기적 정보로는 다음을 참고하라. 于船·吳學聰·金重冶, "總結民間獸醫經驗爲 發揚祖國獸醫學遺産的重要環節(1956年)", 于船, 『于船文集』(北京: 中國農業大學出版社, 2003), pp. 169-172; "全國民間獸醫座談會結束", 『人民日報』, 1956. 9. 14.

[56] 이와 같은 '중수의학의 창시자 집단'의 구성원들의 상이한 지적·사회경제적 배경을 감안할 때, 이들이 동등하게 관계를 맺으며 하나의 단일한 대오를 구성했다는 설명이 다소 평면적으로 읽힐 수도 있을 것이다. 그러나 필자의 관견으로는, 수의과학자, 중하급 수의간부, 원로 민간수의 간의 단결과 협력은 상당히 안정적이었으며, 오히려 진정한 지적·사회경제적 구분선은 이들 집단 내부가 아니라 그 외부, 즉 '원로'로 인정받지 못한 대다수의 기층 민간수의사와의 관계 속에서 그어졌던 것 같다. 기층 민간수의사들은 '중수의학의 창시자'라는 지적 권위를 향유하지 못한 채, 그저 하

중국 전통수의학을 중수의학으로 '번역'함에 있어서, 그 결과물은 의심의 여지 없이 근대과학이라는 언어로 써져야 했다. 오늘날의 중화주의적 공식 서사와는 달리, 1956년 시점에서는 중수의학의 창시자들도 중국공산당도 토착적인 민간수의 그 자체를 근대 수의과학과 동등한 정도의 과학적인 지식체계라고 여기지 않았다. 그러나 또한 이들은 민국 시기의 '전면적인 서양화全盤西化'를 추구했던 근대화주의자들과 스스로를 구별지으면서, 전통수의사의 심오한 지식과 풍부한 경험을 단순히 '비과학적'이고 '봉건적인' 것으로 폄하하지도 않았다.[57] 따라서 이들이 택한 경로는 민간수의학의 비非유물론적이고 미신적인 '찌꺼기糟粕'를 걸어내고 그 '정수精華'만을 취하여 근대과학의 언어로 성문화하고 체계화하는 것이었다.[58] 그러나 '정수'와 '찌꺼기'를 어떻게

루하루 오랫동안 해왔던 대로 소속 생산대대나 인민공사의 가축들을 돌볼 뿐이었다. 뒤에서 살펴볼 것처럼 장츠성, 가오궈징, 추이디성 같은 인물들이 중국농업과학원 중수의연구소의 부소장이 되어 승승장구하는 동안, 대다수의 기층 민간수의사들은 때때로 동료 농민들로부터 무시와 하대를 당하곤 했다. 예를 들어, 저장성(浙江省) 원저우(溫州) 교외의 농촌 민간수의사 쉬요우간(徐佑) 은 이웃으로부터 "하루 종일 돼지우리에 처박혀서 도대체 무슨 일을 할 수 있겠냐"는 힐난을 들었다. 그의 주변 사람들 중 일부는 민간수의로서 쉬요우간의 전문성을 존중하지 않았다. "어차피 돼지들은 얼마 못 가 죽을 텐데 그게 다 무슨 소용이냐?" 徐佑 , "全心全意爲牲畜保健事業服務 (浙江省1962年度農業先進單位和勞動模範代表會議文件)", 필자의 개인 아카이브. 본고가 다루는 시대적 범위로부터 곧바로 이어지는 이른바 문화대혁명 시대(1966~1976)에는 중수의학의 창시자들의 지적 권위에 도전하는 쉬요우간 같은 기층 민간수의사의 이야기가 역사의 중심에 위치하게 될 것이다. 이에 대해서는 필자의 박사학위논문 3장을 참고할 수 있다. Jongsik Christian Yi, "More-Than-People's Communes: Veterinary Workers, Nonhuman Animals, and One Health in Mao-Era China," Ph.D. dissertation, Harvard University, 2022.

[57] 중국 근현대 과학사에서 드러나는 전통 지식에 대한민국 시기와 인민공화국 시기의 접근법상의 차이에 대해서는 다음 졸문을 참고할 수 있다. 이종식, "20세기 중국 과학사·기술사·의학사 독법(讀法): 자기 부정과 자기 재생산을 양극으로 하는 하나의 스펙트럼 안에서," 『아세아연구』 184 (2021), pp. 41-87.

[58] 蔣次昇, "中獸醫團結合作正理發揚祖國獸醫學遺産爲畜牧生産服務: 蔣次昇甘肅省二次中獸醫代表

구별할 것이며, 전자를 과학화한다는 것은 구체적으로 무엇을 의미하는가?

이러한 질문에 대답하기 위해서는 우선 중수의학의 창시자들이 자신들의 전문영역을 기초과학이 아닌 일종의 경험적인 응용과학으로 보았다는 점을 다시 한번 지적해둘 필요가 있다.[59] 결국 중수의학의 존재의 이유는 가축들을 보호하고 균형 잡힌 사회주의 집체 농업의 발전에 기여하는 데에 있었다. 중수의학의 창시자들은 중국 전통의학의 이론체계와 인식론 일반을 보위하고 과학적으로 증명하는 작업에 직접적으로 참여하지는 않았다. 과학적인 중수의학을 확립하는 데에 있어서 무엇보다 중요한 것은 동물 체내에서 경락經絡의 해부학적 구조나 침술의 생리학적·신경학적 기전을 규명하는 것이 아니라, 중수의학적 치료가 임상 현장에서 실제로 병든 가축들을 치유할 수 있느냐 여부였다.[60]

이처럼 전통수의학의 근대화란 곧 전통수의학의 실용성을 과학적으로 입증하는 것이라는 믿음하에, 중수의학의 창시자들은 우선 전근대 수의 고전 문헌에 등장하는 각종 개념을 근대 생리학 및 병리학과 통약가능한commensurable 것으로 전환하고자 했다.[61] 예를 들어, 위

會議報告"(1959), 甘肅省 案館, 222-001-0223-0005.

[59] 蔣次昇, "學習祖國獸醫學術的初步體會和心得", 中國獸醫學會中獸醫小組 編, 『中獸醫學專題資料及研究報告彙刊』第1集 (北京: 科學出版社, 1957), pp. 11-12.

[60] 蔣次昇, 같은 논문, p. 26; 蔣次昇·楊若, "組織編寫四本中獸醫書籍的收穫和體會", 『中國農業科學院中獸醫研究所研究資料滙編』第2集 (蘭州: 中國農業科學院中獸醫研究所, 1963), 191.

[61] 물론 중국의학과 생의학 간의 인식론적 차이를 좁히려는 중수의학의 창시자들의 이와 같은 시도

찬은 고대 문헌에서 '금양金瘍' 혹은 '금창金瘡'이라고 불리는 증상이 주로 파상풍에 걸린 동물에게서 볼 수 있는 증상과 유사하다는 점을 발견했다. 증상의 유사함이라는 기준에 입각하여 그는 다소 느슨하게 전통수의학적 개념인 '금양'과 '금창' 그리고 근대(수)의학적 개념인 '파상풍'이 모두 동일한 병리 현상과 관련이 있다고 결론 내렸다.[62] 한편, 말의 변비를 10개의 서로 다른 유형으로 분류한 후 각 유형별로 총 70여 가지의 세부적인 증상들을 분석한 고대 수의 문헌을 접한 뒤, 장츠성은 이를 "과학적으로" 어떻게 이해해야 하는지 고민에 빠졌다. 비록 그는 고대인들의 "유산을 신중하게 다루어"야 할 필요가 있음에 십분 동감했지만, 그가 보기에 문헌에 기재된 수많은 증상들이 실제 임상 현장에서는 서로 중복되거나 쉬이 구별되지 않았다. 이에 장츠성과 동료들은 문헌 속의 각종 유형과 증상을 재분류하고 종합하여 새롭게 말의 변비에 관한 4개의 중수의학적 분류법을 확립했다.[63]

서수의와 수의간부만이 이러한 번역을 수행했던 것은 아니다. 원

는 이 난제를 둘러싼 수많은 접근법 중 하나에 불과하다. 따라서 본고가 전통수의학적 범주를 생의학적 언어로 번역하려는 창시자들의 노력에 주목한다고 하여, 이와는 다른 방식으로 양자의 차이를 중개하려 했거나 양자가 근본적으로 통약불가능하다고 보았던 역사적 행위자들의 입장과 그들의 경험을 부정하는 것은 아니라는 점을 밝혀둔다. 의학사 및 의철학에 있어서 동서 이원론에 대한 보다 상세한 논의로는 다음을 참고하라. 구리야마 시게히사 지음, 정우진·권상옥 옮김, 『몸의 노래: 동양의 몸과 서양의 몸』(이음, 2013); Marta Hanson, *Speaking of Epidemics in Chinese Medicine: Disease and the Geographic Imagination in Late Imperial China* (New York: Routledge, 2012).

62 賈曼青·吳學聰·于船, "中獸醫對馬破傷風的治療", 中國獸醫學會中獸醫小組 編, 『中獸醫學專題資料及研究報告彙刊』 第1集 (北京: 科學出版社, 1957), pp. 37-53.

63 蔣次昇·楊若, "組織編寫四本中獸醫書籍的收穫和體會", p. 191.

로 민간수의사들도 능동적으로 자신들의 경험과 지식을 근대과학의 언어로 풀어내기 위해 노력을 경주했다. 추이디성은 전통수의학의 가장 중요한 고전 중 하나인 『원형료마집元亨療馬集』[64]에서 다뤄지는 '정疗'이라는 부스럼 혹은 종기 가운데 몇몇 세부적인 유형들이 말의 고삐를 채우는 과정에서 발생할 수 있는 염증 증상과 동일하다고 보았다. 추이디성은 증상의 유사성에 입각하여 고전 문헌상의 질환과 자신이 직접 경험한 말의 신체적 이상을 단순히 등치시키는 데에서 더 나아가, 그러한 증상들이 특정한 원인으로부터 비롯되었을 것이라는 가설까지도 적극적으로 제시했던 것이다.[65] 또 다른 원로 민간수의사 가오궈징 또한 전통수의학에 정통하지 못한 사람들에게 자신의 전문지식을 전달할 능력과 기꺼움을 갖추고 있었다. 말의 변비에 관한 자신의 임상 경험을 종합해달라는 요청을 받았을 때, 가오궈징은 우선 앞서 살펴본 장츠성의 새로운 네 유형의 분류법을 수용한 후, 각각의 유형에 맞추어 원인, 치료, 치료 이후의 간호에 관한 자신의 지식과 경험을 상세히 설명했다. 또한 그는 통계적 방법론을 활용하여 자신의 치

64　『원형료마집』은 1608년(明 萬曆 36年) 유본원(喻本元), 유본형(喻本亨) 형제에 의해 간행되었다고 알려져 있으며, 본고가 다루는 중수의학의 창시자들에 의해 1957년 정식으로 재간행되었다. 喻本元·喻本亨, 『元亨療馬集』(北京: 農業出版社, 1957). 이에 대해서는 다음을 참고하라. David W. Ramey and Bernard E. Rollin, Complementary and Alternative Veterinary Medicine Considered (Ames: Iowa State Press, 2008), pp. 29-30. 『원형료마집』이 조선 마의학에 미친 영향에 대해서는 다음을 참고하라. 신동원, 『한국마의학사』(한국마사회 마사박물관, 2004), pp. 246-256.

65　崔溙僧·熊三友 et al., "使用中藥辨證治療馬騾疗症的研究報告", 『中獸醫科學技術資料選輯』(蘭州: 中國農業科學院中獸醫研究所, 1964), pp. 96-100.

료법들이 약 86%의 치료율을 보이고 있음을 체계적으로 제시했다. [66]
가오궈징은 또한 『백락침경伯樂針經』에 기재된 말의 혈자리 63곳 가운
데 서수의사와 일반 농민도 임상에서 유용하게 활용할 수 있는 38개
의 혈을 추려냈다. [67] 요컨대, 중수의학의 창시자들은 임상에서의 실제
치료 효과에 중심을 두고, 전통수의학에 익숙하지 못한 독자들이 이
해하기 쉽고 실제 치료에 응용하기 편한 방식으로 전근대 수의 문헌
의 주요 개념과 처방을 재해석해 나갔다.

V. 전통수의학 과학화의 일단락

전통수의학의 과학화를 위한 다음 단계는 근대화된 중국의학의
핵심 개념인 '변증론치'를 수의학의 영역으로 도입하는 것이었다. [68] 18
세기 이래로 중국의 의사들과 문인들은 건강상의 이상을 다룸에 있어
서 '병病, disease'이라는 개념과 깔끔하게 일치하지 않는 또 하나의 범주

---

66 高國景, "治療"起臥病"的經驗整理", 中國獸醫學會中獸醫小組 編, 『中獸醫學專題資料及研究報告彙
     刊』第1集 (北京: 科學出版社, 1957), 54-59.

67 高國景, 『中獸醫診療經驗』第1集 (北京: 農業出版社, 1958); 金重冶·于船, " 得重視的 本中獸醫著
     作: 評《中獸醫診療經驗》第一集, 第二集", 『于船文集』, p. 514.

68 변증론치에 대한 종합적이면서도 상세한 소개로는 다음을 참고하라. Judith Farquhar, *Knowing
     Practice: The Clinical Encounter of Chinese Medicine* (San Francisco: Westview Press, 1994).
     또한 다음을 참고하라. Volker Scheid, *Chinese Medicine in Contemporary China: Plurality and
     Synthesis* (Durham: Duke University Press, 2002), pp. 200-237; Lei, *Neither Donkey Nor Horse*,
     pp. 181-190.

인 '증證, pattern 또는 syndrome'이라는 독특한 개념을 발전시켜 왔다.[69] 느슨하게 발전되어 온 이원론적 질병 개념의 상호 대비는 1930년대에 이르러 보다 구체화되었다. '병'이란 세균론germ theories 이후의 서양의학 혹은 생의학biomedicine적 개념으로서 구체적인 병인病因, etiological factor 및 병변病變, lesion과 관련된 범주인 반면, '증'은 중국의학적 범주로서 환자의 몸에 발현manifest된 개별적인 증상들의 총체를 패턴화한 개념으로 정착되었다. 근대 중국의학의 종사자들이 보기에, 의사가 환자의 신체에서 '증'을 올바로 변별할 수만 있다면辨證, 그러한 '증'을 발현시킨 생의학적인 '병'의 원인이나 기전을 모르는 상태에서도 해당 '증'을 완화하거나 제거할 수 있는 효과적인 치료법治을 강구해낼 수 있다論治. 이러한 변증론치의 방법론을 통해 중국 전통의사들은 양의사들이 원인과 기전은 알되 정작 치료는 하지 못했던 질환에 대해 유효한 치료법을 제시할 수 있었다. 중의 집단은 변증론치라는 무기를 바탕으로 의학의 본질이 병리의 재현representation이 아니라 치료적 개입intervention에 있다고 주장하면서, 서양의학의 위협에 대항하여 전통의학의 가치와 쓸모를 수호하고자 했다.[70]

중국의학의 세계에서는 동물의 건강 또한 인간과 마찬가지로 음양오행론, 경락설, 장부론臟腑論, 팔강八綱 등의 생리학적·병리학적 개념과 이론에 입각하여 이해되었다.[71] 동일한 인식론적·실천적 토대

---

69 甄橙, 『病與證的對峙: 反思18世紀的醫學』(北京: 北京大學出版社, 2007).

70 Lei, *Neither Donkey Nor Horse*, pp. 183, 188-189.

71 Nathan Sivin, *Traditional Medicine in Contemporary China* (Ann Arbor: Center for Chinese

위에서, 중수의학의 창시자들은 자연스럽게 중의학의 핵심 체계인 변증론치를 수의의 영역으로 확대 적용했다. 중의학과 마찬가지로, 중수의학도 미생물학적 병인론에 대한 이론이 부재한 상태에서도 변증론치의 방법론에 입각하여 적절한 치료법을 제공할 수 있는 지식체계로 이해되었다. 이를 통해 환원주의적으로 구체적인 원인과 병변에만 관계하는 서양 수의학과 달리 전체론적으로 환축患畜의 건강을 살필 수 있다는 것이다.[72] 그렇다면 중수의학의 창시자들이 보기에, 이상적인 '중수의사'란 기본적으로 변증론치라는 패러다임하에서 아픈 동물이 어떤 '증'을 앓고 있는지 진단한 후, 그에 맞추어 침, 뜸, 탕약 등의 적절한 치료법을 처방하고 처치할 수 있는 전문가 집단이어야 했다. 또한 창시자들은 만약 '변증'으로부터 도출된 특정한 치료법의 유효함을 '증명'해낼 수만 있다면 전통수의학을 '과학'의 반석 위로 한 걸음 더 가까이 올려놓을 수 있을 것이라 생각했다.

한편, '증'이라는 범주를 반드시 '병' 개념과 양립불가능한 것으로 볼 필요는 없었다. 오히려 20세기 중국에는 질병을 둘러싼 일종의 개념적 다원주의conceptual pluralism가 존재했으며, 당시의 행위자들에게 근대 생의학적 '병'의 범주, 20세기 이후 서양의학과의 관계 속에서 새롭게 확립된 '증'의 범주, 그리고 '증' 개념이 탄생하기 이전부터 전근대 수의 문헌에 등장했던 다양한 질병의 분류체계 간의 모호한 공존

Studies, University of Michigan, 1987); 蔣次昇·于船·方維煥, 『漢英中獸醫辭典』(北京: 農業出版社, 1991).

72 蔣次昇, "學習祖國獸醫學術的初步體會和心得", pp. 24-26.

은 어쩌면 자연스러운 것이었다.[73] 중수의학의 선구자들은 이상의 세 가지 서로 다른 질병 분류 체계를 이론적으로 명확히 구별하려 노력하기보다, 오히려 어떻게 하면 이러한 불확실성 속에서도 일련의 민간수의학적 치료법을 경험적으로 입증해낼 수 있을 것인지 고민했다. 이 문제가 해결되기만 한다면 중수의학은 어쨌든 정당한 응용과학의 한 분과가 될 수 있을 터였다.

그러므로 민간수의의 과학화 및 중수의학 성립의 여정에서 논리적으로 후행하는 작업은 바로 다양한 치료법의 효과를 과학적으로 증명하기 위한 실험을 대규모로 설계하고 수행하는 것이었다. 물론 이와 유사한 접근방식이 1950년대 이전에 존재하지 않았던 것은 아니다. 특히 민국 시기에 전통의학을 근대화하고자 했던 과학자와 서의 집단 또한 자신들의 목적을 달성하기 위해 다량의 실험 데이터가 필요함을 잘 알고 있었다. 그러나 민국 시기의 실험은 대체로 전통의학 이론을 배제하고 유용한 약물만을 선택적으로 취하기 위한 목적으로 설계되었다. 이러한 방향성을 '폐의존약廢醫存藥'이라고도 한다. 전통적인 의약학 이론들을 모두 기각한 채, 특정한 전통 약재가 특정 질병에 실제로 효과가 있는지, 만약 있다면 해당 약재 중 유효한 화학성분이 무엇인지 특정하기 위해 실험을 설계·진행하는 것이다. 과학자와 제

---

[73] 민국 시기 중국의학의 과학화를 연구한 의학사학자 레이샹린도 '증'과 '병'이 완전히 양립불가능한 개념이 아님을 설명한다. '증'은 "애초에 병 개념 일반에 대항하는 것으로서 제시되었다기보다는, 그 원인, 즉 [근대적] 병인론에 의해 [좁게] 정의되는, 새로이 고안된 존재론적 개념으로서의 병에 대항하기 위한" 개념이었다는 것이다. Lei, *Neither Donkey Nor Horse*, p. 184.

약기업은 성공적인 실험 데이터에 입각하여 유효하다고 판명된 화학 성분을 천연 약재로부터 추출하거나 인공적으로 대량 합성함으로써 신약을 개발해 판매하고자 했다.[74] 반우파투쟁과 대약진운동이 전개되던 1950년대 후반의 시점에서 중수의학의 창시자들은 마오쩌둥의 붉은 깃발 아래에서 자신들을 '국민당 반동분자' 및 '자산계급을 따르는 과학자들'과 구별지을 필요가 있었다. 따라서 이들은 후자가 취했던 '폐의존약'의 접근법과 의식적으로 거리를 두면서, 각종 중의 이론들, 특히 변증론치를 최초의 실험 설계 단계에서부터 적극적으로 포함시켰다.

몇 가지 구체적인 실험 사례를 살펴보자. 서수의 장츠성과 원로 민간수의 가오궈징은 다른 중수의학의 창시자들과 더불어 돼지의 천식에 효과가 좋은 중수의 치료법에 관한 실험을 수행했다. 장츠성과 가오궈징은 우선 천식을 앓고 있는 돼지들을 충분히 조달한 후, 이들을 '변증'하여 각각의 '증'에 따라 몇 개의 그룹으로 나누었다. 각 그룹으로 분류된 돼지들은 또다시 총 네 개의 소그룹으로 나뉘었다. 하나의 소그룹은 아무런 의학적 처치를 하지 않은 대조군으로서 기능했고, 나머지 세 소그룹은 각각 '논치'에 따라 침과 탕약 처치를 받은 돼지들, 서양 수의학적 치료법으로 간주된 옥시테트라사이클린Oxytetracycline 이라는 항생제를 투약 받은 돼지들, 그리고 마지막으로 침, 중약, 항생제를 모두 조합하여 치료한 돼지들로 구성되었다. 각각의 치료법들의

74　Lei, *Neither Donkey Nor Horse*, pp. 193-221; 朱緋·冠楠, "廢止中醫案對中獸醫發展的影響與獸醫國藥治療研究所的創辦".

효과를 정밀하게 측정하고 판단하기 위해, 장츠성과 가오궈징은 엑스레이 장비를 동원하여 돼지의 폐의 병변에 발생하는 변화를 시각적으로 추적했다. 결과는 침과 탕약이 양약만큼이나 효과가 좋으며, 특히 침, 탕약, 항생제를 모두 동원한 '중서결합' 요법이 가장 두드러지는 치료 효과를 보인다는 것이었다.[75]

이와 유사하게 설계된 수많은 실험들이 잇따라 수행되었다. 일부 연구자들은 변증론치에 입각하여 젖소의 브루셀라병을 치료하는 데에 '가미균진탕加味菌陳湯'이라는 탕약이 유효할 것이라는 가설을 세웠다. 가미균진탕 처치 실험군, 양약인 베르베린Berberine과 옥시테트라사이클린을 투약한 실험군, 세 약을 모두 사용한 실험군을 설정했고, 각각의 효과를 확인하기 위해 화학검사, 혈청검사, 부검을 실시하여 젖소의 체내에서 브루셀라 원인균이 검출되는지 교차 검증했다. 이를 통해 연구자들은 다음과 같이 다소 신중한 결론을 내렸다. "가미균진탕이 베르베린 및 옥시테트라사이클린과 함께 처방되었을 때, 비록 브루셀라병에 감염된 젖소의 유산 자체를 완전히 방지하지는 못했지만, 9달 동안 유산된 송아지의 사체 및 어미 젖소의 모유로부터 원인균이 검출되지 않았다. 이로써 이상의 [중서수의] 결합치료법을 통해 비교적 뚜렷한 효과를 거둘 수 있음이 잠정적으로 증명된다."[76]

---

75 高國景·蔣次昇·許登艇·瞿自明·袁永隆·師泉海·樊斌堂·弋振華, "關於猪氣喘病診斷和防治方法的試驗報告", 『中國農業科學院中獸醫研究所研究資料滙編』第2集 (蘭州: 中國農業科學院中獸醫研究所, 1963), pp. 109-113.

76 盛彤笙 et al., "1962年乳牛布氏桿菌病治療試驗報告", 『中國農業科學院中獸醫研究所研究資料滙編』第2集 (蘭州: 中國農業科學院中獸醫研究所, 1963), pp. 92-98.

인프라와 자원이 부족했던 대부분의 농촌 지역에서는 이처럼 체계적으로 엑스레이, 혈청검사, 부검 등을 시행하기란 어려웠다. 그럼에도 기층 농촌 수의사들은 그들 나름대로 간단하게나마 중수의학의 효과를 실험적으로 입증하는 흐름에 동참했다. 예를 들어, 동북 지역의 수의사들은 장츠성과 가오궈징의 프로토콜에 따라 말의 소화불량에 대한 침 치료의 효과를 검증했다. 그들은 식욕부진, 대장 연동intestinal peristalsis 저하, 설사 등의 증상을 보이는 말 94마리를 침으로 치료하면서 일정한 시간의 경과에 따라 증상이 어떻게 완화되는지 꼼꼼히 기록했고, 실험 경과 이틀 후 총 91마리의 말로부터 소화불량의 증상이 완전히 사라졌다는 결과를 논문으로 정리하여 출간했다.[77] 또 다른 사례로는 말의 변비에 대한 전통적인 탕약의 효능 실험을 꼽을 수 있다. 실험 설계자들은 탕약을 먹기 전후 양의 반추위 운동성rumen motility의 변화를 비교했다. 이들은 양의 반추위 수축 횟수를 직접 관찰·측정함으로써 해당 탕약이 실제로 반추위 운동을 촉진시키며 따라서 소화불량에 효과가 있다고 결론 내렸다.[78]

요컨대, 중수의학의 창시자들은 중수의학적 치료법의 유효함을 증명하기 위해 변증론치 이론, 침술과 중약, 각종 양약, 엑스레이를 비롯한 일부 첨단 장비 등을 총동원하여 실험을 설계했다. 물론 실험 설

---

77 楊進中·張祺, "針灸治療馬騾前膀閃傷, 纏腕痛, 脾虛胃弱, 傷水起臥, 牛肚脹種疾病初步觀察報告", 『中國農業科學院中獸醫研究所研究資料滙編』 第2集 (蘭州: 中國農業科學院中獸醫研究所, 1963), p. 71.

78 梁兆年·余順祥 et al., "中獸醫治療騾馬結症有效方劑", 『中獸醫科學技術資料選輯』 (蘭州: 中國農業科學院中獸醫研究所, 1964), p. 125.

계의 엄밀성이나 동원된 장비에 있어서 편차가 있었지만, 대체로 중수의학의 과학성이라는 것은 예컨대 음양오행 등의 전통적인 언어보다는 근대과학의 언어와 방법을 통해 증명될 수 있다는 생각이 널리 받아들여졌다. 이런 식으로 설계된 중수의학 실험들은 다른 모든 과학실험이 그러하듯 때때로 증명하고자 했던 가설을 입증하지 못한 채 실패로 끝나기도 했다. 그러나 실험을 반복하고 유의미한 데이터가 점진적으로 축적되어 갈수록, 중수의학의 창시자들은 실제로 효과가 있는 치료법과 그렇지 않은 요법을 가려낼 수 있게 되었으며, 더 나아가 종래에 존재하지 않았던 새로운 '중서결합'적 처방이 새롭게 고안되기도 했다. 이러한 과정을 반복하며, 중수의학의 창시자들은 점점 더 전통수의학이 과학적이면서도 임상적으로 실용적인 수의 지식으로 진화할 수 있다는 확신을 갖게 되었다.

지금까지 살펴본 것처럼, 민간수의학을 중수의학으로 고양시키기 위한 이들 창시자들의 노력은 번역하기, 다리 놓기bridging, 재배치하기rearranging, 간추리기streamlining 등이 임기응변적으로 짜깁기patchwork된 일련의 역사적 과정이었다. 그리고 이 과정은 불가피하게 일정 정도의 불확실성과 임의적인 취사선택을, 그리고 순수하게 전통적인 것도 근대적인 것도 아닌 중간적인 요소들의 창조와 동원도 포함하고 있었다.[79] 그럼에도 불구하고, 합리적으로 설계된 실험들이 수행되고 더

---

79 이와 유사하게 의학사학자 린다 반스(Linda Barnes)는 1850년 이전 중국의학을 이해하고자 했던 서양인들이 종종 "왜곡과 잘못된 등치(false equations)를 도입"했으며 또 "중국의학적 실천의 일부를 선택적으로 원용한 후 다시 써내려갔다"고 주장한다. 반스는 이러한 오류들을 지적하고 비

많은 결과가 축적되어 감에 따라, 중수의학의 치료법 또한 하나의 '과학적'인 방법으로 승인받을 수 있는 길이 열리게 되었다. 뿐만 아니라, 다량의 실증적인 데이터에 토대를 두고 중수의학의 창시자들은 일련의 공식화된 가축 치료 프로토콜을 제시할 수 있었다.

중국공산당 지도부가 위와 같은 과정의 전반적인 방향성을 제시했던 것은 사실이지만, 결국 실제로 전통수의학의 과학화를 수행한 주체는 중수의학의 창시자들을 비롯한 광의의 수의사 집단이었다. 이들의 지적 노동의 결실은 사회주의적 평등주의라는 이상에 따라 신속하게 중국 전역의 수많은 기층 수의사들과 일반 농민들에게 공유되었으며, 그렇게 함으로써 사회주의 집체 농업의 발전에 크게 기여하리라 기대되었다. 1956년 "민간수의 지시" 이후로 수년이 지난 1963년 시점에서 중국공산당 지도부는 중수의 창시자들의 성취와 중수의학의 과학적 타당성에 대해 상당한 신뢰를 보낼 수 있게 되었다. 이에 국무원은 다시 한번 '단결, 활용, 교육, 제고'라는 정책 노선을 천명했으며 중수의학의 체계적인 재생산, 보호, 그리고 발전을 약속했다. 이로써 사회주의적이고 과학적인 농업 강국으로의 도약이라는 미래를 실현하기 위해 빼놓을 수 없는 지식이자 행위 주체라는 위상이 '중수의학'과 '중수의사' 집단에 부여될 수 있었던 것이다.[80]

판하기보다, "왜 그와 같은 특정한 오해들이 발생하게 되었는가"라는 질문이 더 유익할 수 있다고 이야기한다. Linda Barnes, *Needles, Herbs, Gods, and Ghosts: China, Healing, and the West to 1848* (Cambridge: Harvard University Press, 2005), p. 5.

80　周恩來, "國務院關於民間獸醫工作的決定"(1963. 8. 10.), 北京市 案館, 145-001-00308-001.

VI. 나오며

지금까지 본고는 중화인민공화국 건국 이후 1956년부터 1963년까지 중수의학이 하나의 새로운 과학 분과로 확립되는 과정을 추적해 보았다. 중화인민공화국 농업경제사, 근대 중국의학사, 근대 수의학사 등의 선행연구와 연계하면서, 본고는 중수의학의 탄생을 부강한 사회주의 농업 강국을 만들기 위한 수의과학자, 민간수의사, 중국공산당의 노력 속에 위치시키고자 했다. 1956년 구체화된 당과 국가의 수의 정책은 그저 일방적으로 하달된 명령이었다기보다, 또 이후의 중수의학의 발전 경로를 그 자체로 완벽하게 결정지었다기보다, 민간수의사 집단과 중국공산당 사이의 오랜 길항 관계를 반영한 것이었으며, 당의 중의 정책이라는 선례로부터 지대한 영향을 받은 것이었다. 그러나 중수의학은 농업과 불가분의 관계를 맺고 있던 응용과학이었다는 점에서 중의학의 발전 경로와 다소간 차이를 드러냈다. 중수의학의 사회적 효용은 주곡농업과 축산업이 균형을 이룬 고도로 발전된 사회주의 집체농업의 실현에 기여할 수 있을 때 가장 잘 부각될 수 있었다. 이 과정에서 농촌의 현실을 잘 알고 있는 기층 민간수의사들의 역할이 특히 강조되었으며, 따라서 수의과학자, 수의간부, 원로 민간수의사 간의 단일대오가 형성되는 가운데 '중수의학의 창시자'들이 등장할 수 있었다. 이들은 '중서수의결합'이라는 당의 전반적인 요구에 부응함에 있어서 전통수의학의 초역사적 과학성을 당연시하기보다는 중국적·전통적 요소와 서양적·근대적 요소를 융합하여 혼종적으로 설계된 일련의 연구와 실험을 통해 중수의학, 특히 그 치료법의 효과를 과학적으로 확립하고자 했다.

이상과 같이 수의사 집단의 주도하에 역사적으로 구성된 중수의학은 그 과학적 성과의 축적과 더불어 점차 제도화되어 갔다. 1957년 5월, 최초의 중수의 전문 잡지『민간수의 통신民間獸醫通訊』이 창간되었으며, 곧이어 1958년 7월 1일, 간쑤성 란저우蘭州에 중국농업과학원 산하 중수의연구소中獸醫研究所가 설립되었다. 곧 장츠성, 가오궈징, 추이디성이 농과원 중수의연구소의 공동 부소장으로 임명되었다.[81] 중수의연구소라는 거점을 확보한 중수의학의 창시자들은 각종 이론 학습과 실험을 병행하는 한편, 향후 중수의학의 연구와 교육의 저변이 될 핵심 저서인『중수의 침구학』,『수의 중약학』,『중수의 진단학』,『중수의 치료학』등을 주도적으로 출판했다.[82] 이와 같은 성공적인 중수의학의 제도화에 힘입어, 중수의학과 중수의학 창시자들의 위상은 1960년대 중반에 이르러 더없이 공고화되었다.

중수의학의 탄생 과정에 대한 본고의 사례연구는 오늘날 글로벌 과학사 연구의 추세 속에서 사회주의 중국의 과학을 어떻게 자리매김할 것인가라는 문제에 대해 몇 가지 유용한 메시지를 제공할 수 있다. 당의 입김과 혁명 이데올로기의 영향력이 과학 활동 전반을 통제 혹

---

[81] 소장직은 간쑤성의 당 고위 지도자 중 한 명이었던 천위산(陳玉山)이라는 인물에게 돌아갔다. 所誌編纂委員會 編, 『中國農業科學院蘭州畜牧與獸藥研究所所誌, 1958-2008』(北京: 中國農業科學技術出版社, 2008), pp. 1-8.

[82] 中國農業科學院中獸醫研究所, 『中獸醫針灸學』(北京: 農業出版社, 1959); 中國農業科學院中獸醫研究所, 『獸醫中藥學』(北京: 農業出版社, 1959); 中國農業科學院中獸醫研究所, 『中獸醫診斷學』(北京: 農業出版社, 1962); 中國農業科學院中獸醫研究所, 『中獸醫治療學』(北京: 農業出版社, 1962).

은 압살했다고 선험적으로 상정하기보다는, 넓은 의미의 전문가 집단이 주어진 조건 속에서 무엇을 왜 이루고자 했으며, 당과의 협력 속에서 구체적으로 어떻게 목표를 실천시켜 나갔는지 살펴보는 것이 보다 생산적일 수 있다. 이 과정에서 연구자 개개인은 서구중심주의적, 전파주의적, 반공적·냉전적 편견을 무비판적으로 답습하지 않도록 주의를 기울일 필요가 있을 것이다. 그러나 동시에 그 과거와 현재의 지정학적 특수성을 무시한 채 중국을 단순히 서구 주도의 '자본주의·식민주의적 과학'의 '피해자'로만 간주할 경우, 그리하여 사회주의 중국 과학사를 라틴아메리카, 아프리카, 남아시아, 동남아시아와 한데 묶어 '글로벌 사우스의 과학사the history of science in the Global South'로 일반화해버릴 경우,[83] 자칫 중화주의적 관점과 주장을 '전략적 본질주의'의 이름으로 정당화시킬 위험성이 있다.[84] 그렇다면 아마도 이상적인 사회주의 중국 과학사(혹은 20세기 중국 과학사) 연구란 서구중심적 근대성/식민성modernity/coloniality[85]에 대한 비판이 부재한 전파주의적 서사와 한족 민족주의Han Chinese nationalism에 대한 비판이 부재한 중화주의적

83 Sujit Sivasundaram, "Sciences and the Global: On Methods, Questions, and Theory," *Isis* 101:1 (March 2010), pp. 146-158; Clapperton Mavhunga ed., *What Do Science, Technology, and Innovation Mean from Africa?* (Cambridge: MIT Press, 2017); Gabriela Soto Laveaga and Fablo F. Gómez, "Introduction," *History and Technology* 34:1 (2018), pp. 5-10.

84 각주 7과 8을 참고하라. 비판적 중국학 일반의 계보와 흐름에 대해서는 다음을 참고하라. Fabio Lanza, *The End of Concern: Maoist China, Activism, and Asian Studies* (Durham: Duke University Press, 2017).

85 '근대성/식민성' 개념에 대해서는 다음을 참고하라. Anibal Quijano and Michael Ennis. "Coloniality of Power, Eurocentrism, and Latin America," *Nepantla: Views from the South*, 1:3 (2000), pp. 533-580; 월터 D. 미뇰로 지음, 『라틴아메리카, 만들어진 대륙 식민적 상처와 탈식민적 전환』(그린비, 2010).

서사라는 두 극단 모두를 경계하는 가운데, 그 중간 스펙트럼에서 '과학', '근대', '전통', '중국'의 의미를 나름대로 생산·구성하고 조화시키려 했던 다양한 역사적 행위자들의 분투를 다각도로 검토하는 작업이 될 것이다. 필자는 본고가 이러한 중국 과학사의 흐름을 구성하는 하나의 작은 사례연구로 읽힐 수 있기를 희망한다.

저자 소개(원고 수록순)

김동혁(Kim, Donghyuk)
광주과학기술원 / 인문사회과학부 부교수

러시아 현대사 및 소련 경제학설사/경제사 문제 연구자. 고려대학교에서 정치외교학을 전공하고 고려대학교 사학과에서 서양사로 석사 및 박사 학위를 마쳤다. 박사 학위 논문은 소련 수리경제학파의 형성과 1965년 경제개혁 논쟁에 관한 것이다. 학위 취득 이후 서울대학교, 고려대학교 및 광운대학교 등 여러 학교에서 강의를 해오면서 2017년 부경대학교 해양인문학연구소에서 전임연구원으로 재직했다. 현재는 광주과학기술원 인문사회과학부에서 부교수 그리고 융합교육 및 융합연구센터 센터장으로 재직하면서 냉전기 글로벌 신고전파 전환과 소련 수리경제학의 영향력 확산 및 냉전기 소련의 대외 무역과 세계 자본주의 체계 문제에 대해 연구하고 있다.

연제호(Yeon, Jeho)
광주과학기술원 / 융합교육 및 융합연구센터 연구원

포스트 케인지언 경제학 연구자. 고려대학교 경제학과를 졸업하고 동 대학원에서 칼레츠키안 성장 및 분배 모형에 대한 연구로 경제학 박사 학위를 취득했다. 이후 주로 포스트 케인지언과 마르크스주의의 시각에서 성장 및 분배, 화폐 및 금융과 관련된 연구를 진행하고 있으며 고려대학교, 한국외국어대학교, 한신대학교 등에서 강의해 왔다. 2022년부터는 광주과학기술원 융합교육 및 융합연구센터에서 연구원으로 재직하면서 장기 냉전 구조의 형성 및 전개에 있어 경제학이 어떤 역할을 수행해 왔는지에 대해 연구하고 있다.

오경환(Oh, Kyunghwan)
성신여자대학교 / 사학과 교수

유럽 지성사 연구자. 미국 해밀턴대학교(Hamilton College)에서 역사학과 경제학을 전공하고 미국 시카고대학교(Univ. of Chicago)에서 석사와 박사 학위를 취득했다. 2009년부터 성신여자대학교 사학과에 교수로 재직 중이다. 지성사와 트랜스내셔널 역사, 냉전사, 또 이들을 엮을 수 있는 역사학적 기획에 관심을 가지고 연구 중이다. 대표 논문으로는 "A non-conforming technocratic dream: Howard Scott's technocracy movement" (Management & Organizational History, 2024)가 있다.

장진호(Jang, Jin-Ho)
광주과학기술원 / 인문사회과학부 교수

서울대학교 사회학과에서 학사 및 석사 학위, 미국 일리노이대학교(Univ. of Illinois at Urbana-Champaign)에서 1997년 금융위기 이후 한국 발전국가의 신자유주의적 변형에 대한 연구로 박사 학위를 취득했다. 이후 서울대학교 사회발전연구소 연구원으로 근무 후 현재 광주과학기술원에 재직 중이다. 2022년부터는 광주과학기술원 융합교육 및 융합연구센터 공동연구원으로 합류하여, 전후 미국의 헤게모니와 통화 및 금융패권의 변화 등을 연구하고 있다.

엄소정(Um, So Jung)
광주과학기술원 / 융합교육 및 융합연구센터 연구원

일본 근현대사 연구자. 서울대학교 역사교육과를 졸업하고, 미국 미시건대학교(Univ. of Michigan at Ann Arbor) 일본연구센터에서 석사 학위를, 동 대학 사학과에서 일본 식민학 연구로 박사 학위를 취득했다. 이후 서울대학교, 서울과학기술대학교, 홍익대학교 등에서 일본사와 제국주의 역사 등을 강의해 왔다. 2022년부터는 광주과학기술원 융합교육 및 융합연구센터에서 연구원으로 재직하면서, 냉전기 일본의 경제사상, 역사교육, 공공역사 문제 등을 중점적으로 연구하고 있다.

권경택(Kwon, Kyungtaek)
광주과학기술원 / 융합교육 및 융합연구센터 연구원

러시아 도시사 및 종교사 연구자. 동국대학교에서 사학을 전공하고, 러시아 모스크바국립대학교에서 소련사, 미국 뉴욕대학교(New York Univ.)에서 세계사로 석사 학위를 취득한 후 미국 에모리대학교(Emory Univ.)에서 소련 극동 도시 연구로 박사 학위를 받았다. 2023년 10월부터 광주과학기술원 융합교육 및 융합연구센터에서 연구원으로 재직하면서 냉전 시기 종교를 통한 소련의 외교 활동을 연구하고 있다.

이정하(Lee, Jeong-Ha)
광주과학기술원 / 융합교육 및 융합연구센터 연구원

러시아 지역학 및 군사 문제 연구자. 한림대학교에서 사학을 전공하고 서울대학교에서 서양사로 석사 학위를, 미국 시카고대학교(Univ. of Chicago)에서 소련 군부 인적 관계망 및 민군 관계 연구로 박사 학위를 취득했다. 이후 서울대학교와 전남대학교 등에서 서양사를 강의해 왔다. 2016~2018년에는 재단법인 〈여시재〉에서 연구원으로

2019~2020년에는 대통령직속 북방경제협력위원회에서 전문위원으로 재직했다. 2022년부터는 광주과학기술원 융합교육 및 융합연구센터에서 연구원으로 재직하면서, 지정학과 글로벌 네트워크에 기반한 전략 문제, 그리고 21세기 전쟁 양상의 변화 등을 연구하고 있다.

이종식(Yi, Jongsik Christian)
포항공과대학교 / 인문사회학부 과학사 담당 조교수

중국 및 베트남의 과학사, 의학사, 동물사 연구자. 고려대학교 사학과에서 학사 및 석사 학위를, 미국 하버드대학교(Harvard Univ.) 과학사학과에서 박사 학위를 받았다. 2022년부터 포항공과대학교 인문사회학부에서 조교수로 재직 중이며, 지은 책으로『벌거벗은 동물사』, 옮긴 책으로『붉은 녹색혁명』,『탄소 기술관료주의』,『리센코의 망령』,『사회 정의와 건강』 등이 있다. 현재 영문 저서『인민을 넘어서는 인민공사: 마오 시대 중국의 수의 노동자와 비인간 동물들(More-Than People's Communes: Veterinary Workers and Nonhuman Animals in Mao-Era China)』을 쓰고 있다.

장기 냉전 구조와
지식 기제

초 판 발 행 2025년 5월 30일

저 　 　 자 김동혁, 권경택, 엄소정, 연제호, 오경환, 이정하, 이종식, 장진호
발 　 행 　 인 임기철
발 　 행 　 처 GIST PRESS

등 록 번 호 제2013-000021호
주 　 　 소 광주광역시 북구 첨단과기로 123(오룡동)
대 표 전 화 062-715-2960
팩 스 번 호 062-715-2069
홈 페 이 지 https://press.gist.ac.kr/
인쇄 및 보급처 도서출판 씨아이알(Tel. 02-2275-8603)

I S B N 979-11-90961-27-1 (93300)
정 　 　 가 23,000원